职场实用法规

ZHICHANG SHIYONG FAGUI

主 编 陈 丽 刘兴星

中国教育出版传媒集团

高等教育出版社·北京

内容提要

本书是高等职业院校职业素质教育改革创新教材。

本书以法治理念为主线,突破传统法学学科框架的束缚,精心筛选学生在职场生活中所需的实用、通用的内容,重新构建教材体系,共设计了法律基础篇、就业创业篇、生活法律篇三大部分内容。本书在系统阐述法律知识的同时,多以"案例导学—案例分析—法条链接"等环节呈现,体例新颖,通俗易懂,能够有效帮助学生解决在就业、创业、生活中常见的法律困扰。为了利教便学,部分学习资源(如测试题)以二维码的形式提供在相关内容旁,可扫描获取。

本书可作为高等职业院校各专业学生的通识课教材,也可作为职场新人学习法律知识的一般读物。

图书在版编目(CIP)数据

职场实用法规/陈丽,刘兴星主编.—北京:高等教育出版社,2024.1
ISBN 978-7-04-060461-0

Ⅰ.①职… Ⅱ.①陈…②刘… Ⅲ.①法律-中国-高等职业教育-教材 Ⅳ.①D92

中国国家版本馆 CIP 数据核字(2023)第 080776 号

| 策划编辑 | 雷　芳　余　红 | 责任编辑 | 余　红 | 封面设计 | 张文豪 | 责任印制 | 高忠富 |

出版发行	高等教育出版社	网　址	http://www.hep.edu.cn
社　址	北京市西城区德外大街4号		http://www.hep.com.cn
邮政编码	100120	网上订购	http://www.hepmall.com.cn
印　刷	浙江天地海印刷有限公司		http://www.hepmall.com
开　本	787 mm×1092 mm　1/16		http://www.hepmall.cn
印　张	14.75		
字　数	315 千字	版　次	2024 年 1 月第 1 版
购书热线	010-58581118	印　次	2024 年 1 月第 1 次印刷
咨询电话	400-810-0598	定　价	34.00 元

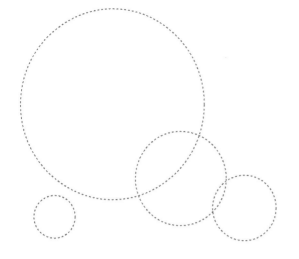

编　委　会

主　编： 陈　丽　刘兴星

副主编： 周昱宇　邓建辉　李　玉　刘利琳　李辰君

参　编： 王利群　任美玲　汪沛洁　刘　敏　张　涛

前　言

　　党的二十大报告对坚持不懈用习近平新时代中国特色社会主义思想凝心铸魂作出重大部署。教材具有鲜明的意识形态属性、价值传承功能，是立德树人的核心载体，必须旗帜鲜明地体现党和国家意志，体现马克思主义中国化的最新成果，帮助学生牢固树立对马克思主义的信仰，对中国共产党和中国特色社会主义的信念，对实现中华民族伟大复兴的信心，坚定不移听党话、跟党走。本书以职业院校的在校学生为对象，在深入学习贯彻习近平法治思想，践行高职院校法治教育的基础上，致力于用职场法律法规武装学生的头脑，提升学生职业素养，尤其是提升学生的法律意识，教导学生知法、懂法、守法，避免在职场中出现违法违规行为，为学生的长远发展与成长成才夯实基础。

　　本书特色如下：

　　1. 适用教学，内容丰富实用

　　本书充分体现职业教育特色，以法治理念渗透为主线，突破传统法学学科框架的束缚，精心筛选学生职场生活所需的更实用、更通用的内容，重新构建新的教材体系。本书包括法律基础篇、就业创业篇、生活法律篇三大部分。各章节内容在系统阐述法律知识的同时，多以"案例导学—案例分析—法条链接"等环节呈现，每节后还配有实训练习题，结构明晰，通俗易懂，有效帮助学生解决在就业、创业、生活中常见的法律困扰。

　　2. 立德树人，贯彻思政育人理念

　　本书深入挖掘课程中蕴含的思政素养资源，将社会主义核心价值观的丰富内涵、主要内容有机、有效纳入整体教学布局，把与社会主义核心价值观、法治精神、创新思维、工匠精神、人文精神等相关德育元素，通过典型案例设计，以"润物无声"的方式传递给学生，转化为学生的情感认同和行为习惯。

　　3. 校企合作，共同打造双元教材

　　本书由四川现代职业学院教师团队与四川卓安律师事务所共同组成的双师型团队联合编写。双方在深入分析企业职业岗位群素质要求的基础上构建知识体系和能力体系，使教材内容贴近学生需求、贴近工作过程，真正实现"校企合作，双元育人"。

4. 资源融合,突出实践性和能力培养

为利学便教,本书另配套微课、电子课件等数字化教学资源,部分资源以二维码形式提供在相关内容旁,供读者扫描获取。以数字技术为教育赋能,既延伸了纸质教材空间,又增强了教材的教学适用性和灵活性,拓展了课堂教学的深度,为学习者自主学习提供有力保障,推进教育教学高质量发展。

由于本书涉及内容较多,加之编者水平有限,书中难免存在不足之处,恳请读者提出宝贵的意见和建议,以便今后进一步完善。

编　者

2023 年 12 月

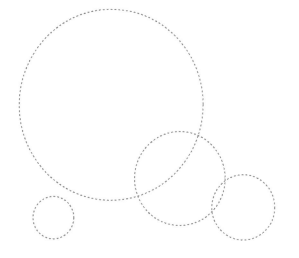

目　录

第一篇　法律基础篇

第二篇　就业创业篇

法,国之权衡也,时之准绳也

第一篇 **法律基础篇**

第一章 新时代中国特色社会主义民主政治

第一节 中国特色社会主义民主政治建设的内容

一、中国特色社会主义民主政治的基本内涵

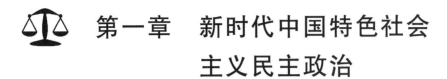

案例导学

　　2022年10月16日，中国共产党第二十次全国代表大会胜利召开。习近平总书记在大会上作报告并指出，我国是工人阶级领导的、以工农联盟为基础的人民民主专政的社会主义国家，国家一切权力属于人民。人民民主是社会主义的生命，是全面建设社会主义现代化国家的应有之义。必须坚定不移走中国特色社会主义政治发展道路。

　　中国共产党自成立以来就开启了人民当家作主的民主政治建设。中国共产党领导的多党合作和政治协商制度，是我国政治制度的一个优势。它是马克思列宁主义同中国革命和建设实际相结合的一个创造，是符合中国国情的社会主义政党制度。它对于加强和改善党的领导，巩固和扩大爱国统一战线，发扬社会主义民主，促进全国各族人民大团结，实现社会主义现代化建设的任务，都具有重要意义。

　　新中国成立以来，中国共产党团结带领全国人民在发展社会主义民主政治方面取得了重大进展，成功开辟和坚持中国特色社会主义政治发展道路。社会主义民主政治是迄今为止人类社会民主政治形式的最高发展阶段，这是由社会主义本质所决定的。社会主义民主政治是中国特色社会主义政治文明的集中体现，它是近代以来中国人民长期奋斗的历史逻辑、理论逻辑、实践逻辑的必然结果，是坚持党的本质属性、践行党的根本宗旨的必然要求。

表1-1　中国特色社会主义民主政治建设的基本内容

国体特色	我国是工人阶级领导的以工农联盟为基础的人民民主专政的社会主义国家
政体特色	人民行使国家权力的机关是全国人民代表大会和地方各级人民代表大会
政党制度特色	我国实行中国共产党领导的多党合作和政治协商制度
民族特色的自治机关	在国家的统一领导下，实现全国各民族一律平等和各民族大团结，在一些少数民族聚居的地方实行区域自治，设立自治机构，行使自治权
基层民主制度建设	职工代表大会、村民委员会、城镇居民委员会

中国特色社会主义民主政治的基本内涵,就是在中国共产党的领导下,在人民当家作主的基础上,发展社会主义民主政治,建设社会主义法治国家,以实现社会安定,形成全国各族人民团结和睦、生动活泼的政治局面。党的领导是人民当家作主和依法治国的根本保证,人民当家作主是社会主义民主政治的本质特征,依法治国是党领导人民治理国家的基本方式,三者统一于我国社会主义民主政治伟大实践。

以习近平同志为核心的党中央坚定不移走中国特色社会主义政治发展道路,坚持党的领导、人民当家作主、依法治国有机统一,总揽全局、协调各方,积极稳妥推进政治体制改革,不断发展社会主义民主政治。

二、中国特色社会主义民主政治建设的基本成就

发展社会主义民主政治是我们党始终不渝的奋斗目标。党的二十大报告强调"人民民主是社会主义的生命,是全面建设社会主义现代化国家的应有之义。"社会主义越发展,民主也越发展。新时代大学生应该围绕中国社会主义民主政治建设历程等内容,主动学习中国特色社会主义民主政治建设已取得的成绩。

党的二十大报告强调必须坚定不移走中国特色社会主义政治发展道路,坚持党的领导、人民当家作主、依法治国有机统一,坚持人民主体地位。近十年来,中国特色社会主义民主政治建设已取得巨大成就,主要体现在以下几个方面。

(一)坚持党的全面领导,党的领导体制改革向纵深推进

党的二十大报告强调牢牢把握五个重大原则,首要的原则就是坚持和加强党的全面领导。在我国政治生活中,中国共产党居于领导地位,这既是历史的选择,也是中国人民的选择。无数事实反复证明,中国共产党所具有的无比坚强的领导力,是风雨来袭时中国人民最可靠的主心骨。

(二)中国特色社会主义政治制度不断完善和发展

(1)坚持和完善人民代表大会制度。坚持和完善人民代表大会制度,必须毫不动摇坚持中国共产党的领导,必须保证和发展人民当家作主,必须全面推进依法治国,必须坚持民主集中制。加强科学立法、民主立法,立法主动适应改革发展需要,是人民代表大会制度与时俱进的重要体现。

(2)推进协商民主广泛、多层和制度化发展。协商民主是实现党的领导的重要方式,是我国社会主义民主政治的特有形式和独特优势。健全社会主义协商民主制度,要完善协商民主制度和工作机制,推进协商民主广泛、多层、制度化发展。

(3)进一步强化人民政协的民主监督职能。人民政协发挥协商、监督等特色优势,重点监督党和国家的重大改革举措,监督重要决策的部署、贯彻和执行情况,如:全国政协围绕精准扶贫、精准脱贫召开专题议政性常委会会议。

(4)进一步拓展协商渠道。党中央强调,统筹推进政党协商、人大协商、政府协

商、政协协商、人民团体协商、基层协商,以及社会组织协商。

（5）**深化行政体制改革,加快政府职能转变。**行政体制改革是经济体制改革和政治体制改革的重要内容,必须随着改革开放和社会主义现代化建设的发展不断推进。转变政府职能是深化行政体制改革的核心,实质上要解决的是政府应该做什么,不应该做什么,重点是政府、市场、社会的关系,即哪些事应该由政府、市场、社会各自分担,哪些事应该由三者共同承担。

（三）党和国家机构改革迈出重大步伐

推进国家治理体系和治理能力现代化,必须统筹考虑党和国家机构设置,科学配置党政机构职责,理顺同群团、事业单位的关系,协调并发挥各类机构职能作用,形成适应新时代发展要求的党政群、事业单位机构新格局。

（1）**党政军群机构改革统筹推进。**统筹推进党政军群机构改革,是推进国家治理体系和治理能力现代化的一场深刻变革,是系统性、整体性、重构性的变革。

（2）**党和国家机构改革取得新成效。**党的纪律检查体制改革使党内监督得到有效加强。加强和完善政府经济调节、市场监管、社会管理、公共服务、生态环境保护职能,调整优化政府机构职能。

（3）**国家监察体制改革进一步深化。**国家监察体制改革是在继承和借鉴党的纪律检查体制改革经验的基础上进行的。改革构建国家监察体系,有利于对党内监督达不到的地方,或者不适用执行党的纪律的公职人员,依法实施监察,真正把权力关进制度的笼子,完成与党内监督全覆盖相匹配的国家监察全覆盖,实现依法治国与依规治党、党内监督与国家监察有机统一。

三、中国特色社会主义民主政治建设的部署要求

（一）增强制度自信,保持政治定力,毫不动摇走中国特色社会主义政治发展道路

坚定中国特色社会主义制度自信,首先要坚定对中国特色社会主义政治制度的自信,增强走中国特色社会主义政治发展道路的信心和决心。中国特色社会主义政治发展道路,是近代以来中国人民长期奋斗历史逻辑、理论逻辑、实践逻辑的必然结果,是坚持党的本质属性、践行党的根本宗旨的必然要求。世界上没有完全相同的政治制度模式,政治制度不能脱离特定社会政治条件和历史文化传统来抽象评判,不能定于一尊,不能生搬硬套外国政治制度模式。

（二）发展社会主义民主政治,必须坚持党的领导、人民当家作主、依法治国有机统一,最根本的是坚持党的领导

坚持党的领导、人民当家作主、依法治国有机统一是社会主义政治发展的必然要求。其中,最根本的是坚持党的领导,中国特色社会主义最本质的特征是中国共产党领导。我们党自成立之日起,就始终高举人民民主的旗帜。新时代发展社会主义民主政治,必须旗帜鲜明讲政治,坚持党对一切工作的领导,首先是坚持以习近平同志为核心的党中央集中统一领导。党中央集中统一领导是党的领导的最高原则,从根本上关乎党和国家前途命运、关乎人民根本利益。

（三）坚持和完善人民代表大会制度，增强人民当家作主的制度保障

人民代表大会制度是保证人民当家作主的国家根本政治制度。推进新时代中国特色社会主义民主政治建设，关键是要建设人民代表大会制度，发挥好人民代表大会制度作为人民当家作主的制度保障作用。

（四）加强协商民主制度建设，发挥社会主义协商民主的重要作用

"民主协商"是人民行使民主权利的重要环节，"协商民主"是实现党的领导的重要方式，是我国社会主义民主政治的特有形式和独特优势。

思考题1-1

实训练习1-1

第二节　中国特色社会主义民主政治建设的重点

一、全过程人民民主的提出及其内涵与特色

（一）全过程人民民主的提出

2019年11月，习近平总书记在上海虹桥街道考察全国人大常委会法工委基层立法联系点时，提到"我们走的是一条中国特色社会主义政治发展道路，人民民主是一种全过程的民主"，首次提出全过程人民民主；2021年7月1日，习近平总书记在庆祝中国共产党成立100周年大会上，强调要发展全过程人民民主；2021年10月13日，习近平总书记在中央人大工作会议上讲话，系统阐述了全过程人民民主；2021年11月，党的十九届六中全会将"发展全过程人民民主，保证人民当家作主"郑重写入决议之中，并以"十个明确"对习近平新时代中国特色社会主义思想的核心内容作了进一步的系统概括，从此，原来的"八个明确"变为"十个明确"。

发展全过程人民民主不是凭空产生的。首先，从大历史观的角度可以看出，中国共产党从诞生开始一直追求的就是民主。新民主主义革命其实就是在争取民主；1949年中华人民共和国成立，中国共产党强调的就是实现封建专制政治向人民民主的伟大飞跃；改革开放之后，中国共产党强调要让民主法治化、制度化，就是要进一步从制度保障上进一步推进中国的民主；新时代中国共产党一直在深化民主理论。其次，全过程人民民主是中国共产党人在百年民族理论和实践探索中提炼出来的一个标识性范畴。中国共产党成立以来坚持民主，在民主的理论上不断突破，在民主的制度上、实践上不断推进。最后，全过程人民民主的提出适应了国际和国内社会的新要求。在国际社会有两种民主倾向：一种是民主过剩，大谈特谈民主，不顾本国国情。另一种是民主赤字，一些出现了贫困、战争和罪恶等问题的国家，试图打着民主口号，对其他主权国家进行民主改造，不断向别的国家输出自己的民主模式，强调如果不接受这种民主模式，你就不是民主国家。

全过程人民民主丰富和发展了社会主义民主政治理论，为新时代发展社会主义民主政治、建设社会主义政治文明提供了指引和遵循。

（二）全过程人民民主的内涵

1. 全过程人民民主是全链条、全方位、全覆盖的民主

全过程人民民主通过一系列法律和制度安排，把民主选举、民主协商、民主决策、

民主管理、民主监督等各个环节彼此贯通起来,具有时间的连续性、内容的整体性、运作的协同性、人民参与的广泛性和持续性。全过程人民民主是全链条的,贯穿从选举、协商、决策、管理到监督的整个过程;全过程人民民主是全方位的,保证人民在政治生活各方面充分享有知情权、参与权、表达权、监督权;全过程人民民主是全覆盖的,涵盖经济、政治、文化、社会、生态文明等内容。

2. 全过程人民民主是最广泛、最真实、最管用的社会主义民主

让每个人都有机会成为国家决策的参与者,这正是"全过程人民民主"的魅力所在。这集中体现在中国共产党坚持党的领导、人民当家作主、依法治国的有机统一,健全了全面、广泛、有机衔接的人民当家作主制度体系,构建了多样、畅通、有序的民主渠道,有效保证人民在国家和社会生活中的民主权利,实现真实具体的人民当家作主。

3. 全过程人民民主本质上是保证人民当家作主

人民民主是社会主义民主政治的本质特征。中国共产党自成立之日起,就把人民民主写在自己的旗帜上,以实现人民当家作主为己任,团结带领人民进行伟大斗争和艰辛探索,建立了新中国,老百姓真正成为国家、社会和掌握自己命运的主人。人民当家作主是发展全过程人民民主的根本出发点和落脚点。

4. 全过程人民民主为丰富和发展人类政治文明贡献了中国智慧、中国方案

全过程人民民主为人类民主事业发展探索了新的路径。全过程人民民主坚定不移走符合中国国情的民主发展之路,是中国民主发展的一条基本经验。全过程人民民主也是讲好中国故事、传播好中国声音、展示社会主义民主政治优越性的重要内容。

(三) 全过程人民民主的特色

作为一种新的民主形态,全过程人民民主既有民主"对多数人意志尊重"的一般共性,亦有建立在中国国情之上的主体、过程、形式等特性。与其他民主形态相比,有以下显著特色:

1. 全过程人民民主的政治特色是坚持中国共产党领导

党的领导是中国特色社会主义最本质的特征,是中国特色社会主义制度的最大优势。坚持党的领导,就要发挥党总揽全局、协调各方的领导核心作用。党的领导是人民当家作主的根本保障,如果没有党的领导,人民参与民主政治生活就失去了保障。

2. 全过程人民民主的价值特色是真实管用

中国共产党支持和保证人民当家作主,真切全面地反映人民意愿,致力于尽快形成统一意志、统一行动,以解决实际问题。全过程人民民主不仅有选举民主,还有协商民主、基层民主,保证人民依法实行民主选举、民主决策、民主管理、民主监督的全过程。

3. 全过程人民民主的中国特色是扎根于中国土壤

全过程人民民主由我国的历史文化传统、社会性质、经济社会发展基础决定。中国是一个历史悠久、文化灿烂的文明古国,其政治价值、政治动作、政治生活等政治文化传统具有传承性。人民代表大会制度既保持历史传承,又着眼解决现实问题,在文化基础、理论与实践基础、制度基础等各方面都深深扎根于中国土壤,体现中国特色。

4. 全过程人民民主的主体特色是体现民主参与

全过程人民民主既实现了丰富多样的民主选举,更实现了最广大人民的广泛持续参与,确保人民当家作主权利落地落实。改革开放以来,我国选举制度在实践中不断改革完善,制度化、规范化程度越来越高,促进人民群众的民主意识不断提升,既有完整的制度程序,又有完整的参与实践,有效满足人民的期盼和诉求。

二、两会知识

 案例导学

陈同学进入大学后,喜欢利用课余时间关注新闻,浏览国际国内的时事热点。每年的 3 月,全国人民都在关注两会的召开,陈同学也在积极关注两会的进展。2022 年是党的二十大召开之年,是向第二个百年奋斗目标进军的重要之年,是"十四五"规划关键之年、是北京冬奥会、冬残奥会举办之年,这也让大家对 2022 年的两会格外关注。陈同学不禁思考:什么是两会?为什么要召开两会?召开两会的意义是什么?

两会并不是一个特定的机构名称,而是对我国召开的"中华人民共和国全国人民代表大会(简称人大)"和"中国人民政治协商会议(简称政协)"的统称。由于两场会议会期融合,主要内容是共同商讨国家的大政方针,对我国整体的发展都非常重要,故简称为两会。两会每五年称为一届,每年会议称×届×次会议。

虽然两场会议会期很接近,但中国人民政治协商会议一般先于全国人民代表大会开幕。为什么中国人民政治协商会议的召开在全国人民代表大会之前呢?这主要有两个方面的原因:一是为保证政协履行其职能(政治协商、民主监督、参政议政);二是在决策前进行充分协商。由于人大是决策机关,在做决策之前,需要听取各界的意见,政协正好提供了这样的平台,把政治协商纳入决策层面,决策前进行充分协商。

人民政协是具有中国特色的制度安排,是社会主义协商民主的重要渠道和专门协商机构。人民政协工作要聚焦党和国家的中心任务,围绕团结和民主两大主题,把协商民主贯穿政治协商、民主监督、参政议政全过程,完善协商议政的内容和形式,着力增进共识、促进团结。加强人民政协民主监督,重点监督党和国家重大方针政策和重要决策部署的贯彻落实。

三、召开两会的重要意义

 案例导学

陈同学密切关注 2022 年两会的进展。2022 年两会正式召开的前夕,人民网推出的有关两会的调查的结果显示,反腐倡廉、依法治国、简政放权、经济质量优先、环境治理、聚焦"三农"、财税改革、就业创业、养老问题、大国外交成为群众关注"十大热词",这些热词也成为人大代表和政协委员的热门提案,在会议上被热烈讨论,力求解决老百姓关心的民生热点问题。每年两会都有与民生问题相关的热点。新时代的大学生,应该和陈同学一样关注两会精神,关注国家在大学生创业和就业等方面制定的相关政策。

《中华人民共和国宪法》规定,中国共产党领导的多党合作和政治协商制度将长期存在和发展。中国人民政治协商会议是中国共产党领导下,由中国共产党、八个民主党派、无党派民主人士、人民团体、各少数民族和各界的代表,台湾同胞、港澳同胞和归国侨胞的代表,以及特别邀请的人士组成,具有广泛的社会基础。中国人民政治协商会议根据中国共产党同各民主党派和无党派人士"长期共存、互相监督、肝胆相照、荣辱与共"的方针,对国家的大政方针和群众生活的重要问题进行政治协商,并通过建议和批评发挥民主监督作用。人民政协的主要职能是政治协商和民主监督,组织参加本会的各党派、团体和各族各界人士参政议政。中国人民政治协商会议的一切活动以《中华人民共和国宪法》为根本准则。

全国人民代表大会是最高国家权力机关,人民代表大会制度是实现人民当家作主的根本政治制度。人民代表大会制度是按照民主集中制原则,由选民直接或间接选举代表组成人民代表大会作为国家权力机关,统一管理国家事务的政治制度。以人民代表大会为基石的人民代表大会制度是我国的根本政治制度。

两会代表代表着广大选民的一种利益,代表着选民在召开两会期间,向政府有关部门提出意见和要求。

思考题1-2　　实训练习1-2

第二章 新时代中国特色社会主义法治道路

第一节 坚持走中国特色社会主义法治道路

一、中国特色社会主义法治道路的内涵

案例导学

> 小林通过网络等渠道了解到中国共产党第二十次全国代表大会于 2022 年 10 月 16 日在北京隆重开幕,习近平总书记向大会作报告。党的二十大报告中强调,全面依法治国是国家治理的一场深刻革命,关系党执政兴国,关系人民幸福安康,关系党和国家长治久安。必须更好发挥法治固根本、稳预期、利长远的保障作用,在法治轨道上全面建设社会主义现代化国家。小林认为,作为新时代的大学生,应争做法治中国建设的实践者、支持者、宣传者、发展者,以及建设者。

（一）社会主义法治的内涵

法治是一个动态的社会范畴,在不同的时代,法治被赋予不同的社会内涵和意义。现代的法治就是用法律作为准绳去衡量、规范引导社会生活。社会主义法治理念的基本内涵包括依法治国、执法为民、公平正义、服务大局、党的领导。社会主义法治是国家治理体系和治理能力的重要依托。推进国家治理体系和治理能力现代化,必须坚持依法治国。全面推进依法治国,是国家治理领域一场广泛而深刻的革命,必须坚定不移地走中国特色社会主义法治道路。中国特色社会主义法治最鲜明的标志就是坚持党的领导。宪法至上、科学立法、严格执法、公正司法、全民守法、依法执政,是依法治国的具体路径。

（二）习近平法治思想的核心内容

习近平总书记创造性提出了关于全面依法治国的新理念、新思想、新战略,形成了习近平法治思想。习近平法治思想内涵丰富、论述深刻、逻辑严密、系统完备,是法治中国建设的行动指南,集中体现为"十一个坚持",其核心内容是:一是坚持党对依法治国的领导;二是坚持以人民为中心;三是坚持中国特色社会主义法治道路;四是坚持依宪治国、依宪执政;五是坚持在法治轨道上推进国家治理体系和治理能力现代

化;六是坚持建设中国特色社会主义法治体系;七是坚持依法治国、依法执政、依法行政共同推进,法治国家、法治政府、法治社会一体建设;八是坚持全面推进科学立法、严格执法、公正司法、全民守法;九是坚持统筹推进国内法治和涉外法治;十是坚持建设德才兼备的高素质法治工作队伍;十一是坚持抓住领导干部这个"关键少数"。这些核心内容明确全面依法治国的指导思想、发展道路、工作布局、重点任务,创新和发展中国特色社会主义法治理论,是新时代全面依法治国的根本遵循。

（三）中国特色社会主义法治道路的内涵

随着中国特色社会主义进入新时代,广大人民群众不仅对物质文化生活提出更高要求,而且在民主、法治、公平、正义、安全、环境等方面的要求日益增长。因此,我们必须把依法治国摆在更加突出的位置,从法治上为解决当前的突出矛盾和问题提供制度化方案。我们既要立足当前,运用法治思维和法治方式解决经济社会发展面临的深层次问题;又要着眼长远,筑法治之基、行法治之力、积法治之势,促进各方面制度更加成熟更加定型,为党和国家事业发展提供长期性的制度保障。

中国特色社会主义法治道路的内涵十分丰富:既要坚持党的领导、人民当家作主、依法治国的有机统一,也要坚持依法治国、依法执政、依法行政三者的共同推进;既要实现法治国家、法治政府、法治社会的一体建设,深化司法体制改革,加快建设公正高效权威的社会主义司法制度,维护人民权益,让人民群众在每一个司法案件中都感受到公平正义,也要保证科学立法、严格执法、公正司法、全民守法之间的协调统一。

中国特色社会主义法治道路,体现了中国共产党领导中国人民对实现法治现代化规律的持续探索、对人类法治文明的不懈追求,既汲取中华法律文化精华,又借鉴国外法治有益经验;既与时俱进、体现时代精神,又不照抄照搬别国法治模式,是符合中国实际、具有中国特色、体现社会发展规律的法治发展道路,是中华人民共和国社会主义法治建设成就和经验的集中体现,是我们建设社会主义法治国家的唯一正确道路。

（四）坚持走中国特色社会主义法治道路的原因

1. 走中国特色社会主义法治道路是历史的必然结论

走什么样的法治道路,是近代以来中国人民面临的历史性课题。中国共产党在领导新民主主义革命的伟大斗争中,不断探索适合中国国情的法治道路。中华人民共和国成立后,逐步确立、健全宪法制度和立法行政司法体制。改革开放以来,我党深刻总结法治建设正反两方面的经验教训,最终走出一条中国特色社会主义法治道路。在新时代,我们党不断坚持和拓展中国特色社会主义法治道路。

2. 走中国特色社会主义法治道路是由我国社会主义国家性质所决定的

我国宪法明确规定,社会主义制度是中华人民共和国的根本制度,这一根本制度保证人民当家作主的主体地位,也保证人民在全面依法治国的主体地位,这是我们的制度优势。中国特色社会主义法治道路坚持以人民为中心,坚持法律面前人人平等。

3. 走中国特色社会主义法治道路,是立足我国基本国情的必然选择

走什么样的法治道路,离不开一个国家的基本国情,中国特色社会主义法治道路的鲜明特点就是汲取我国古代"德刑相辅、儒法并用"等思想精华,始终把依法治国与以德治国相结合。

二、中国特色社会主义法治道路的核心要义与精神实质

(一)中国特色社会主义法治道路的核心要义

1.加强党对全面依法治国的领导

党的领导是中国特色社会主义最本质的特征,是中国特色社会主义制度的最大优势,也是社会主义法治最根本的保证。只有坚持党的领导,才能有效推进法治建设。习近平总书记深刻指出:"当前我国正处在实现中华民族伟大复兴的关键时期,世界百年未有之大变局加速演进,改革发展稳定任务艰巨繁重,对外开放深入推进,需要更好发挥法治固根本、稳预期、利长远的作用。"

新时代加强党对全面依法治国的领导,必须推进保障党的全面领导的制度安排和能力建设,充分发挥党总揽全局、协调各方的领导作用,把方向、谋大局、定政策、促改革、解难题,及时研究解决法治建设中的重大问题,统筹法治建设各领域的工作,确保党的意志贯彻到法治建设全过程和各方面,把党的领导落实到党领导立法、保证执法、支持司法、带头守法的具体实践中。

2.坚持中国特色社会主义制度

中国特色社会主义制度是党和人民在长期实践探索中形成的科学制度体系,具有鲜明本质特征,具有无比巨大优势,是我们坚定道路自信、理论自信、制度自信、文化自信的基本依据。必须突出坚持和完善支撑中国特色社会主义制度的根本制度、基本制度、重要制度,着力固根基、扬优势、补短板、强弱项,构建系统完备、科学规范、运行有效的制度体系,加强系统治理、依法治理、综合治理、源头治理,把我国制度优势更好地转化为国家治理效能,为实现中华民族伟大复兴的中国梦提供有力保证。

中国特色社会主义法治道路所坚持的是社会主义制度而不是其他制度。中国特色社会主义制度包括人民代表大会制度、中国共产党领导的多党合作和政治协商制度、民族区域自治制度、基层群众自治制度等。

3.贯彻落实中国特色社会主义法治理论

习近平总书记强调,要坚持走中国特色社会主义法治道路,更好推进中国特色社会主义法治体系建设。中国特色社会主义法治理论是建设中国特色社会主义法治体系的理论指导,是全面依法治国的行动指南。没有科学的法治理论,就不可能取得法治中国建设的成功。中国特色社会主义法治理论是马克思主义法学思想中国化的理论成果,是将普遍性的法治原理同中国具体的法治实践紧密结合的成果,它揭示出法治中国建设的理论基础、科学内涵和发展规律。走中国特色社会主义法治道路,离不开中国特色社会主义法治理论的引领。

4.坚持保障人民权益

我们党始终坚持法治为了人民、依靠人民、造福人民、保护人民。只有坚持人民主体地位,才能从根本上保障人民权益;只有坚持法律面前人人平等,才能维护社会

公平正义。中国特色社会主义法治道路强调把体现人民利益、反映人民愿望、维护人民权益、增进人民福祉落实到依法治国全过程,使法律及其实施充分体现人民意志;强调必须保障公民人身权、财产权、人格权、基本政治权利等各项权利不受侵犯,保证公民的经济、文化、社会等各方面权利得到落实,努力维护最广大人民的根本利益,保障实现人民群众对美好生活的向往和追求。

(二)中国特色社会主义法治道路的精神实质

1.理论来源于实践,道路同样来源于实践

中国特色社会主义法治道路归根到底来源于丰富生动的中国实践。中国共产党成立后,开始探索一条适合中国革命、建设、改革实际的法治发展道路。

2.道路决定未来,中国特色社会主义法治道路决定法治中国建设前景

习近平总书记强调,全面推进依法治国,必须走对路。党的十八届四中全会提出坚定不移走中国特色社会主义法治道路、建设中国特色社会主义法治体系的重大论断,深刻回答中国特色社会主义法治向哪里走、走什么路、实现什么目标、如何实现目标等一系列重大问题,明确建设社会主义法治国家的性质、方向、道路、抓手。

3.道路体现本质,坚持党的全面领导是中国特色社会主义法治道路最根本的保证

要坚持党对全面依法治国的集中统一领导,将其贯穿到全面依法治国工作的各方面、全过程。各级党委要把法治建设摆在全局工作的突出位置,加强组织领导,落实主体责任,统筹推进法治建设。

4.道路依靠实践,中国特色社会主义法治道路必须紧紧依靠中国特色社会主义法治实践

中国特色社会主义法治道路一经确定,就必须紧紧依靠中国特色社会主义法治实践。法治实践必须充分保障人民的主体地位,中国特色社会主义法治道路建设必须坚持为了人民、依靠人民、保障人民的合法权益,出发点和落脚点就是造福于人民。

5.道路必须坚定,坚持中国特色社会主义法治道路要做到坚定不移、毫不动摇

习近平总书记强调,推进任何一项工作,只要我们党旗帜鲜明了,全党都行动起来了,全社会就会跟着走。一个政党执政,最怕的是在重大问题上态度不坚定,结果社会上对有关问题沸沸扬扬、莫衷一是,别有用心的人趁机煽风点火、蛊惑搅和,最终没有不出事的。所以面对道路问题不能含糊,必须向全社会释放正确而又明确的信号。坚持和发展中国特色社会主义法治道路是一项系统工程,只有树立自信、保持定力,才能使这条法治道路走稳、走好,走出一片新天地。

坚持走中国特色社会主义法治道路,要顺应事业发展需要,坚持系统观念,全面推进法治体系建设的正确方向,加快重点领域立法,深化法治领域改革,运用法治手段开展国际斗争,加强法治理论研究和宣传,走出一条发展中国家实现国家治理体系和治理能力现代化的新路。展望未来,中国特色社会主义法治道路必将继续展现其独特优势,在解决自身发展实践问题的过程中,彰显更加鲜明的中国特色、中国风格、中国气派,并对人类法治文明发展做出新的更大的贡献。

思考题2-1

实训练习2-1

第二节　培养社会主义法治思维

一、法治思维概述

> 　　2021年,各级纪检监察机关做实做深监督第一职责,持续保持高压态势,小王通过新闻了解到全国上下在"打老虎",且揪出了一批"大老虎",中国上下一片欢呼叫好。2021年12月1日,十九届中央候补委员张某华落马,当晚江苏省委免去其省政协党组副书记职务。经查,张某华丧失理想信念,背弃初心使命,对党不忠诚、不老实,处心积虑对抗组织审查,搞迷信活动;违反中央八项规定精神,违规收受礼品礼金;隐瞒不报个人有关事项,在干部选拔任用工作中为他人谋取利益;政绩观偏差,为谋求个人业绩搞经济数据造假,违规干预插手市场经济活动;丧失法纪底线,大搞权钱交易,利用职务便利为他人在企业经营、工程承揽等方面谋利,并非法收受巨额财物。进入司法调查以来,办案机关并没有因为张某华曾是我们国家省部级重要领导人而对其有任何偏袒。办案机关依法办案、文明执法、公正司法,讲事实、讲法律,用法治,做到法律面前人人平等,充分体现我国司法的进步和依法治国的决心。

（一）法治思维的含义

　　法治思维说到底是将法律作为判断是非和处理事务的准绳,它要求崇尚法治、尊重法律,善于运用法律手段解决问题和推进工作。何为法治思维? 简言之,法治思维是指以法治价值和法治精神为导向,是将法治的诸种要求运用于认识、分析、处理问题的思维方式,是运用法律原则、法律规则、法律方法思考和处理问题的思维模式,也是一种以法律规范为基准的逻辑化的理性思考方式。因此,法治思维需以法治概念为前提。人类政治文明发展至今,对法治概念的认知尽管不完全一致,但对其核心内涵包括精神、实体、形式等层面诸要件已经有基本共识。就中国当下而言,经过多年砥砺耕耘,在法治概念上的初步共识也基本能为提出法治思维命题奠定基础。

　　法治思维的含义有以下四个方面:第一,法治思维以法治价值精神为指导,蕴含着公正、平等、民主、人权等法治理念,是一种正当性思维;第二,法治思维以法律原则和法律规则为依据来指导人们的社会行为,是一种规范性思维;第三,法治思维以法律手段与法律方法为依托分析问题、处理问题、解决纠纷,是一种可靠的逻辑思维;第四,法治思维是一种符合规律、尊重事实的科学思维。

（二）法治思维与人治思维的区别

　　（1）在依据上,法治思维认为国家的法律是治国理政的基本依据,处理法律问题要以事实为依据,以法律为准绳;而人治思维的本质是人高于法或权大于法,它主张凭借个人尤其是掌权者、领导人的个人魅力、德性和才智来治国平天下。

（2）在方式上，法治思维以一般性、普遍性的平等态度调节社会关系，解决矛盾纠纷，坚持法律面前人人平等原则，具有稳定性和一贯性；而人治思维漠视规则的普遍适用性，按照个人意志和感情进行治理，治人者以言代法，言出法随，朝令夕改，具有极大的任意性和非理性。

（3）在价值上，法治思维强调集中社会大众的意志来进行决策和判断，是一种"多数人之治"的思维，避免陷入无政府主义或以民主之名扰乱社会；而人治思维是个人说了算的专断思维。

（4）在标准上，法治思维和人治思维的分水岭不在于有没有法律或者法律的多寡与好坏，而在于最高的权威究竟是法律还是个人。法治思维以法律为最高权威，人治思维则奉领导者个人的意志为最高权威，当法律的权威与个人的权威发生矛盾时，强调服从个人而非服从法律权威。

二、法治思维的内容

案例导学

　　重庆市彭水县一男子不忍心病重母亲忍受伤病痛苦，禁不住母亲再三请求，将敌敌畏递给母亲助其"安乐死"。事后法院依法对其予以处罚，主审法官认为其是不忍看母亲受病痛的折磨，但行为是帮助他人自杀，间接故意地剥夺了他人的生命，判处有期徒刑3年。在法律上，任何人都不能以任何形式，剥夺别人的生命。但在生活中，法与情之间，我们该如何去平衡？我们在法治国家，必须养成良好的法治思维和行为方式。

　　法治思维主要包括法律至上、权力制约、公平正义、人权保障、正当程序等内容。

（一）法律至上

法律至上是指在国家或社会的所有规范中，法律是地位最高、效力最广、强制力最大的规范。

（二）权力制约

权力制约是指国家机关的权力必须受到法律的规制和约束，也就是"把权力关进制度的笼子里"。法律是约束权力最大的"笼子"，具有制约公权力的重要功能。国家权力是人民的，即一切权力为民所有；国家权力是为人民服务的，即一切权力为民所用。权力制约包括权力由法定、有权必有责、用权受监督、违法受追究四项要求。

（三）公平正义

公平正义是指社会的政治利益、经济利益和其他利益在全体社会成员之间合理、公平分配和占有。一般来讲，公平正义包括权利公平、机会公平、规则公平和救济公平。

权利公平包括三重含义：一是权利主体平等，国家对每个权利主体"不偏袒""非歧视"；二是享有的权利特别是基本权利平等；三是权利保护和权利救济平等。机会公平是指生活在同一社会中的成员拥有相同的发展机会和发展前景，反对任何形式的歧视。规则公平是指对所有人适用同一规则和标准，不得因人而异。救济公平是指为权利受到侵害或处于弱势地位的公民提供公平的救济。

（四）人权保障

人权的法律保障包括宪法保障、立法保障、行政保护和司法保障。宪法保障是人权保障的前提和基础。宪法确立尊重和保障人权的有效机制，明确列出宪法保障的基本人权。立法保障是人权保障的重要条件。宪法有关人权条款的规定一般属于原则性内容，各项具有人权的保障由立法机关通过立法做出明确规定。行政保护是人权保障的关键环节。行政机关在行使行政管理权的过程中必然要涉及处置社会成员的利益问题，很容易发生损害或侵害人权的现象，因此，行政机关是否能够有效地保护人权，直接反映出一个国家的人权保障状况。司法保障是人权保障的最后防线，既是解决个人之间人权纠纷的有效渠道，也是纠正和遏制行政机关侵犯人权的有力机制。

（五）正当程序

只有严格按照法律程序办事办案，处理结果才可能公正并具有公信力和权威性。**程序正当，表现在程序的合法性、中立性、参与性、公开性、时限性等方面。** 合法性是指程序运行合乎法律的规定，有关机关或个人不得违反或变相违反；中立性是指程序设计和运行应平等地对待双方当事人，不得偏向任何一方；参与性是指案件或纠纷的利害关系人都有机会参与办案程序，充分表达自己的利益诉求和意见主张，为解决纠纷发挥作用；公开性是指程序运行的过程和结果应当向当事人和社会公开，以接受各方监督，防止办案不公和暗箱操作，让正义以人们看得见的方式实现；时限性是指程序的运行过程必须有合理的期限，符合时间成本和效率原则的要求，不得无故拖延或没有终结。

实训练习2-2　　思考题2-2

第三章 中国特色社会主义法律体系

第一节 当代中国的法律体系及法律效力

一、当代中国的法律体系

中国特色社会主义法律体系,是中国特色社会主义永葆本色的法制根基,是中国特色社会主义创新实践的法制体现,是中国特色社会主义兴旺发达的保障。中国特色社会主义法律体系已经形成并不断发展。中国特色社会主义法律体系已经形成以宪法为统帅、以法律为主干、以行政法规和地方性法规为重要组成部分、由多个法律部门组成的有机统一整体,如图 3-1 所示。

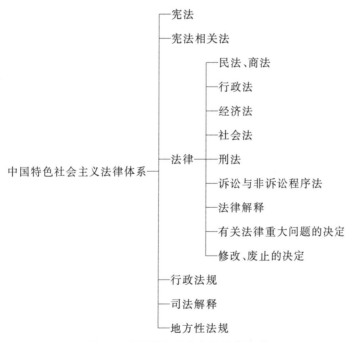

图 3-1 中国特色社会主义法律体系

二、法律效力

法律效力是指不同国家机关制定的规范性文件在法律体系中所处的效力位置和

纵向等级。法律效力可以分为上位法、下位法和同位法。下位阶的法律必须服从上位阶的法律,所有法律必须服从最高位阶的法。同位法是指在法的位阶中处于同一效力位置和等级的那些规范性文件。

在中国,按照宪法和立法法规定的立法体制,法律效力位阶共分六级,它们从高到低依次是:根本法、基本法、普通法、行政法规、地方性法规和行政规章(表 3-1)。

表 3-1　各级法律的法律效力

宪法至上	宪法是具有最高法律效力的根本大法,作为根本法和母法,宪法是其他立法活动的最高法律依据,具有最高的法律效力	
上位法优于下位法:在我国法律体系中,法律的效力是仅次于宪法而高于其他法的形式	行政法规	法律地位和法律效力仅次于宪法和法律,高于地方性法规和部门规章
	地方性法规	高于本级和下级地方政府规章
	省自治区人民政府制定的规章	高于本行政区域内的较大的市人民政府制定的规章
	部门规章	部门规章之间、部门规章与地方政府规章之间具有同等效力,在各自的权限范围内施行
特别法优于一般法	《中华人民共和国立法法》规定,同一机关制定的法律、行政法规、地方性法规、自治条例和单行条例、规章,特别规定与一般规定不一致,适用特别规定	
新法优于旧法	新法、旧法对同一事项有不同规定时,新法的效力优于旧法	
需要由有关机关裁决适用的特殊情况,如地方性法规和规章不一致时,由机关依照下列规定的权限作出裁决	同一机关制定的新的一般规定与旧的特别规定不一致时,由制定机关裁决	
	地方性法规与部门规章之间对同一事项的规定不一致,不能确定如何适用时,由国务院提出意见,国务院认为应当适用地方性法规的,应当决定在该地方适用地方性法规的规定;认为应当适用部门规章的,应当提请人民代表大会常务委员会裁决	
	部门规章之间、部门规章与地方政府规章之间对同一事项的规定不一致时,由国务院裁决	

思考题 3-1

实训练习 3-1

第二节　维护宪法权威

一、我国宪法的形成和发展

(一)我国宪法的形成

中国共产党自成立以来就高度重视宪法和法律制度建设。1931 年,我们党在中央苏区成立中华苏维埃共和国临时中央政府,颁布《中华苏维埃共和国宪法大纲》;1946 年,我们党在陕甘宁边区颁布了《陕甘宁边区宪法原则》;1949 年建国前夕,中国人民政治协商会议在北京召开,大会通过了《中国人民政治协商会议共同纲领》,起到临时宪法的作用;1954 年,第一届全国人民代表大会胜利召开,大会制定了我国第一部社会主义性质的宪法;在这之后,历经 1975 年和 1978 年两部宪法,虽修改了部分条文,仍不能满足形势发展的需要;党的十一届三中全会开启改革开放历史新时期,发展社会主义民主和健全社会主义法治成为党和国家坚定不移的方针,1982 年 12 月 4 日通过的《中华人民共和国宪法》是在这个历史背景下产生的现行宪法,这部宪法总结了我国社会主义建设正反两方面经验,为改革开放和社会主义现代化建设提供了有力的法治保障。为了纪念这一天,我国把每年的 12 月 4 日定为"宪法日"。

(二)宪法的修改

1. 宪法的修改程序不同于普通法律

全国人民代表大会是唯一有权修改宪法的国家权力机关。宪法的修改,由全国人民代表大会常务委员会或者五分之一以上的全国人民代表大会代表提议,并由全国人民代表大会以全体代表的三分之二以上的多数通过。

2. 宪法修改的步骤

宪法的修改包括三个步骤:第一,宪法修正草案的提出;第二,宪法修正草案的审定和表决;第三,宪法修正案的公布。

我国宪法是随着时代进步、党和人民事业发展而不断发展的。1982 年宪法通过以后,分别于 1988 年、1993 年、1999 年、2004 年、2018 年进行过修改。通过 5 次修改,我国宪法在中国特色社会主义伟大实践中紧跟时代步伐,不断与时俱进。

(三)宪法修改的原则

党的十九届二中全会确定了宪法修改必须贯彻以下原则:

(1)坚持党的领导。党的二十大报告强调,要坚持和加强党对一切工作的领导。修改宪法,是事关全局的重大政治活动和重大立法活动,必须在党中央集中统一领导下进行。

(2)坚持严格依法按程序进行。守程序是法治之始。

(3)坚持充分发扬民主、广泛凝聚共识。"政之所兴在顺民心,政之所废在逆民心。"人心向背,是决定一个政党、一个政权兴亡的根本性因素。宪法作为法之统帅、法律之母,是党和人民意志的集中体现。宪法修改要广察民情、广纳民意、广聚民智,充分体现人民的意志。

(4)坚持对宪法作部分修改、不作大改。宪法既不能频繁修改,又不能一成不变,需要在连续性、稳定性和适应性之间寻求平衡。

(四)宪法修改的意义

宪法是国家的根本法,是治国安邦的总章程,是党和人民意志的集中体现,具有最高的法律地位、法律权威、法律效力。修改宪法,是党和国家政治生活中的一件大事,具有重大现实意义和深远历史意义。

(1)**宪法修改是党中央从新时代坚持和发展中国特色社会主义全局和战略高度作出的重大决策。**党的二十大报告从战略全局深刻阐述了新时代坚持和发展中国特色社会主义的一系列重大理论和实践问题,为全面贯彻党的二十大精神、更好地发挥宪法在新时代坚持和发展中国特色社会主义中的重大作用,需要对宪法作出适当修改,把党和人民在实践中取得的重大理论创新、实践创新、制度创新成果上升为宪法规定。

（2）宪法修改是推进全面依法治国、推进国家治理体系和治理能力现代化的重大举措。全面依法治国是党治国理政的基本方略，是实现国家治理现代化的重要依托。习近平总书记强调，没有全面依法治国，我们就治不好国、理不好政，我们的战略布局就会落空。必须坚持把依法治国作为党领导人民治理国家的基本方略、把法治作为治国理政的基本方式，不断把法治中国建设推向前进。坚持依法治国首先要坚持依宪治国，坚持依法执政首先要坚持依宪执政。完善以宪法为核心的中国特色社会主义法律体系，是全面推进依法治国的必然要求，是完善和发展中国特色社会主义制度、推进国家治理体系和治理能力现代化的重大举措。

（3）宪法修改是党领导人民建设中国特色社会主义实践发展的必然要求。我国宪法以国家根本法的形式，确认党领导人民进行革命、建设和改革的伟大斗争和根本成就，确立了国体和政体等国家的根本制度，确立了国家的根本任务、领导核心、指导思想、发展道路、奋斗目标等国家生活中带有全局性、根本性的问题。我国宪法是一部随着党领导人民建设中国特色社会主义实践的发展而不断发展的宪法。

（4）中国特色社会主义进入新时代，这是我国发展新的历史方位。我国宪法应该坚持与时俱进，更好体现党和国家事业发展的新成就、新经验、新要求。

（五）2018宪法修改前后内容对照表（表3-2）

表3-2　2018宪法修改前后内容对照表

章　节	修改前	修改情况	修改后
宪法序言第七章自然段	在马克思列宁主义、毛泽东思想、邓小平理论和"三个代表"重要思想指引下	修改	在马克思列宁主义、毛泽东思想、邓小平理论、"三个代表"重要思想、科学发展观、习近平新时代中国特色社会主义思想指引下
	健全社会主义法制	修改	健全社会主义法治
	在"自力更生，艰苦奋斗"前	增加	贯彻新发展理念
	推进物质文明、政治文明和精神文明协调发展，把我国建设成为富强、民主、文明的社会主义国家	修改	推进物质文明、政治文明、精神文明、社会文明、生态文明协调发展，把我国建设成为富强民主文明和谐美丽的社会主义现代化强国，实现中华民族伟大复兴
宪法序言第十自然段	在长期的革命和建设过程中	修改	在长期的革命、建设、改革过程中
	包括全体社会主义劳动者、社会主义事业的建设者、拥护社会主义的爱国者和拥护祖国统一的爱国者的广泛的爱国统一战线	修改	包括全体社会主义劳动者、社会主义事业的建设者、拥护社会主义的爱国者、拥护祖国统一和致力于中华民族伟大复兴的爱国者的广泛的爱国统一战线
宪法序言第十一自然段	平等、团结、互助的社会主义民族关系已经确立，并将继续加强	修改	平等团结互助和谐的社会主义民族关系已经确立，并将继续加强

章　节	修改前	修改情况	修改后
宪法序言第十二自然段	中国革命和建设的成就是同世界人民的支持分不开的	修改	中国革命、建设、改革的成就是同世界人民的支持分不开的
	在"中国坚持独立自主的对外政策，坚持互相尊重主权和领土完整、互不侵犯、互不干涉内政、平等互利、和平共处的五项原则"后	增加	坚持和平发展道路，坚持互利共赢开放战略
	发展同各国的外交关系和经济、文化的交流	修改	发展同各国的外交关系和经济、文化的交流，推动构建人类命运共同体
第一条第二款	在"社会主义制度是中华人民共和国的根本制度"后	增加	中国共产党领导是中国特色社会主义最本质的特征
第三条第三款	国家行政机关、审判机关、检察机关由人民代表大会产生，对它负责，受它监督	修改	国家行政机关、监察机关、审判机关、检察机关都由人民代表大会产生，对它负责，受它监督
第四条第一款	国家保障各少数民族的合法的权利和利益，维护和发展各民族的平等、团结、互助关系	修改	国家保障各少数民族的合法的权利和利益，维护和发展各民族的平等团结互助和谐关系
第二十四条第二款	国家提倡爱祖国、爱人民、爱劳动、爱科学、爱社会主义的公德	修改	国家倡导社会主义核心价值观，提倡爱祖国、爱人民、爱劳动、爱科学、爱社会主义的公德
第二十七条		增加一款	国家工作人员就职时应当依照法律规定公开进行宪法宣誓
第六十二条	全国人民代表大会行使下列职权	增加一项	（七）选举国家监察委员会主任第七项至第十五项相应改为第八项至第十六项
第六十三条	全国人民代表大会有权罢免下列人员	增加一项	（四）国家监察委员会主任第四项、第五项相应改为第五项、第六项
第六十五条第四款	全国人民代表大会常务委员会的组成人员不得担任国家行政机关、审判机关和检察机关的职务	修改	全国人民代表大会常务委员会的组成人员不得担任国家行政机关、监察机关、审判机关和检察机关的职务
第六十七条	"全国人民代表大会常务委员会行使下列职权"中第六项"（六）监督国务院、中央军事委员会、最高人民法院和最高人民检察院的工作"	修改、增加一项	"（六）监督国务院、中央军事委员会、国家监察委员会、最高人民法院和最高人民检察院的工作"；增加一项，作为第十一项"（十一）根据国家监察委员会主任的提请，任免国家监察委员会副主任、委员"，第十一项至第二十一项相应改为第十二项至第二十二项

章　节	修改前	修改情况	修改后
第七十条第一款	全国人民代表大会设立民族委员会、法律委员会、财政经济委员会、教育科学文化卫生委员会、外事委员会、华侨委员会和其他需要设立的专门委员会	修改	全国人民代表大会设立民族委员会、宪法和法律委员会、财政经济委员会、教育科学文化卫生委员会、外事委员会、华侨委员会和其他需要设立的专门委员会
第七十九条第三款	中华人民共和国主席、副主席每届任期同全国人民代表大会每届任期相同，连续任职不得超过两届	修改	中华人民共和国主席、副主席每届任期同全国人民代表大会每届任期相同
第八十九条	"国务院行使下列职权"中第六项"领导和管理经济工作和城乡建设"	修改	领导和管理经济工作和城乡建设、生态文明建设
	第八项"领导和管理民政、公安、司法行政和监察等工作"	修改	领导和管理民政、公安、司法行政等工作
第一百条		增加一款	设区的市的人民代表大会和它们的常务委员会，在不同宪法、法律、行政法规和本省、自治区的地方性法规相抵触的前提下，可以依照法律规定制定地方性法规，报本省、自治区人民代表大会常务委员会批准后施行
第一零一条第二款	县级以上的地方各级人民代表大会选举并且有权罢免本级人民法院院长和本级人民检察院检察长	修改	县级以上的地方各级人民代表大会选举并且有权罢免本级监察委员会主任、本级人民法院院长和本级人民检察院检察长
第一零三条第三款	县级以上的地方各级人民代表大会常务委员会的组成人员不得担任国家行政机关、审判机关和检察机关职务	修改	县级以上的地方各级人民代表大会常务委员会的组成人员不得担任国家行政机关、检查机关、审判机关和检察机关职务
第一零四条	监督本级人民政府、人民法院和人民检察院的工作	修改	监督本级人民政府、监察委员会、人民法院和人民检察院的工作
第一百零七条第一款	县级以上地方各级人民政府依照法律规定的权限，管理本行政区域内的经济、教育、科学、文化、卫生、体育事业、城乡建设事业和财政、民政、公安、民族事务、司法行政、监察、计划生育等行政工作，发布决定和命令，任免、培训、考核和奖惩行政工作人员	修改	县级以上地方各级人民政府依照法律规定的权限，管理本行政区域内的经济、教育、科学、文化、卫生、体育事业、城乡建设事业和财政、民政、公安、民族事务、司法行政、计划生育等行政工作，发布决定和命令，任免、培训、考核和奖惩行政工作人员

续　表

章　节	修改前	修改情况	修改后
第三章		增加一节，增加五条	第三章"国家机构"中增加一节，作为第七节"监察委员会"；增加五条，分别作为第一百二十三条至第一百二十七条内容如下： 第七节　监察委员会 第一百二十三条　中华人民共和国各级监察委员会是国家的监察机关。 第一百二十四条　中华人民共和国设立国家监察委员会和地方各级监察委员会。 　　监察委员会由下列人员组成： 　　主任， 　　副主任若干人， 　　委员若干人。 监察委员会主任每届任期同本级人民代表大会每届任期相同。国家监察委员会主任连续任职不得超过两届。监察委员会的组织和职权由法律规定。 第一百二十五条　中华人民共和国国家监察委员会是最高监察机关。 国家监察委员会领导地方各级监察委员会的工作，上级监察委员会领导下级监察委员会的工作。 第一百二十六条　国家监察委员会对全国人民代表大会和全国人民代表大会常务委员会负责。地方各级监察委员会对产生它的国家权力机关和上一级监察委员会负责。 第一百二十七条　监察委员会依照法律规定独立行使监察权，不受行政机关、社会团体和个人的干涉。 监察机关办理职务违法和职务犯罪案件，应当与审判机关、检察机关、执法部门互相配合，互相制约。 原第七节相应改为第八节，第一百二十三条至第一百三十八条相应改为第一百二十八条至第一百三十四条。

二、我国宪法的地位和基本原则

（一）我国宪法的地位

我国现行宪法由序言、第一章"总纲"、第二章"公民的基本权利和义务"、第三章"国家机构"、第四章"国旗、国歌、国徽、首都"五部分组成。宪法序言是我国宪法的灵魂,同宪法各章节一样具有最高法律效力。宪法序言及其各章的法律效力具有整体性和不可分割性。宪法至上地位主要体现在其特有的作用、效力和内容等方面。

(1)**我国宪法是国家的根本法,是党和人民意志的集中体现。**我国现行宪法是在中国共产党领导下,保障人民当家作主,在促进改革开放和社会主义现代化建设,推动社会主义法治国家建设进程,维护国家统一、民族团结、社会稳定等方面发挥有力的推动作用。

(2)**我国宪法是国家各项制度和法律法规的总依据。**宪法在中国特色社会主义法律体系中居于统帅地位。在法律地位和法律效力上,宪法具有最高的法律地位、法律效力、法律权威,具有根本性、全局性、稳定性、长期性。宪法是一切法律、行政法规、地方性法规和公民个人活动的最高法律依据和行为准则,任何法律法规都不得同宪法相抵触。

(3)**我国宪法规定了国家的根本制度。**我国宪法确立中国共产党的领导地位,规定国家的领导核心、指导思想、基本原则、根本任务、发展道路、奋斗目标。我国宪法确立工人阶级领导的、以工农联盟为基础的人民民主专政的国体,确立社会主义制度是中华人民共和国的根本制度,确立人民代表大会制度的政体,确立中国共产党领导的多党合作和政治协商制度、民族区域自治制度以及基层群众自治制度,确立公有制为主体、多种所有制经济共同发展,按劳分配为主体、多种分配方式并存,社会主义市场经济体制等社会主义基本经济制度。

(4)**我国宪法是实现国家认同、凝聚社会共识、促进个人发展的基本准则,是维系一个国家、一个民族凝聚力的根本纽带。**中国共产党领导人民制定的宪法,是中国历史上第一部真正的人民宪法,是规范国家权力运行、保障公民权利实现的根本活动准则。

(二)我国宪法的基本原则

宪法的基本原则是指人们在制定和实施宪法过程中必然遵循的最基本的准则,是贯穿宪法的制定、修改、实施、遵守等环节起指导作用的基本准则。

(1)**党的领导原则。**我国宪法规定中国共产党的领导地位和执政地位,既是对我党领导人民在革命、建设、改革各个时期奋斗成果的确认,也是对国家性质和根本制度的确认,集中体现党的主张和人民意志的高度统一。

(2)**人民当家作主原则。**人民当家作主是社会主义民主政治的本质和核心。我国宪法体现人民主权原则,强调国家的一切权力属于人民。

(3)**尊重和保障人权原则。**《中华人民共和国宪法》第三十三条第三款规定,国家尊重和保障人权。我国宪法对公民的基本权利和自由作出全面规定,依法保障公民的生存权和发展权。

(4)**社会主义法治原则。**我国宪法明确规定,中华人民共和国实行依法治国,建设社会主义法治国家。社会主义法治原则要求坚持宪法法律至上、法律面前人人平等、推进国家各项工作法治化,维护社会公平正义,维护社会主义法制的统一和尊严。

(5)**民主集中制原则。**我国宪法规定,中华人民共和国的国家机构实行民主集中制的原则。民主集中制是我国国家组织形式和活动方式的基本原则,是我国国家制度的突出特点和优势,也是集中全党全国人民集体智慧,实现科学决策、民主决策的基本原则和主要途径。

三、加强宪法实施与监督

（一）加强宪法实施

宪法的生命在于实施,宪法的权威也在于实施。为了加强宪法实施,全国人大及其常委会推出了若干重大举措:首先设立宪法日;其次实行宪法宣誓制度。由人大及其常委会选举任命的国家工作人员,人民政府、监察委员会、法院、检察院任命的国家工作人员,在就职时,都要进行宪法宣誓;最后推进合宪性审查工作,出台的法规规章、司法解释以及其他规范性文件和重要政策、重大举措,凡涉及宪法有关规定如何理解、实施和适用问题的,都应当依照有关规定向全国人大常委会书面提出合宪性审查请求。

（二）完善宪法监督

我国为推进全面依法治国,加强宪法实施,对宪法监督提出新的更高要求。主要有以下四个方面的监督机制:

（1）**健全人大工作机制**。全国人大及其常委会履行宪法赋予的宪法监督职责,加强对宪法法律实施情况的监督检查,坚决纠正。

（2）**健全宪法解释机制**。全国人大常委会根据宪法规定行使宪法解释权,依照宪法精神对宪法规定的内容、含义与界限作出解释。

思考题 3-2

（3）**健全备案审查机制**。将所有的法规规章、司法解释和各类规范性文件依法依规纳入备案审查范围,是宪法监督的重要内容和环节。

实训练习 3-2

（4）**健全合宪性审查机制**。我国的合宪性审查,就是由有关权力机关依据宪法和相关法律的规定,对于可能存在违反宪法规定的法律法规、规范性文件以及国家机关履行宪法职责的行为进行审查,并对违反宪法的问题予以纠正。

第三节　我国法律部门

一、我国的实体法律部门

（一）何为实体法

实体法是指具体规定人们实体权利义务内容或者法律保护的具体情况的法律。

（二）中国的实体法律部门

实体法律部门包括宪法及相关法、民法、商法、行政法、经济法、社会法、刑法。

（三）宪法相关法、民法、商法、行政法、经济法、社会法、刑法的内涵

1. 宪法相关法

宪法相关法是与宪法相配套、直接保障宪法实施和国家政权运作等方面的法律规范,调整国家政治关系,主要包括国家机构的产生、组织、职权和基本工作原则方面

的法律,民族区域自治制度、特别行政区制度、基层群众自治制度方面的法律,维护国家主权、领土完整、国家安全、国家标志象征方面的法律,保障公民基本政治权利方面的法律。

2.民法

民法是调整平等主体的公民之间、法人之间、公民和法人之间的财产关系和人身关系的法律规范,遵循民事主体地位平等、公平、诚实信用等基本原则。

3.商法

商法遵循民法的基本原则,同时秉承保障商事交易自由、等价有偿、便捷安全等原则。

4.行政法

行政法是关于行政权的授予、行政权的行使以及对行政权的监督的法律规范,调整的是行政机关与行政管理相对人之间因行政管理活动发生的关系,遵循职权法定、程序法定、公正公开、有效监督等原则,既保障行政机关依法行使职权,又注重保障公民、法人和其他组织的权利。

5.经济法

经济法是国家从社会整体利益出发,对经济活动实行干预、管理或者调控的法律规范。与民法、商法调整平等主体之间的民事、商事关系不同,经济法是国家对市场经济进行适度干预和宏观调控的法律手段和制度框架,是为防止市场经济的自发性和盲目性所导致的弊端。

6.社会法

社会法是调整劳动关系、社会保障、社会福利和特殊群体权益保障等方面的法律规范,遵循公平和谐与国家适度干预原则,通过国家和社会积极履行责任,对劳动者、失业者、丧失劳动能力的人以及其他需要扶助的特殊人群的权益提供必要的保障,维护社会公平,促进社会和谐。

7.刑法

刑法是规定犯罪与刑罚的法律规范,是公民与犯罪分子作斗争的有力武器。刑法通过规范国家刑罚权,惩罚犯罪,保护人民,维护社会秩序和公共安全,保障国家安全。

二、我国的程序法律部门

(一)何为程序法

程序法是规定以保证权利和职权得以实现或行使,义务和责任得以履行的有关程序为主要内容的法律。程序法是正确实施实体法的保障。

(二)我国程序法律部门的内容

我国的程序法律部门包括诉讼法与非诉讼程序法。诉讼法是指规定诉讼活动的法律规范的总称。诉讼法调整的对象是诉讼活动中产生的各种社会关系。非诉讼程序法是诉讼程序法以外,解决非讼案件的程序法。非讼案件也称为民事非争议案件,是指不具有民事权利义务之争,但有必要由人民法院依法处理的民事案件。我国的程序法律部门见表 3-3。

表 3-3　我国的程序法律部门

诉讼法	刑事诉讼法
	民事诉讼法
	行政诉讼法
非诉讼程序法	仲裁法、人民调解法、引渡法、劳动争议调解仲裁法、农村土地承包经营纠纷调解仲裁法等。

（三）我国诉讼法的内容

我国的诉讼法主要包括刑事诉讼法、民事诉讼法和行政诉讼法。

1. 刑事诉讼法

刑事诉讼法是关于办理刑事案件程序的法律，具体包括侦查机关立案、侦查、扣留、逮捕等强制措施，移送审查起诉、审查起诉、审判、宣判、执行等程序。刑事诉讼是指公安机关、人民检察院、人民法院在当事人和其他诉讼参与人的参加下，依照法律规定的程序，解决被追诉者刑事责任问题的活动。

2. 民事诉讼法

民事诉讼法是关于调整民事诉讼活动、确定民事诉讼法律关系的法律规范。民事诉讼是指人民法院在双方当事人和其他诉讼参与人的参加下，审理和解决民事纠纷案件和其他案件的各种诉讼活动，以及由这些活动所产生的各种诉讼法律关系的总和。

3. 行政诉讼法

行政诉讼法是指公民、法人或者其他组织认为行政机关和法律、法规或者规章制度授权组织的具体行政行为侵犯其合法权益，依法定程序向人民法院起诉，人民法院在当事人及其他诉讼参与人的参加下，对具体行政行为的合法性进行审理并作出裁决的活动。

（四）我国非诉讼程序法的内容

我国的非诉讼程序法包括仲裁法、人民调解法、引渡法、劳动争议调解仲裁法、农村土地承包经营纠纷调解仲裁法等法律。

1. 仲裁法

仲裁法是由国家制定或认可的，规范仲裁法律关系主体的行为和调整仲裁法律关系的法律规范的总称。狭义的仲裁法，仅指仲裁法典，如《中华人民共和国仲裁法》，广义的仲裁法除仲裁法典外，还包括其他制度中的相关法律规范，如《最高人民法院关于适用〈中华人民共和国仲裁法〉若干问题的解释》《中华人民共和国民事诉讼法》等。

2. 人民调解法

人民调解法是完善人民调解制度、规范人民调解活动、及时解决民间纠纷、维护社会和谐稳定的法律规范的总称。

3．引渡法

引渡法是为了保障引渡的正常进行、加强惩罚犯罪方面的国际合作、保护个人和组织的合法权益、维护国家利益和社会秩序而制定的。

4．劳动争议调解仲裁法

劳动争议调解仲裁法是为了公正及时解决劳动争议、保护当事人合法权益、促进劳动关系和谐稳定而制定的。

5．农村土地承包经营纠纷调解仲裁法

农村土地承包经营纠纷调解仲裁法是为了公正、及时地解决农村土地承包经营纠纷，维护当事人的合法权益，促进农村经济发展和社会稳定而制定的。

实训练习3-3　　思考题3-3

第四章 我国的国家机关

第一节 我国国家机关的划分

一、我国国家机关的构成

国家机关是指从事国家管理和行使国家权力的机关。包括国家元首、权力机关、行政机关、监察机关、审判机关、检察机关和军事机关。我国国家机关的构成见表 4-1。

表 4-1 我国国家机关的构成

国家机关	基 本 构 成	
国家元首	中华人民共和国主席	
权力机关	全国人民代表大会及其常务委员会	
	地方各级人民代表大会及其常务委员会	
	各专门委员会及其办事机构	
行政机关	国务院及其所属各部、委,各直属机构和办事机构;派驻国外的大使馆、代办处、领事馆和其他办事机构	
	地方各级人民政府及其所属的各工作部门;地方各级人民政府及其工作部门的派出机构	
监察机关	国家监察委员会	监察机关办理职务违法和职务犯罪案件,应当与审判机关、检察机关、执法部门互相配合,互相制约
	地方监察委员会	
审判机关	最高人民法院	
	地方各级人民法院	
	专门人民法院	
检察机关	最高人民检察院	
	地方各级人民检察院	
	专门人民检察院	
军事机关	中华人民共和国中央军事委员会及其下辖的职能部门	

地方各级人民政府及其工作部门的派出机构：如开发区管委会、公安局派出所、乡镇工商所、税务所等。

中华人民共和国中央军事委员会下辖的职能部门有：军委办公厅、军委联合参谋部、军委政治工作部、军委后勤保障部、军委装备发展部、军委训练管理部、军委国防动员部、军委纪律检查委员会、军委政法委员会、军委科学技术委员会、军委战略规划办公室、军委改革和编制办公室、军委国际军事合作办公室、军委审计署、军委机关事务管理总局。

二、中央国家机关与地方国家机关

我国国家机构按层级分为中央国家机关与地方国家机关。

（一）中央国家机关

中央国家机关是实现国家权力的最高组织。在中国，它是最高国家权力机关、行政机关、审判机关和检察机关等的总称。在中央国家机关中，最高国家权力机关即全国人民代表大会处于基础和核心的地位。

中央国家机关有全国人民代表大会及其常务委员会、中华人民共和国主席、国务院、中央军事委员会、国家监察委员会、最高人民法院、最高人民检察院等。

（二）地方国家机关

地方国家机关，即国家机关的设置除设立中央一级的国家机关之外，还必须根据有利于统治的原则将全国的领土划分成若干行政区域，并按行政区域设置从属于中央的地方各级政权机关,这种地方政权机关即为地方国家机关。

地方国家机关有各级人大及其常委会、地方各级政府、民族自治地方的自治机关、地方各级监察委员会、地方各级人民法院、地方各级人民检察院等。

实训练习4-1

第二节　我国国家机关的重要职能

一、中央国家机关的重要职权

思考题4-1

　　小李通过学习了解到宪法的修改程序要求很高。宪法的修改必须由全国人民代表大会常务委员会或者五分之一以上的全国人民代表大会代表提议,并由全国人民代表大会以全体代表的三分之二以上的多数通过。小李想,为什么修改宪法只能由全国人民代表大会常务委员会或全国人民代表大会提出并同意呢?原来我国中央国家机关依据宪法和法律规定都有各自的职能和职权范围。那么我们国家的中央国家机关的职能是怎样规定的呢?原则是什么?具体内容是什么?

(一)中央和地方的国家机关职权的划分原则

《中华人民共和国宪法》规定:"中央和地方的国家机构职权的划分,遵循在中央的统一领导下,充分发挥地方的主动性、积极性的原则。"这是中央和地方国家机构职权划分的原则,也是中央和地方立法权限划分应遵循的原则,具体为以下五个原则。

1.民主集中制原则

民主集中制主要体现在以下几点:①在国家机构与人民的关系方面,体现国家权力来自人民,由人民组织国家机构。因为权力机关——人民代表大会是由人民民主选举产生的人民代表组成的。②在国家权力机关与其他国家机关之间的关系上,国家权力机关居于核心地位,其他的国家机关都由它产生,对它负责,受它监督。③在中央和地方机构的关系上,遵循"在中央的统一领导下,充分发挥地方的主动性、积极性"的原则。

2.联系群众、为人民服务原则

首先,在思想上树立密切联系群众,一切为人民服务的思想;其次,国家机关及其工作人员要坚持"从群众中来,到群众中去"的工作方法;最后,广泛吸收人民群众参与国家管理并接受人民监督。

3.社会主义法治原则

有法可依、有法必依、执法必严、违法必究是社会主义法治原则的基本要求。

4.责任制原则

国家机关及其工作人员无论是行使职权,还是履行职务,都必须对其产生的后果负责。

5．精简和效率原则

一切国家机关科学地设置决策机构和合理地确定人员编制,实行任何一个决策体制,其机构的设置、层次的划分、编制的规定和人员的配备,都必须依据国家法律规定,根据实际工作需要,从严控制。

（二）各中央国家机关的职权

1．全国人民代表大会

全国人民代表大会是我国的最高国家权力机关,又是行使国家立法权的机关。其他国家机关由它产生,并对它负责,受它监督。它制定的法律、做出的决议和决定,其他国家机关都必须遵守和执行。全国人民代表大会由省、自治区、直辖市、特别行政区和军队选出的代表组成。各少数民族都应当有适当名额的代表。

2．全国人民代表大会常委会

全国人民代表大会常委会是全国人大的常设机关,是全国人大闭会期间行使国家权力的机关,也是行使国家立法权的机关。

3．中华人民共和国主席

中华人民共和国主席是我国国家机构的重要组成部分,中华人民共和国主席根据全国人民代表大会的决定和全国人民代表大会常务委员会的决定,公布法律,任免国务院总理、副总理、国务委员、各部部长、各委员会主任、审计长、秘书长,授予国家的勋章和荣誉称号,发布特赦令,宣布进入紧急状态,宣布战争状态,发布动员令。

4．国务院

国务院即中央人民政府,是最高国家权力机关的执行机关,是最高国家行政机关。由总理、副总理、国务委员、各部部长、各委员会主任、审计长、秘书长组成。国务院实行总理负责制。各部、各委员会实行部长、主任负责制。国务院主要负责国家日常政务活动,组织实施最高国家权力机关制定的法律并检查执行情况。

5．中央军事委员会

中央军事委员会领导全国武装力量,是全国武装力量的最高领导机关,即最高国家军事机关。中央军事委员会由主席,副主席若干人,委员若干人组成。中央军事委员会实行主席负责制。中央军事委员会主席对全国人民代表大会和全国人民代表大会常务委员会负责。

6．国家监察委员会

思考题4-2

国家监察委员会领导地方各级监察委员会的工作,上级监察委员会领导下级监察委员会的工作。监察委员会依照法律规定独立行使监察权,不受行政机关、社会团体和个人的干涉。

7．最高人民法院

实训练习4-2

最高人民法院是国家最高的审判机关,依照法律规定独立行使审判权。最高人民法院负责审理全国性重大案件,对地方各级人民法院和专门人民法院的审判工作进行监督。

8．最高人民检察院

最高人民检察院是最高国家法律监督机关,依法独立行使检察权。对全国人大及其常委会负责,并领导地方各级人民检察院和专门人民检察院的工作。上级人民检察院领导下级人民检察院的工作。

二、地方国家机关的重要职权

> 王丽暑假结束回到学校,正好9月初全国高校都在忙着评选国家助学金,辅导员老师说参与助学金评选的同学必须要有家庭贫困的证明。在班会上,王丽通过辅导员的讲解知道了如果家庭贫困或低保户家庭的学生,可以申请国家助学金,但需要提交申请书和填写家庭情况调查表给予证明,家庭情况调查表需要加盖县级民政部门的章。到所在县政府办理材料的时候,王丽不禁思考:为什么要去政府相关部门盖章呢?因此她去网上和图书馆查找了我国不同地方的国家机关的职能,认识到了只有各个机关各尽其职,才能共同保障国家事务的正常运行。作为公民,我们应当依照地方国家机关职权范围办理相关事宜,不能越级。

(一)地方各级人大及其常委会

地方各级人大及其常委会是地方性的立法机关及地方性的常设机关。地方各级人民代表大会是地方国家权力机关。党的二十大强调要加强人民当家作主制度保障。要支持和保证人民通过人民代表大会行使国家权力,保证各级人大都由民主选举产生、对人民负责、受人民监督。支持和保证人大及其常委会依法行使立法权、监督权、决定权、任免权,健全人大对行政机关、监察机关、审判机关、检察机关监督制度,维护国家法治统一、尊严、权威。加强人大代表工作能力建设,密切人大代表同人民群众的联系。健全吸纳民意、汇集民智工作机制,建设好基层立法联系点。

(二)地方各级人民政府

地方各级人民政府是地方各级人民代表大会的执行机关,是地方各级国家行政机关。地方各级人民政府对本级人民代表大会和上一级国家行政机关负责并报告工作。县级以上的地方各级人民政府在本级人民代表大会闭会期间,对本级人民代表大会常务委员会负责并报告工作。全国地方各级人民政府都是国务院统一领导下的国家行政机关,都服从国务院。

地方各级人民政府必须依法行使行政职权,地方各级人民政府每届任期五年,基本上分为省(自治区、直辖市)、设区的市(自治州)县(自治县、不设区的市、市辖区)、乡(民族乡、镇)四级。地方各级人民政府既是国家的,也具有地方属性;既是国家机构体系的重要组成部分,负责执行或保证执行宪法、法律、行政法规和上级国家机关的决议决定,办理上级国家机关交办的事务,又是地方单位,依法管理地方事务;民族自治地方的自治机关还享有自治权。地方各级人民政府对本级人民代表大会和它的常务委员会以及上一级国家行政机关负责并报告工作,受国务院统一领导,管理本行政区域内的各项行政工作。地方各级人民政府一方面要对本级人民代表大会负责,另一方面也要对上一级国家行政机关负责。全国地方各级人民政府都是在国务院统一领导下的国家行政机关,都必须服从国务院的统一领导。地方各级人民政府实行省长、市长、县长、区长、乡长、镇长负责制。地方各级人民政府每届任期同本级人民代表大会每届任期相同。

(三)地方各级监察委员会

地方各级监察委员会由本级人民代表大会产生,负责本行政区域内的监察工作。地方各级监察委员会对产生它的国家权力机关(本级人民代表大会及其常务委员会)和上一级监察委员会负责,并接受其监督。国家监察委员会领导地方各级监察委员会的工作,上级监察委员会领导下级监察委员会的工作。地方各级监察委员会依照法律规定独立行使监察权,不受行政机关、社会团体和个人的干涉。

(四)地方各级人民法院

地方各级人民法院分为:基层人民法院、中级人民法院、高级人民法院。

1.基层人民法院

基层人民法院包括:①县、自治县人民法院;②不设区的市人民法院;③市辖区人民法院。基层人民法院审理第一审案件,法律另有规定的除外。基层人民法院对人民调解委员会的调解工作进行业务指导,还可以根据地区、人口和案件情况,设立若干人民法庭。人民法庭是基层人民法院的组成部分。人民法庭的判决和裁定即基层人民法院的判决和裁定。

2.中级人民法院

中级人民法院包括:①省、自治区辖市的中级人民法院;②在直辖市内设立的中级人民法院;③自治州中级人民法院;④在省、自治区内按地区设立的中级人民法院。中级人民法院审判下列案件:①法律规定由其管辖的第一审案件;②基层人民法院报请审理的第一审案件;③上级人民法院指定管辖的第一审案件;④对基层人民法院判决和裁定的上诉、抗诉案件;⑤按照审判监督程序提起的再审案件。

3.高级人民法院

高级人民法院包括:①省高级人民法院;②自治区高级人民法院;③直辖市高级人民法院。高级人民法院审理下列案件:①法律规定由其管辖的第一审案件;②下级人民法院报请审理的第一审案件;③最高人民法院指定管辖的第一审案件;④对中级人民法院判决和裁定的上诉、抗诉案件;⑤按照审判监督程序提起的再审案件;⑥中级人民法院报请复核的死刑案件。

(五)地方各级人民检察院和军事检察院等专门人民检察院

各级人民检察院检察长任期与本级人民代表大会任期相同。人民检察院依照法律规定独立行使检察权,不受行政机关、社会团体和个人的干涉。最高人民检察院领导地方各级人民检察院的工作,上级人民检察院领导下级人民检察院的工作。地方各级人民检察院对本级人大及其常委会负责并报告工作。

(六)民族自治地方的自治机关

民族自治地方的自治机关是自治区、自治州、自治县的人民代表大会和人民政府。其性质、组成、任期、职权、相互关系与其他一般地方国家权力机关和行政机关相同。不同的是除享有一般地方国家权力机关和行政机关所享有的职权外,还享有自治权。其自治权主要包括：①有权依照当地民族的政治、经济和文化的特点，制定自治条例和单行条例；②在国家计划的指导下，自主地安排和管理地方性的经济建设事业；③管理地方财政的自治权；④自主地管理地方的教育、科学、文化、卫生、体育事业；⑤依照国家的军事制度和当地的实际需要，经国务院批准，可以组织本地方维护社会治安的公安部队；⑥在执行职务的时候，依照本民族自治地方自治条例的规定，使用当地通用的一种或几种语言文字。

三、专门人民法院

专门人民法院是我国统一审判体系——人民法院体系中的一个组成部分，它和地方各级人民法院共同行使国家的审判权。我国专门的人民法院包括军事法院、海事法院、知识产权法院、金融法院等。

1. 军事法院

军事法院是基于军队的体制和作战任务的特殊性而设立的。军事法院分设三级：中国人民解放军军事法院；各大军区、军兵种级单位的军事法院；基层法院，包括军级单位的军事法院、兵团级军事法院和在京直属部队军事法院。设立军事法院的目的在于通过审判危害国家与损害国防力量的犯罪分子，保卫国家安全，维护国家法制和军队秩序，巩固部队战斗力，维护军人和其他公民的合法权利。

2. 海事法院

海事法院管辖第一审海事案件和海商案件，不受理刑事案件和其他民事案件。各海事法院判决或裁定的上诉案件，由所在地高级人民法院受理。海事法院下设海事审判庭、海商审判庭及研究室和办公机构。

3. 铁路运输法院

目前铁路法院整体纳入国家司法体系，铁路法院整体移交驻在地省（直辖市、自治区）党委、高级人民法院管理。铁路运输法院分设两级，即铁路管理局中级铁路运输法院和铁路管理分局基层铁路运输法院。

4. 知识产权法院

知识产权法院是 2013 年 11 月 15 日在《中共中央关于全面深化改革若干重大问题的决定》中提出的，为了加强知识产权运用和保护，健全技术创新激励机制而设立的审判机构。知识产权法院的专业性较强，是随着经济发展水平提高应运而生的专门法院。

5. 互联网法院

互联网法院是指审理互联网案件的法院，具有"大平台、小前端、高智能、重协同"的特点，能实现网上案件网上审、网上纠纷不落地，是网络法治时代的智慧法院。中国首家互联网法院是成立于 2017 年 8 月 18 日的杭州互联网法院。杭州互联网法院集中管辖杭州市辖区内基层人民法院有管辖权的下列涉互联网一审案件：互联网购物、服务、小额金融借款等合同纠纷；互联网著作权权属、侵权纠纷；利用互联网侵害他人人格权纠纷；互联网购物产品责任侵权纠纷；互联网域名纠纷；因互联网行政管理引发的行政纠纷；上级人民法院指定杭州互联网法院管辖其他涉互联网民事、行政案件。

恪守法律,画出圆满人生

第二篇

就业创业篇

第五章　劳动法律常识

第一节　劳动关系的产生

一、劳动合同的订立

> **案例导学**
>
> 　　李某是四川省成都市某公司的技术总监,上海市一家公司正在招聘技术副总裁,李某经过网上视频面试,上海公司向李某发出录用通知书,通知其国庆后来公司报到。李某为此很高兴,故宴请亲朋好友多次聚会庆祝,花费上万元。国庆后李某刚到上海,公司就通知其撤回录用通知书,原因是该职位已经有更合适的人员。李某大怒,向劳动仲裁委提起仲裁,要求上海市该公司履行与自己的劳动合同。李某认为,上海市该公司在发放录用通知书后拒绝录用,存在明显的过错,理应承担相应的赔偿责任。上海市该公司则认为,其发放的录用通知书并不是劳动合同,不具有法律约束力,可以随时撤销。
>
> 　　请问录用通知书是什么?录用通知书是双方的劳动合同吗?公司发出录用通知书后可以不录用李某吗?李某收到录用通知书但不想去此公司,会构成违约吗?

（一）劳动合同的概念

劳动合同,又称劳动契约、劳动协议。劳动合同是调整劳动关系的基本法律形式,也是确立劳动者与用人单位劳动关系的基本前提,在劳动法中占据核心的地位。

（二）劳动合同的主体

1.劳动者

（1）劳动者的法律含义。《中华人民共和国劳动法》中的劳动者,指达到法定年龄、具有劳动能力,以从事某种社会劳动获取的收入为主要生活来源的自然人。劳动者包括本国人、外国人和无国籍人。

（2）劳动者的劳动权利能力和劳动行为能力。劳动者的劳动权利能力与劳动行为能力,是劳动者参与劳动法律关系必须具备的基本资格,如果劳动者不具备这一资格,则不能成为劳动法律关系的合法主体。

根据我国法律规定,劳动者要具有劳动权利能力与劳动行为能力,应当具有如下条件:

第一,达到法定年龄。法定劳动年龄是指年满16周岁至退休年龄。《中华人民共和国劳动法》将就业年龄规定为 16 周岁,禁止招用未满 16 周岁的未成年人;某些特殊职业如文艺、体育和特种工艺单位确需招用未满 16 周岁的人(如演员、运动员)时,须报县以上劳动行政部门批准。

第二,具有劳动能力。劳动者的劳动能力属于自身生理因素。因生理状况不能劳动者,视为无劳动能力的人;因生理状况不能提供正常劳动,但又没有完全丧失劳动能力的,视为有部分劳动能力的人;而身体健康、智力健全的人则是有完全劳动能力的人。

2．用人单位

用人单位是指依法招用和管理劳动者,并按法律的规定或劳动合同的约定向劳动者提供劳动条件,进行劳动保护,并支付劳动报酬的劳动组织。既包括中国境内的企业、民办非企业单位、个体经济组织、依法成立的会计师事务所、律师事务所等合伙组织和基金会等,也包括与劳动者建立劳动关系的国家机关、事业单位、社会团体等。

(三)劳动合同的形式

劳动合同的形式是指订立劳动合同的方式。劳动合同的形式一般有书面形式和口头形式两种。书面合同是由双方当事人达成协议后,将协议的内容用文字形式固定下来,并经双方签字,作为凭证的合同。口头合同是双方当事人口头承诺即告成立,不必用文字写成书面形式的合同。

我国劳动法规定,劳动合同应当以书面形式订立。已建立劳动关系,未同时订立书面劳动合同的,应当自用工之日起一个月内订立书面劳动合同。法律之所以这样规定,其目的在于用书面形式明确劳动合同当事人双方的权利与义务,以及有关劳动条件、工资福利待遇等事项,便于履行和监督检查,在发生劳动争议时,便于当事人举证,也便于有关部门处理。

 案例分析

录用通知书表示用人单位经过筛选、面试、背调等环节,最终决定录用候选人。录用通知书上还会注明录用部门、任职岗位、薪资标准、汇报层级、试用期限、入职所需资料等相关信息。录用通知书是用人单位向求职者发出的建立劳动关系的一种要约。

录用通知书是具有法律效力的文书,一经发出就表明了用人单位意欲与求职者签订用人合同。录用通知书发出后,如果求职者同意入职并来办理入职手续时,公司反悔予以拒绝录用,违背了民法的诚实信用原则,根据《中华人民共和国民法典》合同原理,公司属于毁约,应当承担"缔约过失责任",应该赔偿求职者因此产生的实际损失。相反,如果求职者收到录用通知书但不去,也应算违约。现实中求职者拿到录用通知书后反悔的大多数情况没有被追究责任。用人单位可能会因为没有造成实际损失而放弃追责,但并不代表没有法律责任和风险。

用人单位发出录用通知书,但双方没有签订劳动合同,劳动关系还没有建立。录用通知书不等于劳动合同,因此李某此案不属于劳动仲裁受案范围。但李某可以向法院起诉,以违背诚实信用原则,要求该公司承担缔约过失责任。

法条链接

《中华人民共和国劳动法》第二条　在中华人民共和国境内的企业、个体经济组织（以下统称用人单位）和与之形成劳动关系的劳动者,适用本法。

《中华人民共和国劳动法》第十六条　劳动合同是劳动者与用人单位确立劳动关系、明确双方权利和义务的协议。建立劳动关系应当订立劳动合同。

《中华人民共和国劳动合同法》第十条　建立劳动关系,应当订立书面劳动合同。

已建立劳动关系,未同时订立书面劳动合同的,应当自用工之日起一个月内订立书面劳动合同。

《中华人民共和国劳动合同法》第三条　订立劳动合同,应当遵循合法、公平、平等自愿、协商一致、诚实信用的原则。

依法订立的劳动合同具有约束力,用人单位与劳动者应当履行劳动合同约定的义务。

《中华人民共和国民法典》第四百九十五条　当事人约定在将来一定期限内订立合同的认购书、订购书、预订书等,构成预约合同。

当事人一方不履行预约合同约定的订立合同义务的,对方可以请求其承担预约合同的违约责任。

二、劳动合同的种类

案例导学

李某自2009年毕业后便一直在一家大型生产企业工作,至2022年时,李某已经在该企业连续工作十三年,因此李某向企业提出签订无固定期限的劳动合同,但遭到了拒绝。李某一直和企业交涉,但迟迟未能得到解决,一怒之下,李某提起了劳动仲裁,要求企业承担法律责任。请问什么是无固定期限劳动合同? 企业是否应当与李某签订无固定期限劳动合同?

按照劳动合同的期限为标准,劳动合同可分为有固定期限的劳动合同、无固定期限的劳动合同和以完成一定工作为期限的劳动合同。

（一）固定期限劳动合同

固定期限劳动合同又称为定期劳动合同,指双方当事人在劳动合同中约定一个明确的合同期限,期限届满可能依法续订,否则就终止双方的权利义务的劳动合同。

固定期限劳动合同是用人单位与劳动者约定合同终止时间的劳动合同。用人单位与劳动者协商一致,可以订立固定期限劳动合同。

固定期限劳动合同的优点是适用范围广,应变能力强,既能保持劳动关系的相对稳定,又能促进劳动力的合理流动,缺点是容易产生短期化,影响劳动关系的和谐稳定。

（二）无固定期限劳动合同

无固定期限劳动合同,也称为不定期劳动合同,指用人单位与劳动者约定无确定终止时间的劳动合同。这里所说的无确定终止时间,是指劳动合同没有一个确切的终止时间,劳动合同的期限长短不能确定,但并不是没有终止时间。只要没有出现法律规定的条件或者双方约定的条件,双方当事人就要继续履行劳动合同规定的义务。一旦出现了法律规定的情形,无固定期限劳动合同也同样能够解除。通俗一点说,非特殊情形下,劳动者可以永久性在其单位工作,直至退休。

用人单位与劳动者协商一致,可以订立无固定期限劳动合同。有下列情形之一,劳动者提出或者同意续订、订立劳动合同的,除劳动者提出订立固定期限劳动合同外,应当订立无固定期限劳动合同:

(1)劳动者在该用人单位连续工作满十年的。

(2)用人单位初次实行劳动合同制度或者国有企业改制重新订立劳动合同时,劳动者在该用人单位连续工作满十年且距法定退休年龄不足十年的。

(3)连续订立二次固定期限劳动合同,且劳动者没有《中华人民共和国劳动合同法》第三十九条和第四十条第一项、第二项规定的情形,续订劳动合同的。

用人单位自用工之日起满一年不与劳动者订立书面劳动合同的,视为用人单位与劳动者已订立无固定期限劳动合同。

(三)以完成一定工作为期限的劳动合同

以完成一定工作为期限的劳动合同,是指双方当事人在某一项工作或劳动任务作为劳动关系的存续期间,约定任务完成后合同即自行终止的劳动合同。劳动合同期限长短要视工作的进展情况而定。但一项工作最终要完成,而且完成的时间一般可以大致预期,因此,以完成一定工作为期限的合同,本质上仍然是一种有固定期限的合同,此类合同不存在续订问题。它一般适用于铁路、公路、桥梁、水利、建筑,以及工作无连续性的特定项目。

📝 案例分析

案例中李某已在公司已经连续工作13年,达到无固定期限劳动合同签订的条件,因此李某提出签订无固定期限劳动合同时,公司应当与其订立无固定期限劳动合同。

无固定期限劳动合同签订后,并不意味着劳动者自此有了"铁饭碗",劳动者仍然应当遵守企业的规章制度。如果劳动者具有严重违反企业规章制度的行为或者具有刑事犯罪行为的,企业仍然可以将劳动者解雇,并且可以不给予补偿。

⚖ 法条链接

《中华人民共和国劳动合同法》第十二条　劳动合同分为固定期限劳动合同、无固定期限劳动合同和以完成一定工作任务为期限的劳动合同。

《中华人民共和国劳动合同法》第十三条　固定期限劳动合同,是指用人单位与劳动者约定合同终止时间的劳动合同。

用人单位与劳动者协商一致,可以订立固定期限劳动合同。

《中华人民共和国劳动合同法》第十四条　无固定期限劳动合同,是指用人单位与劳动者约定无确定终止时间的劳动合同。

用人单位与劳动者协商一致,可以订立无固定期限劳动合同。有下列情形之一,劳动者提出或者同意续订、订立劳动合同的,除劳动者提出订立固定期限劳动合同外,应当订立无固定期限劳动合同:

(一) 劳动者在该用人单位连续工作满十年的;

(二) 用人单位初次实行劳动合同制度或者国有企业改制重新订立劳动合同时,劳动者在该用人单位连续工作满十年且距法定退休年龄不足十年的;

(三) 连续订立二次固定期限劳动合同,且劳动者没有本法第三十九条和第四十条第一项、第二项规定的情形,续订劳动合同的。

用人单位自用工之日起满一年不与劳动者订立书面劳动合同的,视为用人单位与劳动者已订立无固定期限劳动合同。

《中华人民共和国劳动合同法》第十五条　以完成一定工作任务为期限的劳动合同,是指用人单位与劳动者约定以某项工作的完成为合同期限的劳动合同。

用人单位与劳动者协商一致,可以订立以完成一定工作任务为期限的劳动合同。

三、劳动合同的内容

劳动合同的内容是指劳动者与用人单位在平等协商的基础上就双方的权利义务达成的具体条款。《中华人民共和国劳动合同法》对劳动合同的内容规定为两部分,即必备条款和可备条款。必备条款,也称为法定条款,是法律规定劳动合同必须协商而载明的条款。可备条款是法律规定双方当事人可协商约定的条款。

(一) 必备条款

1. 用人单位的名称、住所和法定代表人或者主要负责人

这一条款是为了明确劳动合同中用人单位一方的主体资格。

2. 劳动者的姓名、住址和居民身份证或者其他有效身份证件号码

这一条款是为了明确劳动者一方的主体资格。

3. 劳动合同期限

劳动合同期限是指合同的有效期间,即劳动权利义务关系的存续期限。劳动合同双方当事人可以选择订立固定期限劳动合同、无固定期限劳动合同和以完成一定工作为期限的劳动合同。

4. 工作内容和工作地点

工作内容主要包括劳动者从事劳动的工种和岗位,应完成的生产(工作)任务等内容。

工作地点是劳动合同的履行地,是劳动者从事劳动合同中所规定的工作内容的地点,劳动者有权在与用人单位建立劳动关系时知悉自己的工作地点。

5. 工作时间和休息休假

工作时间是指劳动者用来完成其所担负的工作任务的时间。工作时间包括工作时间的长短、工作时间的确定方式。劳动合同约定的工作时间,应当遵守《中华人民共和国劳动法》及相关法律法规规定。

休息休假是每个国家公民都应享受的权利,用人单位与劳动者在约定休息休假事项,应当遵守《中华人民共和国劳动法》及相关规定。

6.劳动报酬

按约定向劳动者支付报酬,是用人单位的一项基本义务。劳动者的劳动报酬以货币的形式支付,其中工资是劳动报酬的基本形式,奖金与津贴也是劳动报酬的组成部分。要特别注意的是,工资的约定标准不得低于当地最低工资标准。

7.社会保险

社会保险一般包括医疗保险、养老保险、失业保险、工伤保险和生育保险。社会保险由国家强制实施,因此成为劳动合同不可缺少的内容。

8.劳动保护、劳动条件和职业危害防护

劳动保护,是指用人单位为了保障劳动者在劳动过程中的身体健康与生命安全、预防伤亡事故和职业病的发生而采取的有效措施。

劳动条件,是指劳动者完成劳动任务的必要条件。用人单位在保证提供必要的劳动条件下,才能要求劳动者完成所给付的劳动任务,因此劳动条件也是劳动合同中不可缺少的内容。

职业危害是指用人单位的劳动者在职业活动中,因接触职业性有害因素如粉尘、放射性物质和其他有毒、有害物质等而对生命健康所引起的危害。《中华人民共和国职业病防治法》第三十三条要求把用人单位如实告知有关职业病事项的义务作为劳动合同的法定条款。

9.法律、法规规定应当纳入劳动合同的其他事项

(二)可备条款

《中华人民共和国劳动合同法》第十七条规定:"劳动合同除前款规定的必备条款外,用人单位与劳动者可以约定试用期、培训、保守秘密和福利待遇等其他事项。"这里规定的"试用期、培训、保守商业秘密、补充保险和福利待遇"都属于可备条款。

 案例导学

2022年5月,沈某找工作找了大半年,终于有一家大型公司愿意录用她,她很开心。可是该公司提出试用期要长一点,考虑到最近工作不好找,沈某答应了下来,与公司签订了为期两年的劳动合同,试用期约定为5个月,试用期工资为每个月5 000元,转正后每个月8 000元。工作了3个月之后,沈某要求转正,但公司以其试用期不合格为由,拒绝了沈某的要求,由此双方发生纠纷。此案例中有关试用期的规定有哪些不符合法律规定?

1.试用期

(1)同一用人单位与同一劳动者只能约定一次试用期。

(2)试用期包含在劳动合同期限内。劳动合同仅约定试用期的,试用期不成立的,该期限为劳动合同期限。

（3）试用期最长不得超过6个月。我国法律规定,劳动合同期限3个月以上不满1年的,试用期不得超过1个月;劳动合同期限1年以上不满3年的,试用期不得超过2个月;3年以上固定期限和无固定期限的劳动合同,试用期不得超过6个月。以完成一定工作任务为期限的劳动合同或者劳动合同期限不满3个月的,不得约定试用期。

（4）试用期的工资。劳动者在试用期的工资不得低于本单位相同岗位最低档工资或者劳动合同约定工资的百分之八十,并不得低于用人单位所在地的最低工资标准。

（5）试用期劳动合同的解除。用人单位在试用期解除劳动合同的,应当向劳动者说明理由。劳动者在试用期内提前3日通知用人单位,可以解除劳动合同。

案例分析

案例中,有关试用期有两处不符合法律规定。首先,公司试用期的期限不符合法律规定。根据《中华人民共和国劳动合同法》规定,"劳动合同期限一年以上不满三年的,试用期不得超过二个月。"本案中沈某与公司签订的劳动合同期限是两年,试用期不得超过两个月,但公司与其约定的试用期为五个月,显然不符合法律规定。

其次,公司试用期的工资不符合法律规定。根据法律规定,试用期的工资不得低于劳动合同约定工资的百分之八十。沈某的工资为8 000元,试用期工资不得低于6 400元,但双方约定试用期工资为5 000元,显然也不符合法律规定。

法条链接

《中华人民共和国劳动合同法》第十九条　劳动合同期限三个月以上不满一年的,试用期不得超过一个月;劳动合同期限一年以上不满三年的,试用期不得超过二个月;三年以上固定期限和无固定期限的劳动合同,试用期不得超过六个月。

同一用人单位与同一劳动者只能约定一次试用期。

以完成一定工作任务为期限的劳动合同或者劳动合同期限不满三个月的,不得约定试用期。

试用期包含在劳动合同期限内。劳动合同仅约定试用期的,试用期不成立,该期限为劳动合同期限。

《中华人民共和国劳动合同法》第二十条　劳动者在试用期的工资不得低于本单位相同岗位最低档工资或者劳动合同约定工资的百分之八十,并不得低于用人单位所在地的最低工资标准。

《中华人民共和国劳动合同法》第二十一条　在试用期中,除劳动者有本法第三十九条和第四十条第一项、第二项规定的情形外,用人单位不得解除劳动合同。用人单位在试用期解除劳动合同的,应当向劳动者说明理由。

案例导学

　　小张是A科技公司的员工,双方签订了期限自2019年12月20日至2022年12月20日的劳动合同。为提高小张的职业技能,公司于2020年4月派李某到北京市参加专业培训,培训时长为3个月。培训前,双方签订了《员工培训协议》,协议第八条约定:"小张培训结束三年内,因个人原因(包括辞职、辞退、开除等)离开公司时,要按培训费用的200%向某公司支付违约金"。小张培训共发生费用9万元,包括培训期工资及福利待遇、培训费、交通费、住宿费及餐饮费等。2022年5月1日,小张擅自离职,其后未去公司上班,该公司于2022年6月1日以小张连续旷工为由,对其作出《解除劳动合同决定书》,并先后通过快递、报纸公告的方式向小张送达了该通知。后该公司向安徽省合肥市劳动人事争议仲裁委员会申请劳动仲裁,要求裁决小张按照《员工培训协议》约定支付其违约金18万元。请问,小张是否需要向公司支付违约金?如需支付违约金,需支付多少违约金?

2.服务期条款

　　服务期条款,指双方当事人约定,由用人单位提供其专项培训待遇的劳动者,必须为用人单位服务满约定的期限,期限内不得单方解除劳动合同的条款。

　　我国法律规定,用人单位为劳动者提供专项培训费用,对其进行专业技术培训的,可以与该劳动者订立协议,约定服务期。劳动者违反服务期约定的,应当按照约定向用人单位支付违约金。违约金的数额不得超过用人单位提供的培训费用。用人单位要求劳动者支付的违约金不得超过服务期尚未履行部分所应分摊的培训费用。用人单位与劳动者约定服务期的,不影响按照正常的工资调整机制提高劳动者在服务期期间的劳动报酬。

　　因劳动者因过错被解除劳动合同的,劳动者应当按照服务期协议的约定向用人单位支付违约金,这样可以避免实践中部分劳动者故意制造可被解雇的事由诱使用人单位解除劳动合同,达到规避服务期约定的目的。

案例分析

　　案例中,该公司与小张订立了《员工培训协议》,该协议系双方真实意思表示,对双方均有约束力。小张于服务期内因个人原因离职,应当承担违约责任。

　　依据《中华人民共和国劳动合同法》第二十二条规定,用人单位要求劳动者支付的违约金不得超过服务期尚未履行部分所应分摊的培训费用。小张培训共发生培训费用9万元,扣除已履行的服务期所分摊的培训费用6万元(即9万元分摊到3年,每年3万元)。小张培训完回公司已服务满2年,因此小张只需支付该公司违约金3万元,而非9万元。最后,仲裁委裁决小张支付违约金3万元。

法条链接

《中华人民共和国劳动合同法》第二十二条　用人单位为劳动者提供专项培训费用,对其进行专业技术培训的,可以与该劳动者订立协议,约定服务期。

劳动者违反服务期约定的,应当按照约定向用人单位支付违约金。违约金的数额不得超过用人单位提供的培训费用。用人单位要求劳动者支付的违约金不得超过服务期尚未履行部分所应分摊的培训费用。

用人单位与劳动者约定服务期的,不影响按照正常的工资调整机制提高劳动者在服务期期间的劳动报酬。

案例导学

张某于 2015 年 3 月入职青松公司,担任技术部门总监。双方签订了《竞业限制协议书》,约定张某自离职之日起五年为竞业限制期,该期间青松公司需按照张某在职期间工资标准的 35% 支付竞业限制补偿金。2018 年 10 月,张某自青松公司离职,青松公司依约按月足额向张某支付了竞业限制补偿金。2021 年 1 月,张某入职与青松公司存在竞争关系的柏树公司担任技术经理,从事与青松公司存在竞争关系的业务活动。因此,青松公司通过诉讼程序,要求张某继续履行竞业限制义务。请问:何谓竞业限制?青松公司会胜诉吗?

3. 竞业限制条款

劳动过程涉及商业秘密的,当事人应当对保密事项在劳动合同中加以明确规定。在市场经济条件下,商业秘密是重要的竞争手段,有些商业秘密直接关系到用人单位的生存与发展,为了保护用人单位的权益,用人单位可以在合同中就保守商业秘密的具体内容、方式、时间等。

(1)竞业限制的概念。

竞业限制是指用人单位和知悉本单位商业秘密或者其他对本单位经营有重大影响的劳动者在终止或解除劳动合同后的,一定期限内不得在生产同类产品、经营同类业务或有其他竞争关系的用人单位任职,也不得自己生产与原单位有竞争关系的同类产品或经营同类业务。

《中华人民共和国劳动合同法》规定:"对负有保密义务的劳动者,用人单位可以在劳动合同或者保密协议中与劳动者约定竞业限制条款。"该条款将劳动者的保密义务延续到了劳动合同终结后。

(2)竞业限制的对象。

① 高级管理人员。公司经理、副经理、财务负责人、上市公司董事会秘书和公司章程规定的其他人员。

② 高级技术人员。高级研究开发人员、技术人员、关键岗位的技术工人等容易接触到商业秘密的人员。

③ 其他负有保密义务的人员。其他可能知悉企业商业秘密的人员,如市场销售人员、财会人员、秘书等。

(3)竞业限制的时间。

限制时间由当事人事先约定,但不得超过2年。

设立竞业限制制度的根本目的,是保护用人单位商业秘密而非限制劳动者的择业自由。为保护用人单位的商业秘密而过长限制劳动者择业自由既不公平也不符合社会整体利益。为平衡劳动者和用人单位的利益,我国法律规定,在解除或终止劳动合同后,竞业限制期限不得超过2年,超过2年部分约定无效。如果用人单位要求劳动者签订2年以上的竞业限制合同,劳动者可以拒绝此条款,维护合法权益。

(4)竞业限制的法律后果。

用人单位和劳动者可以签订竞业限制协议,约定在解除或者终止劳动合同后,劳动者需履行竞业限制义务,但用人单位需在竞业限制期限内按月给予劳动者补偿金。

劳动者一旦违反"竞业限制"约定,应当按照约定向用人单位支付违约金。

案例分析

　　法院经审理后认为,张某与青松公司签订的《竞业限制协议书》中约定五年的竞业限制期超过了法律规定的最长期限,根据法律规定,张某仅在离职后两年内负有竞业限制义务。本案中,张某2021年1月才入职与青松公司存在竞争性业务的柏树公司工作,已经超过两年法定竞业限制义务期,并未违反竞业限制义务。

法条链接

　　《中华人民共和国劳动合同法》第二十三条　用人单位与劳动者可以在劳动合同中约定保守用人单位的商业秘密和与知识产权相关的保密事项。

　　对负有保密义务的劳动者,用人单位可以在劳动合同或者保密协议中与劳动者约定竞业限制条款,并约定在解除或者终止劳动合同后,在竞业限制期限内按月给予劳动者经济补偿。劳动者违反竞业限制约定的,应当按照约定向用人单位支付违约金。

　　《中华人民共和国劳动合同法》第二十四条　竞业限制的人员限于用人单位的高级管理人员、高级技术人员和其他负有保密义务的人员。竞业限制的范围、地域、期限由用人单位与劳动者约定,竞业限制的约定不得违反法律、法规的规定。

　　在解除或者终止劳动合同后,前款规定的人员到与本单位生产或者经营同类产品、从事同类业务的有竞争关系的其他用人单位,或者自己开业生产或者经营同类产品、从事同类业务的竞业限制期限,不得超过二年。

 **案例导学**

案例一:毕业以后,王某一直未找到工作,朋友叫王某到其公司帮忙,因此李某从2020年9月起到朋友开的B商贸公司工作。双方一直没有签订书面劳动合同,公司也并未给王某缴纳相应的社会保险,每月朋友通过微信转账的方式发放工资。2022年5月,王某被商贸公司口头辞退,王某要求经济赔偿,但公司予以拒绝,由此发生纠纷。请问王某与B商贸公司没有签订劳动合同,能获得经济赔偿吗?能认定双方存在劳动关系吗?

案例二:2020年,李某与C传媒有限责任公司签订了《主播签约合作协议书》,合同期限为3年,约定C传媒有限责任公司在全球范围内独家担任李某的演艺经纪公司,另外,该协议就合同期限、工作内容、工作时间、双方权利义务、争议解决方式等进行了约定,同时该公司为李某缴纳了养老保险金,但是双方一直未签订劳动合同。两年后李某辞职,同时向该公司提出要求支付未签合同的双倍工资,公司不予支付,由此发生争议。请问李某与C传媒有限责任公司未签订劳动合同,只签订了《主播签约合作协议书》,能认定双方存在劳动关系吗?

四、事实劳动关系

(一)事实劳动关系的概念

事实劳动关系是指无书面合同或无有效书面合同形成的劳动雇佣关系,以及口头协议达成的劳动雇佣关系。

换句话说,事实劳动关系即用人单位与劳动者没有订立书面合同,但双方实际履行了劳动权利义务而形成的劳动关系。

(二)事实劳动关系的情形

在实际劳动用工中,事实劳动关系是很多用人单位普遍存在的现象。有些是用人单位故意不与劳动者订立劳动合同,有些是劳动者自身的原因,由于缺乏法律常识,很多劳动者不能意识到是否订立劳动合同的影响。

实践中,无书面劳动合同而形成的事实劳动关系一般分为两种:一种是自始未订立书面劳动合同;另一种是原劳动合同期满,用人单位和劳动者未以书面形式续订劳动合同,但劳动者仍在原单位工作。无书面形式的劳动合同是引起事实劳动关系发生的最主要的原因。

还有一种是用其他合同形式代替劳动合同,即在其他合同中规定了劳动者的权利、义务条款,比如在承包合同、租赁合同、兼并合同中规定了职工的使用、安置和待遇等问题,这就有了作为事实劳动关系存在的依据,这其实也形成了事实劳动关系。

(三)事实劳动关系的认定

第一,用人单位招用劳动者未订立书面劳动合同,但同时具备下列情形的,应认定为事实劳动关系:

(1)用人单位和劳动者符合法律、法规规定的主体资格。

（2）用人单位依法制定的各项劳动规章制度适用于劳动者,劳动者受用人单位的劳动管理,从事用人单位安排的有报酬的劳动。

（3）劳动者提供的劳动是用人单位业务的组成部分。

第二,用人单位未与劳动者签订劳动合同,认定双方存在劳动关系时可参照下列凭证:

（1）工资支付凭证或记录(职工工资发放花名册)、缴纳各项社会保险费的记录。

（2）用人单位向劳动者发放的"工作证""服务证"等能够证明身份的证件。

（3）劳动者填写的用人单位招工招聘"登记表""报名表"等招用记录。

（4）考勤记录。

（5）其他劳动者的证言等。

其中,(1)(3)(4)项的有关凭证由用人单位负举证责任。

（四）未签订劳动合同的法律后果

用人单位自用工之日起即与劳动者建立劳动关系。已建立劳动关系,未同时订立书面劳动合同的,应当自用工之日起一个月内订立书面劳动合同。即用工之日起可以有一个月的缓冲期,即使此期间未订立,也不违法。

用人单位自用工之日起超过一个月不满一年未与劳动者订立书面劳动合同的,应当向劳动者每月支付两倍的工资。用人单位自用工之日起满一年不与劳动者订立书面劳动合同的,视为用人单位与劳动者已订立无固定期限劳动合同。用人单位违反本法规定不与劳动者订立无固定期限劳动合同的,自应当订立无固定期限劳动合同之日起向劳动者每月支付两倍的工资。

如果用人单位自用工之日起超过一年仍未与劳动者订立书面劳动合同的,则不仅要支付两倍工资,还视为双方已订立无固定期限劳动合同。

📝 案例分析

案例一:王某与B商贸公司虽然没有签订劳动合同,但是每月发放工资,已经符合事实劳动关系的认定情形,应当认定双方存在事实劳动关系。

案例二:网络直播行业作为新兴业态的代表,其更灵活的空间、更广阔的平台、更自由的时间,使得"网络主播"成了很多人的职业选择。本案中,原告、被告之间签订的《主播签约合作协议书》从形式上看为"合作协议",但分析协议内容,其对原告的工作时长、工作内容、工作地点等均进行了规定,并约定了保底工资,具备了《中华人民共和国劳动合同法》规定的劳动合同应当具备的主要条款,同时参照被告为原告缴纳了养老保险费等情况,双方的关系符合劳动关系特征。

⚖️ 法条链接

《中华人民共和国劳动合同法》第十条　建立劳动关系,应当订立书面劳动合同。

已建立劳动关系,未同时订立书面劳动合同的,应当自用工之日起一个月内订立书面劳动合同。

用人单位与劳动者在用工前订立劳动合同的,劳动关系自用工之日起建立。

《中华人民共和国劳动合同法》第十一条　用人单位未在用工的同时订立书面劳动合同,与劳动者约定的劳动报酬不明确的,新招用的劳动者的劳动报酬按照集体合同规定的标准执行;没有集体合同或者集体合同未规定的,实行同工同酬。

思考题 5-1

《中华人民共和国劳动合同法》第十四条　用人单位自用工之日起满一年不与劳动者订立书面劳动合同的,视为用人单位与劳动者已订立无固定期限劳动合同。

《中华人民共和国劳动合同法》第八十二条　用人单位自用工之日起超过一个月不满一年未与劳动者订立书面劳动合同的,应当向劳动者每月支付二倍的工资。

实训练习 5-1

用人单位违反本法规定不与劳动者订立无固定期限劳动合同的,自应当订立无固定期限劳动合同之日起向劳动者每月支付二倍的工资。

第二节　劳动关系的存续

一、工伤认定

案例导学

　　案例一:小强是某公司的一名员工。在 2022 年 8 月 2 日下班回家的路上,小强骑电动车经过路口时被一辆小车撞倒,后送往医院进行治疗,交警判定小车司机承担主要责任。小强认为此是工伤,因此与公司沟通申请工伤认定的事宜,但公司则认为不是在工作场所受的伤,不能认定为工伤,应当找肇事司机赔偿。因此双方发生争议,那么,小强是否属于工伤呢?

　　案例二:郭某在某建筑工地上班,不久前,郭某由于心情不好,午餐时大量饮酒。下午,郭某前往所在单位的施工现场进行高空作业,不听同事一再阻止强行上岗,因醉酒不慎从高空坠落身亡。公安机关经尸体检验确认郭某每100 毫升血液中的酒精含量为 241 毫克,属于醉酒。郭某家属以郭某死于工作时间、工作场所、因工作原因为由,认为自己应当得到工伤赔偿。请问,郭某属于工伤吗?

(一) 何谓工伤

工伤亦称"公伤""因工负伤",指劳动者在从事职业活动或者与职业责任有关的活动时所遭受的事故伤害和职业病伤害。

(二) 工伤认定

发生工伤后,用人单位需在工伤发生 30 天内申请认定,如果用人单位没有申请的,职工可以在一年内申请。如果是因生产安全事故造成工伤的,应该在 1 小时内上报有关部门。

根据《中华人民共和国工伤保险条例》第十四条规定,应当认定为工伤的法定情形有以下几种。

（1）在工作时间和工作场所内，因工作原因受到事故伤害的。

【认定要点】在工作时间和工作场所内受到伤害，用人单位或者社会保险行政部门没有证据证明是非工作原因导致的，亦可认定为工伤。

（2）工作时间前后在工作场所内，从事与工作有关的预备性或者收尾性工作受到事故伤害的。

【认定要点】"预备性工作"指在工作前的一段合理时间内，从事与工作有关的准备工作，诸如运输、备料、准备工具等。"收尾性工作"指在工作后的一段合理时间内，从事与工作有关的收尾性工作，诸如清理、安全储存、收拾工具和衣物等。

（3）在工作时间和工作场所内，因履行工作职责受到暴力等意外伤害的。

【认定要点】"因履行工作职责受到暴力等意外伤害"中的因履行工作职责受到暴力伤害是指受到的暴力伤害与履行工作职责有因果关系。

（4）患职业病的。

【认定要点】职业病诊断和诊断争议的鉴定，依照《中华人民共和国职业病防治法》的有关规定执行。对依法取得职业病诊断证明书或者职业病诊断鉴定书的，社会保险行政部门不再进行调查核实，可直接认定工伤。

（5）因工外出期间，由于工作原因受到伤害或者发生事故下落不明的。

【认定要点】因工外出期间包括：

①职工受用人单位指派或者因工作需要在工作场所以外从事与工作职责有关的活动期间；②职工受用人单位指派外出学习或者开会期间；③职工因工作需要的其他外出活动期间。职工因工外出期间从事与工作或者受用人单位指派外出学习、开会无关的个人活动受到伤害，不能认定工伤。

职工因工外出期间发生事故下落不明的，从事故发生当月起3个月内照发工资，从第4个月起停发工资，由工伤保险基金向其供养亲属按月支付供养亲属抚恤金。生活有困难的，可以预支一次性工亡补助金的50％。职工被人民法院宣告死亡的，按照《中华人民共和国工伤保险条例》第三十九条职工因工死亡的规定处理。

（6）在上下班途中，受到非本人主要责任的交通事故或者城市轨道交通、客运轮渡、火车事故伤害的。

【认定要点】"上下班途中"包括：

①在合理时间内往返于工作地与住所地、经常居住地、单位宿舍的合理路线的上下班途中；②在合理时间内往返于工作地与配偶、父母、子女居住地的合理路线的上下班途中；③从事属于日常工作生活所需要的活动，且在合理时间和合理路线的上下班途中；④在合理时间内其他合理路线的上下班途中；

"非本人主要责任"事故包括非本人主要责任的交通事故和非本人主要责任的城市轨道交通、客运轮渡和火车事故。

"交通事故"是指《中华人民共和国道路交通安全法》第一百一十九条规定的车辆在道路上因过错或者意外造成的人身伤亡或者财产损失事件。"车辆"是指机动车和非机动车；"道路"是指公路、城市道路和虽在单位管辖范围但允许社会机动车通行的地方,包括广场、公共停车场等用于公众通行的场所。

(7) 法律、行政法规规定应当认定为工伤的其他情形。

根据《工伤保险条例》第十五条规定,职工有下列情形之一的,视同工伤:

① 在工作时间和工作岗位,突发疾病死亡或者在 48 小时之内经抢救无效死亡的;

② 在抢险救灾等维护国家利益、公共利益活动中受到伤害的;

③ 职工原在军队服役,因战、因公负伤致残,已取得革命伤残军人证,到用人单位后旧伤复发的。

(三) 不得认定工伤的情形

根据《工伤保险条例》的规定,有下列情形之一的,不得认定为工伤或者视同工伤:

(1) 故意犯罪的。

(2) 醉酒或者吸毒的。

(3) 自残或者自杀的。

(四) 工伤认定的程序

工伤的认定并不是在受伤后,直接拿凭证到公司等报销即可,而是需要先进行工伤认定的申请,并且进行等级评定,之后才能享受工伤待遇。

根据《工伤保险条例》的规定,提出工伤申请应当提交下列材料:

(1) 工伤认定申请表。

(2) 与用人单位存在劳动关系(包括事实劳动关系)的证明材料。

(3) 医疗诊断证明或者职业病诊断证明书(或者职业病诊断鉴定书)。

工伤认定申请表应当包括事故发生的时间、地点、原因,以及职工伤害程度等基本情况。工伤认定申请人提供材料不完整的,社会保险行政部门应当一次性书面告知工伤认定申请人需要补正的全部材料。申请人按照书面告知要求补正材料后,劳动保障行政部门应当受理。

📝 案例分析

案例一:在本案中,根据《工伤保险条例》第十四条的规定,在上下班途中,受到非本人主要责任的交通事故或者城市轨道交通、客运轮渡、火车事故伤害的,应当认定工伤。案例一中交警判定小车司机承担主要责任,小强应当属于工伤。因此员工在上下班途中发生交通事故的,一定要及时报警,取得交警部门出具的交通事故认定书。交通事故责任认定书除了判定双方责任,还能证明事故发生的地点、时间,以便于证明员工是在上下班时间、回家的合理路段发生的交通事故,以确保最终能认定为工伤。

案例二:本案中郭某的死亡虽然符合工作时间、工作场所、因工作原因,但根据公安机关的尸体检验,郭某属于醉酒状态,且坠落身亡属醉酒所致。根据《工伤保险条例》第十六条的规定,不得认定为工伤。

 **法条链接**

《中华人民共和国劳动合同法》第四十二条　劳动者有下列情形之一的,用人单位不得依照本法第四十条、第四十一条的规定解除劳动合同:

（一）从事接触职业病危害作业的劳动者未进行离岗前职业健康检查,或者疑似职业病病人在诊断或者医学观察期间的;

（二）在本单位患职业病或者因工负伤并被确认丧失或者部分丧失劳动能力的;

（三）患病或者非因工负伤,在规定的医疗期内的;

（四）女职工在孕期、产期、哺乳期的;

（五）在本单位连续工作满十五年,且距法定退休年龄不足五年的;

（六）法律、行政法规规定的其他情形。

《中华人民共和国劳动法》第七十三条　劳动者在下列情形下,依法享受社会保险待遇:

（一）退休;

（二）患病、负伤;

（三）因工伤残或者患职业病;

（四）失业;

（五）生育。

劳动者死亡后,其遗属依法享受遗属津贴。劳动者享受社会保险待遇的条件和标准由法律、法规规定。劳动者享受的社会保险金必须按时足额支付。

《中华人民共和国社会保险法》第三十七条　职工因下列情形之一导致本人在工作中伤亡的,不认定为工伤:

（一）故意犯罪;

（二）醉酒或者吸毒;

（三）自残或者自杀;

（四）法律、行政法规规定的其他情形。

二、劳动关系和劳务关系

 **案例导学**

案例一:李小林是某职业院校的学生,在大三实习期间因为在工作中操作不当导致受伤,医疗费共计5 000余元。李小林认为这属于工伤,应当由公司承担工伤赔偿责任,但公司认为这不是工伤。双方各执一词,请问,李小林属于工伤吗?

案例二:李大林是某公司的员工,已办理退休手续,但公司认为李大林业务能力强,故又对李大林进行返聘,从事原来的岗位工作。后李大林在工作中操作不当导致受伤,医疗费共计8 000元。李大林认为这属于工伤,应当由公司承担工伤赔偿责任,但公司认为这不是工伤。双方各执一词,请问,李大林属于工伤吗?

（一）劳动关系

劳动关系,是指劳动者与用人单位依法签订劳动合同而在劳动者与用人单位之间产生的一种法律关系。

（二）劳务关系

1.劳务关系的概念

劳务关系是指劳动者与用人者根据约定,由劳动者提供劳动服务,用人者依约支付劳动报酬的一种法律关系。劳务关系是由两个或两个以上的平等主体,通过劳务合同建立的一种民事权利义务。该合同可以是书面形式,也可以是口头或其他形式。其适用的法律主要是《中华人民共和国民法典》。

2.劳务关系的常见情形

（1）用人单位将某项工程发包给某个人员或某几个人员,或者将某项临时性或一次性工作交给某个人或某几个人,双方订立劳务合同,形成劳务关系。

（2）用人单位向劳务输出公司提出所需人员的条件,由劳务输出公司向用人单位派遣劳务人员,双方订立劳务派遣合同,形成较为复杂的劳务关系。

（3）用人单位中的待岗、下岗、内退、停薪留职人员,在外从事一些临时性有酬工作而与另外的用人单位建立的劳务关系。由于这些人员与原单位的劳动关系依然存在,所以与新的用人单位只能签订劳务合同,建立劳务关系。

（4）在校生对完成学校的社会实习安排或从事社会实践活动的实习,认定为劳务关系。

（5）已经办手续的离退休人员,又被用人单位聘用后,双方签订聘用合同。这种聘用关系现已明确确定为劳务关系(根据《最高人民法院关于审理劳动争议案件适用法律若干问题的解释(三)》第七条的规定)。

（三）劳动关系和劳务关系的区别

劳动关系和劳务关系的区别见表5-1。

表 5-1　劳动关系和劳务关系的区别

项　目	劳动关系	劳务关系
主体不同	主体特定,一方是劳动者,一方是用人单位	主体是自然人、法人或其他组织
主体法律地位不同	劳动者除提供劳动外,还要接受用人单位管理,服务其安排,遵守其规章制度	双方始终是平等关系
主体待遇不同	在工作标准、工作时间、休假、劳动报酬、生育保险、工伤保险等多方面受法律保护	劳务费用由双方当事人约定,不受最低工资标准约束,不能主张加班工资,没有工伤保险待遇等
适用法律不同	《中华人民共和国劳动法》《中华人民共和国劳动合同法》	《中华人民共和国民法典》
合同的法定形式不同	必须书面形式	可以书面,也可以口头或其他形式
维权程序不同	属于劳动争议,劳动仲裁之后才能进行劳动诉讼	劳动合同纠纷直接向有管辖权的法院提起诉讼

案例阅读

工伤认定必须先确认存在劳动关系。存在劳动关系是工伤认定的前提条件，如果不存在劳动关系，自然不存在工伤。根据法律规定，提出工伤认定申请应当提交与用人单位存在劳动关系的证明材料，因此劳动关系是工伤认定的前提条件，缺乏这个前提条件，则不能进行工伤认定。在校生属于学生身份，实习生并非劳动法意义上的劳动者。因此案例一中，公司与李小林之间没有劳动关系，是劳务关系，从而不属于工伤。

退休后返聘并不属于劳动关系。被用人单位聘用或者被返聘原单位的离退休人员，与用人单位聘用或者原工作单位之间不存在劳动关系，而是劳务关系。因此案例二中，公司与李大林之间没有劳动关系，是劳务关系，从而不属于工伤。

法条链接

《中华人民共和国劳动法》第十五条　禁止用人单位招用未满十六周岁的未成年人。文艺、体育和特种工艺单位招用未满十六周岁的未成年人，必须遵守国家有关规定，并保障其接受义务教育的权利。

《中华人民共和国劳动法》第十六条　劳动合同是劳动者与用人单位确立劳动关系，明确双方权利和义务的协议。建立劳动关系应当订立劳动合同。

《人力资源和社会保障部关于执行工伤保险条例若干问题的意见》第五条　社会保险行政部门受理工伤认定申请后，发现劳动关系存在争议且无法确认的，应告知当事人可以向劳动人事争议仲裁委员会申请仲裁。在此期间，作出工伤认定决定的时限中止，并书面通知申请工伤认定的当事人。劳动关系依法确认后，当事人应将有关法律文书送交受理工伤认定申请的社会保险行政部门，该部门自收到生效法律文书之日起恢复工伤认定程序。

三、延长工作时间

案例导学

小周毕业后入职了一家科技公司，公司规章制度规定，工作时间为早9时至晚9时，每周工作6天。张某以工作时间严重超过法律规定上限为由拒绝超时加班安排，该科技公司便以小周在试用期间被证明不符合录用条件为由与其解除劳动合同，小周不服，与公司发生争议。请问，该科技公司的规章制度合法吗？

（一）延长工作时间的概念

延长工作时间是指根据法律的规定，在标准工作时间之外延长劳动者的工作时间。一般包括两种情形：加班和加点。加班指劳动者根据用人单位的要求在休息日和节假日进行工作;加点是指劳动者根据用人单位的要求在一个标准工作日之外延长工作时间。

（二）限制延长工作时间的规定

1.劳动者范围的限制

根据《中华人民共和国劳动法》及相关法律法规的规定,怀孕7个月以上和哺乳期内的女职工,不得安排延长工作时间,禁止安排未成年工延长工作时间。

2.延长工作时间的长度限制

根据《中华人民共和国劳动法》规定,用人单位由于生产经营需要,经与工会和劳动者协商后可以延长劳动时间,一般每日不得超过1小时;因特殊原因需要延长工作时间的,在保障劳动者身体健康的条件下延长工作时间每日不得超过3小时,但是每月不得超过36小时。延长工作时间的长度限制包括正常工作日的加点、休息日和法定休假日的加班。每月工作日的加点、休息日和法定休假日的加班的总时数不得超过36小时。

（三）延长工作时间的条件

延长工作时间需要符合以下条件:

（1）生产经营需要。生产经营需要是指来料加工、商业企业在旺季完成收购、运输加工农副产品紧急任务等情况。

（2）用人单位要与工会和劳动者进行协商。协商是用人单位决定延长工作时间的必经程序(特殊情况延长工作时间的除外)。

（四）特殊情况下延长工作时间的规定

根据法律规定,出现以下情况时,延长工作时间可以不受法律规定的延长工作时间的长度限制:

（1）发生自然灾害、事故或者因其他原因,威胁劳动者生命健康和财产安全,需要紧急处理的。

（2）生产设备、交通运输线路、公共设施发生故障,影响生产和公众利益,必须及时抢修的。

（3）法律、行政法规规定的其他情形,主要包括:①在法定节日和公休假日内工作不能间断,必须连续生产、运输或者营业的;②必须利用法定节日或公休假日的停产期间进行设备检修、保养的;③为完成国防紧急任务的;④为完成国家下达的其他紧急生产任务的。

（五）延长劳动时间的劳动报酬

《中华人民共和国劳动法》规定,安排劳动者延长工作时间的,要向劳动者支付不低于工资的150％的工资报酬;休息日安排劳动者工作又不能安排补休的,要向劳动者支付不低于工资的200％的工资报酬;法定休假日安排劳动者工作的,要向劳动者支付不低于工资的300％的工资报酬。

休息日安排劳动者加班工作的,应先按同等时间安排其补休,不能安排补休的应按法律规定支付劳动者延长工作时间的工资报酬;法定节假日(元旦、春节、劳动节、国庆节等)安排劳动者加班工作的,应按规定支付劳动者延长工作时间的报酬,一般不安排补休。

 案例分析

　　"996"工作制,是指早上9点上班、晚上9点下班,中午和傍晚休息1小时(或不到1小时),总计工作10小时以上,并且一周上班6天的工作制度。这与《中华人民共和国劳动法》规定的劳动者每日工作时间不超过8小时、平均每周工作时间不超过44小时的工时制度明显相悖。公司的规章制度严重违反法律关于延长工作时间上限的规定,应认定为无效。

法条链接

　　《中华人民共和国劳动法》第三十六条　国家实行劳动者每日工作时间不超过八小时、平均每周工作时间不超过四十四小时的工时制度。

　　《中华人民共和国劳动法》第三十八条　用人单位应当保证劳动者每周至少休息一日。

　　《中华人民共和国劳动法》第四十条　用人单位在下列节日期间应当依法安排劳动者休假:(一)元旦;(二)春节;(三)国际劳动节;(四)国庆节;(五)法律、法规规定的其他休假节日。

　　《中华人民共和国劳动法》第四十一条　用人单位由于生产经营需要,经与工会和劳动者协商后可以延长工作时间,一般每日不得超过一小时;因特殊原因需要延长工作时间的,在保障劳动者身体健康的条件下延长工作时间每日不得超过三小时,但是每月不得超过三十六小时。

　　《中华人民共和国劳动法》第四十二条　有下列情形之一的,延长工作时间不受本法第四十一条规定的限制:

　　(一)发生自然灾害、事故或者因其他原因,威胁劳动者生命健康和财产安全,需要紧急处理的;

　　(二)生产设备、交通运输线路、公共设施发生故障,影响生产和公众利益,必须及时抢修的;

　　(三)法律、行政法规规定的其他情形。

　　《中华人民共和国劳动法》第四十四条　有下列情形之一的,用人单位应当按照下列标准支付高于劳动者正常工作时间工资的工资报酬:

　　(一)安排劳动者延长工作时间的,支付不低于工资的百分之一百五十的工资报酬;

　　(二)休息日安排劳动者工作又不能安排补休的,支付不低于工资的百分之二百的工资报酬;

　　(三)法定休假日安排劳动者工作的,支付不低于工资的百分之三百的工资报酬。

四、劳务派遣

> 甲房地产公司与乙科技公司签订《合作协议》，在乙公司原有的仓库用地上开发商品房。双方约定，共同成立"玫园置业有限公司"（以下简称"玫园公司"）。甲公司投入开发资金，乙公司将土地使用权作为出资投入玫园公司。
>
> 玫园公司与丙劳务派遣公司签订协议，由其派遣王某到玫园公司担任保洁员。不久，玫园公司产生纠纷，经营停顿。玫园公司以签订派遣协议时所依据的客观情况发生重大变化为由，将王某退回丙公司，丙公司遂以此为由解除王某的劳动合同。请问，丙公司能否解除王某的劳动合同？

（一）劳务派遣的概念

劳务派遣是指劳务派遣单位（用人单位）与被派遣劳动者订立劳动合同后，再与接受以劳务派遣形式用工的单位（用工单位）订立劳务派遣协议，将被派遣劳动者派遣至用工单位，从而形成的一种用工形式。

劳务派遣的法律关系涉及被派遣劳动者、用人单位、用工单位三方。

劳务派遣岗位的范围，一般在临时性、辅助性或者替代性的工作岗位上实施。

（二）劳务派遣三方当事人的关系

1．劳务派遣单位与被派遣劳动者的关系

劳务派遣单位即用人单位，与被派遣劳动者订立的劳动合同，除应当载明《中华人民共和国劳动合同法》规定的劳动合同条款外，还应当载明被派遣劳动者的用工单位以及派遣期限、工作岗位等情况。劳务派遣单位应当与被派遣劳动者订立2年以上的固定期限劳动合同，按月支付劳动报酬；被派遣劳动者在无工作期间，劳务派遣单位应当按照所在地人民政府规定的最低工资标准，按月向其支付报酬，从而防止用工单位与劳务派遣单位联合起来随意解除劳动合同，侵害被派遣劳动者的就业稳定权益。

2．用工单位应当履行的义务

被派遣劳动者实际工作的单位即用工单位，因为劳务派遣存在劳动关系三方主体的特殊情形，因此法律规定，除了明确劳务派遣单位应当承担用人单位义务，还规定了用工单位应当履行的义务，包括用工单位应当执行国家劳动标准，提供相应的劳动条件和劳动保护；告知被派遣劳动者的工作要求和劳动报酬；支付加班费、绩效奖金，提供与工作岗位相关的福利待遇，此项主要是与劳动有关的工资以外的劳动报酬和福利待遇等；对在岗被派遣劳动者进行工作岗位所必需的培训；连续用工的，实行正常的工资调整机制；应当按照劳务派遣协议使用被派遣劳动者，不得将被派遣劳动者再派遣到其他用人单位。

3．劳务派遣单位与用工单位之间的关系

用人单位应当与用工单位订立劳务派遣协议。劳务派遣协议应当约定派遣岗位和人员数量、派遣期限、劳动报酬和社会保险费的数额与支付方式，以及违反协议的责任。用工单位应当根据工作岗位的实际需要与劳务派遣单位确定派遣期限,不得将连续用工期限分割订立数个短期劳务派遣协议。劳务派遣单位应当将劳务派遣协议的内容告知被派遣劳动者,不得克扣用工单位按照劳务派遣协议支付给被派遣劳动者的劳动报酬。

4. 被派遣劳动者的权利

针对劳务派遣的特殊性,对被派遣劳动者的权利有特殊规定,包括规定劳务派遣单位跨地区派遣劳动者的,被派遣劳动者享有的劳动报酬和劳动条件按照用工单位所在地的标准执行;被派遣劳动者享有与用工单位的劳动者同工同酬的权利;被派遣劳动者有权在劳务派遣单位或者用工单位依法参加或者组织工会,维护自身的合法权益。

5. 用工单位与劳务派遣单位承担连带责任

《中华人民共和国劳动合同法》规定,在被派遣劳动者合法权益受到侵害时,用工单位与劳务派遣单位承担连带赔偿责任。用工单位和用人单位都应当依法履行劳动合同法规定的各项义务,在劳动关系存续期间,依法履约,充分保障劳动者的各项权益。

6. 劳务派遣单位不得以非全日制用工形式招用被派遣劳动者

非全日制用工,是指以小时计酬为主,劳动者在同一用人单位一般平均每日工作时间不超过 4 小时,每周工作时间累计不超过 24 小时的用工形式。

非全日制用工适用一些特殊规定:

(1)从事非全日制用工的劳动者可以与一个或者一个以上用人单位订立劳动合同,但后订立的劳动合同不得影响先订立的劳动合同的履行。

(2)非全日制用工双方当事人可以订立口头协议。

(3)非全日制用工双方当事人不得约定试用期。

(4)非全日制用工双方当事人任何一方都可以随时通知对方终止用工。终止用工时,用人单位不向劳动者支付经济补偿。

(5)非全日制用工小时计酬标准不得低于用人单位所在地人民政府规定的最低小时工资标准。

(6)非全日制用工劳动报酬结算支付周期最长不得超过 15 日,等等。

📝 **案例分析**

此案属于劳务派遣纠纷,在劳务派遣的法律关系中涉及三方当事人,即被派遣劳动者、用人单位、用工单位三方。案例中,用人单位是丙劳务派遣公司,用工单位是玫园公司。劳动合同法规定,劳动者在工作中存在重大过错或者实在不能胜任工作的情形,用工单位可以将劳动者退回劳务派遣单位,劳务派遣单位依照法律有关规定,可以与劳动者解除劳动合同。但案例中玫园公司以签订派遣协议时所依据的客观情况发生重大变化为由,将王某退回丙公司,丙公司以此为由与王某解除劳动合同违反法律规定。王某有权要求丙公司继续履行劳动合同,如果王某不愿意回到丙公司,那么其有权要求丙公司支付赔偿金。

⚖ 法条链接

《中华人民共和国劳动合同法》第五十七条　经营劳务派遣业务应当具备下列条件：

（一）注册资本不得少于人民币二百万元；

（二）有与开展业务相适应的固定的经营场所和设施；

（三）有符合法律、行政法规规定的劳务派遣管理制度；

（四）法律、行政法规规定的其他条件。

经营劳务派遣业务，应当向劳动行政部门依法申请行政许可；经许可的，依法办理相应的公司登记。未经许可，任何单位和个人不得经营劳务派遣业务。

《中华人民共和国劳动合同法》第五十八条　劳务派遣单位是本法所称用人单位，应当履行用人单位对劳动者的义务。劳务派遣单位与被派遣劳动者订立的劳动合同，除应当载明本法第十七条规定的事项外，还应当载明被派遣劳动者的用工单位以及派遣期限、工作岗位等情况。

劳务派遣单位应当与被派遣劳动者订立二年以上的固定期限劳动合同，按月支付劳动报酬；被派遣劳动者在无工作期间，劳务派遣单位应当按照所在地人民政府规定的最低工资标准，向其按月支付报酬。

《中华人民共和国劳动合同法》第五十九条　劳务派遣单位派遣劳动者应当与接受以劳务派遣形式用工的单位（以下称用工单位）订立劳务派遣协议。劳务派遣协议应当约定派遣岗位和人员数量、派遣期限、劳动报酬和社会保险费的数额与支付方式以及违反协议的责任。

用工单位应当根据工作岗位的实际需要与劳务派遣单位确定派遣期限，不得将连续用工期限分割订立数个短期劳务派遣协议。

《中华人民共和国劳动合同法》第六十条　劳务派遣单位应当将劳务派遣协议的内容告知被派遣劳动者。

劳务派遣单位不得克扣用工单位按照劳务派遣协议支付给被派遣劳动者的劳动报酬。

劳务派遣单位和用工单位不得向被派遣劳动者收取费用。

《中华人民共和国劳动合同法》第六十二条　用工单位应当履行下列义务：

（一）执行国家劳动标准，提供相应的劳动条件和劳动保护；

（二）告知被派遣劳动者的工作要求和劳动报酬；

（三）支付加班费、绩效奖金，提供与工作岗位相关的福利待遇；

（四）对在岗被派遣劳动者进行工作岗位所必需的培训；

（五）连续用工的，实行正常的工资调整机制。

用工单位不得将被派遣劳动者再派遣到其他用人单位。

《中华人民共和国劳动合同法》第六十三条　被派遣劳动者享有与用工单位的

劳动者同工同酬的权利。用工单位应当按照同工同酬原则,对被派遣劳动者与本单位同类岗位的劳动者实行相同的劳动报酬分配办法。用工单位无同类岗位劳动者的,参照用工单位所在地相同或者相近岗位劳动者的劳动报酬确定。

劳务派遣单位与被派遣劳动者订立的劳动合同和与用工单位订立的劳务派遣协议,载明或者约定的向被派遣劳动者支付的劳动报酬应当符合前款规定。

《中华人民共和国劳动合同法》第六十五条　被派遣劳动者可以依照本法第三十六条、第三十八条的规定与劳务派遣单位解除劳动合同。

被派遣劳动者有本法第三十九条和第四十条第一项、第二项规定情形的,用工单位可以将劳动者退回劳务派遣单位,劳务派遣单位依照本法有关规定,可以与劳动者解除劳动合同。

《中华人民共和国劳动合同法》第六十六条　劳动合同用工是我国的企业基本用工形式。劳务派遣用工是补充形式,只能在临时性、辅助性或者替代性的工作岗位上实施。

前款规定的临时性工作岗位是指存续时间不超过六个月的岗位;辅助性工作岗位是指为主营业务岗位提供服务的非主营业务岗位;替代性工作岗位是指用工单位的劳动者因脱产学习、休假等原因无法工作的一定期间内,可以由其他劳动者替代工作的岗位。

用工单位应当严格控制劳务派遣用工数量,不得超过其用工总量的一定比例,具体比例由国务院劳动行政部门规定。

《中华人民共和国劳动合同法》第六十七条　用人单位不得设立劳务派遣单位向本单位或者所属单位派遣劳动者。

《中华人民共和国劳动合同法》第六十八条　非全日制用工,是指以小时计酬为主,劳动者在同一用人单位一般平均每日工作时间不超过四小时,每周工作时间累计不超过二十四小时的用工形式。

《中华人民共和国劳动合同法》第六十九条　非全日制用工双方当事人可以订立口头协议。

从事非全日制用工的劳动者可以与一个或者一个以上用人单位订立劳动合同;但是,后订立的劳动合同不得影响先订立的劳动合同的履行。

《中华人民共和国劳动合同法》第七十条　非全日制用工双方当事人不得约定试用期。

《中华人民共和国劳动合同法》第七十一条　非全日制用工双方当事人任何一方都可以随时通知对方终止用工。终止用工,用人单位不向劳动者支付经济补偿。

《中华人民共和国劳动合同法》第七十二条　非全日制用工小时计酬标准不得低于用人单位所在地人民政府规定的最低小时工资标准。

非全日制用工劳动报酬结算支付周期最长不得超过十五日。

思考题5-2

实训练习5-2

第三节　劳动关系的终止

案例导学

崔女士为在某外资企业流水线上工作的员工,与企业签订的劳动合同为3年。到公司上班第2年,崔女士迷上了打麻将,经常玩到深夜。由于睡眠严重不足,崔女士在上班时间常打瞌睡,以致流水线上生产出大量次品,给企业造成了重大损失。公司对崔女士进行了处罚,并向她发出书面通知,指出其行为违反了企业规章制度,要求其不再出现类似情况。崔女士坚持了一段时间,但禁不住麻将的诱惑,故态复发,流水线上再次出现了大量次品,公司再次对崔女士进行了处罚。如此几次后,公司最终以崔女士严重违反劳动纪律为由,欲解除与崔女士的劳动合同。但崔女士找到人事部门,拿出化验单,证明自己已经怀孕。请问,公司能够解除与崔某的劳动合同吗?

一、劳动合同解除的类型

(一)双方协商解除劳动合同

协商解除是指在劳动合同履行过程中,用人单位与劳动者经协商一致同意解除劳动合同。协商解除劳动合同没有规定实体、程序上的限定条件,只要双方达成一致,内容、形式、程序不违反法律禁止性、强制性规定即可。

(二)劳动者单方解除劳动合同

不管是用人单位还是劳动者,都可以单方面解除劳动合同。若是用人单位提出解除劳动合同的,用人单位应向劳动者支付解除劳动合同的经济补偿金。

当具备法律规定的条件时,劳动者享有单方解除权,无须双方协商达成一致意见,也无须征得用人单位的同意。具体分为预告解除和即时解除。

1. 预告解除

预告解除即劳动者履行预告程序后单方解除劳动合同。包括两种情形:

(1)劳动者提前30日以书面形式通知用人单位,可以解除劳动合同;

(2)劳动者在试用期内提前3日通知用人单位,可以解除劳动合同。

预告辞职没有任何法定理由,即劳动者可以以任何理由向单位提出解除劳动合同。在30日(试用期为3日)后,劳动者可以向用人单位提出办理解除劳动合同手续,用人单位应予办理,不得以人事档案或者扣发工资等相要挟、阻挠。

2. 即时解除

即时解除是指劳动者在法定条件下,可以解除劳动合同。

企业有下列情形之一的,劳动者可以解除劳动合同:

(1)未按照劳动合同约定提供劳动保护或者劳动条件的;

（2）未及时足额支付劳动报酬的；

（3）未依法为劳动者缴纳社会保险费的；

（4）企业的规章制度违反法律、法规的规定，损害劳动者权益的；

（5）以欺诈、胁迫的手段或者乘人之危，使对方在违背真实意思的情况下订立或者变更劳动合同使劳动合同无效的；

（6）法律、行政法规规定劳动者可以解除劳动合同的其他情形。

以上六种情形，虽然劳动者享有单方面的解除权，但是在其行使这一权利时，有事先告知用人单位的义务，即明确告知用人单位是基于以上理由解除劳动合同。

如果用人单位以暴力、威胁或者非法限制人身自由的手段强迫劳动者劳动的，或者企业违章指挥、强令冒险作业危及劳动者人身安全的，劳动者可以立即解除劳动合同，无需事先告知企业。

（三）用人单位单方解除劳动合同

用人单位单方解除劳动合同，必须符合法定条件和按照法定程序进行。用人单位单方面解除劳动合同，无须双方协商达成一致意见。主要包括过错性辞退、非过错性辞退、经济性裁员三种情形。

1．过错性辞退

过错性辞退即在劳动者有过错性情形时，用人单位有权单方解除劳动合同。

劳动者存在《中华人民共和国劳动合同法》第三十九条所规定的情形之一时，用人单位有权解除劳动合同，无须征得劳动者同意，不必履行特别的程序，无须支付经济补偿金。

2．非过错性辞退

非过错性辞退，又称为预告解除，即劳动者本人无过错，但由于主客观原因致使劳动合同无法履行，用人单位在符合法律规定的情形下，履行法律规定的程序后有权解除劳动合同。

劳动者出现《中华人民共和国劳动合同法》第四十条情形之一时，用人单位可以提前30日以书面形式通知劳动者本人或者额外支付劳动者1个月工资后，可以解除劳动合同。

非过错性解除劳动合同在程序上具有严格的限制，具体是指：用人单位应提前30日以书面形式通知劳动者本人或者额外支付劳动者1个月工资后，才可以解除劳动合同；用人单位选择额外支付劳动者1个月工资解除劳动合同的，其额外支付的工资应当按照该劳动者上1个月的工资标准确定。用人单位应当支付劳动者经济补偿。

3．经济性裁员

经济性裁员是指企业由于生产经营发生严重困难或者企业濒临破产，需要一次性辞退部分劳动者，通过减员增效的方式改善生产经营状况，以保护自己在市场经济中的竞争和生存能力，暂时渡过难关。经济性裁员仍属用人单位单方解除劳动合同。

劳动者出现《中华人民共和国劳动合同法》第四十一条所规定的4类情形时，用人单位可以裁减人员。

用人单位在经济性裁员后,如果在六个月内重新招用人员的,应当通知被裁减的人员,并在同等条件下优先招用被裁减的人员。

用人单位需要裁减人员 20 人以上或者裁减不足 20 人但占企业职工总数 10％以上的,用人单位提前 30 日向工会或者全体职工说明情况,听取工会或者职工的意见后,裁减人员方案经向劳动行政部门报告,可以裁减人员。

二、劳动合同解除的法律后果

《中华人民共和国劳动法》确立了经济补偿金制度,但其适用范围仅限于协商解除、用人单位预告解除和经济性裁员三种情形,不适用于劳动合同的终止。

(一)经济补偿金的适用情形

因下列情形导致劳动合同解除的,用人单位应当向劳动者支付经济补偿金:

(1)未按照劳动合同约定提供劳动保护或者劳动条件的;

(2)未及时足额支付劳动报酬的;

(3)未依法为劳动者缴纳社会保险费的;

(4)企业的规章制度违反法律、法规的规定,损害劳动者权益的;

(5)以欺诈、胁迫的手段或者乘人之危,使对方在违背真实意思的情况下订立或者变更劳动合同使劳动合同无效的;

(6)用人单位向劳动者提出解除劳动合同,并与劳动者协商一致解除劳动合同的;

(7)劳动者患病或非因工负伤,在规定的医疗期满后不能从事原工作,也不能从事用人单位另行安排的工作的;

(8)劳动者不能胜任工作,经过培训或调整工作岗位,仍不能胜任工作的;

(9)劳动合同订立时的客观情况发生重大变化,致使劳动合同无法履行,经用人单位与劳动者协商,未能就变更劳动合同内容达成协议的;

(10)经济性裁员的;

(11)劳动合同因期限届满而终止的;

(12)劳动合同因用人单位主体资格丧失而终止的。

(二)经济补偿金的计算

经济补偿按劳动者在本单位工作的年限,每满 1 年支付 1 个月工资的标准向劳动者支付。6 个月以上不满 1 年的,按 1 年计算;不满 6 个月的,向劳动者支付半个月工资的经济补偿。

劳动者月工资高于用人单位所在直辖市、设区的市级人民政府公布的本地区上年度职工月平均工资 3 倍的,向其支付经济补偿的标准按职工月平均工资 3 倍的数额支付,向其支付经济补偿的年限最高不超过 12 年。

为督促用人单位及时支付经济补偿,解除或者终止劳动合同,未依照《中华人民共和国劳动合同法》规定向劳动者支付经济补偿的,由劳动行政部门责令限期支付经济补偿,逾期不支付的,责令用人单位向劳动者加付赔偿金。

案例分析

　　《中华人民共和国妇女权益保障法》规定："任何单位不得以结婚、怀孕、产假、哺乳等为由,辞退女职工或者单方解除劳动合同。"从此规定可以看出用人单位不得在孕期、产期、哺乳期与女职工解除劳动合同。同时《中华人民共和国劳动合同法》第四十二条第四款规定,女职工在孕期、产期、哺乳期的,用人单位不得依照本法第四十条、第四十一条解除劳动合同。此条款立法的旨意是防止用人单位随意辞退处于"三期"的女职工,这是对女职工特殊时期的特别保护。

　　但是女职工如果把孕妇的特殊身份作为用人单位不能解除劳动合同的"护身符",无视用人单位的规章制度,就属于对法律的错误理解。就是说,虽然处于"三期"的女职工受到法律的特殊保护,但也应当遵守劳动合同的约定和用人单位规章制度的约定,诚信履行工作职责,并不得违反公司的规章制度。如果"三期"期间的女职工存在严重违反法律、法规以及公司规章制度的行为,其情形符合《中华人民共和国劳动合同法》第三十九条之规定,用人单位依然可以依法解除劳动合同。而且我国《劳动法》也规定,劳动者严重违反劳动纪律或者用人单位规章制度的,用人单位可以解除劳动合同。因此,案例中公司能够解除与崔女士的劳动合同。

法条链接

　　《中华人民共和国劳动法》第二十五条　劳动者有下列情形之一的,用人单位可以解除劳动合同:

　　(一)在试用期间被证明不符合录用条件的;

　　(二)严重违反劳动纪律或者用人单位规章制度的;

　　(三)严重失职,营私舞弊,对用人单位利益造成重大损害的;

　　(四)被依法追究刑事责任的。

　　《中华人民共和国劳动合同法》第三十九条　劳动者有下列情形之一的,用人单位可以解除劳动合同:

　　(一)在试用期间被证明不符合录用条件的;

　　(二)严重违反用人单位的规章制度的;

　　(三)严重失职,营私舞弊,给用人单位造成重大损害的;

　　(四)劳动者同时与其他用人单位建立劳动关系,对完成本单位的工作任务造成严重影响,或者经用人单位提出,拒不改正的;

　　(五)因本法第二十六条第一款第一项规定的情形致使劳动合同无效的;

　　(六)被依法追究刑事责任的。

　　《中华人民共和国劳动合同法》第四十条　有下列情形之一的,用人单位提前三十日以书面形式通知劳动者本人或者额外支付劳动者一个月工资后,可以解除劳动合同:

（一）劳动者患病或者非因工负伤，在规定的医疗期满后不能从事原工作，也不能从事由用人单位另行安排的工作的；

（二）劳动者不能胜任工作，经过培训或者调整工作岗位，仍不能胜任工作的；

（三）劳动合同订立时所依据的客观情况发生重大变化，致使劳动合同无法履行，经用人单位与劳动者协商，未能就变更劳动合同内容达成协议的。

《中华人民共和国劳动法》第二十九条　劳动者有下列情形之一的，用人单位不得依据本法第二十六条、第二十七条的规定解除劳动合同：

（一）患职业病或者因工负伤并被确认丧失或者部分丧失劳动能力的；

（二）患病或者负伤，在规定的医疗期内的；

（三）女职工在孕期、产期、哺乳期内的；

（四）法律、行政法规规定的其他情形。

《中华人民共和国劳动合同法》第四十一条　有下列情形之一，需要裁减人员二十人以上或者裁减不足二十人但占企业职工总数百分之十以上的，用人单位提前三十日向工会或者全体职工说明情况，听取工会或者职工的意见后，裁减人员方案经向劳动行政部门报告，可以裁减人员：

（一）依照企业破产法规定进行重整的；

（二）生产经营发生严重困难的；

（三）企业转产、重大技术革新或者经营方式调整，经变更劳动合同后，仍需裁减人员的；

（四）其他因劳动合同订立时所依据的客观经济情况发生重大变化，致使劳动合同无法履行的。

裁减人员时，应当优先留用下列人员：

（一）与本单位订立较长期限的固定期限劳动合同的；

（二）与本单位订立无固定期限劳动合同的；

（三）家庭无其他就业人员，有需要扶养的老人或者未成年人的。

用人单位依照本条第一款规定裁减人员，在六个月内重新招用人员的，应当通知被裁减的人员，并在同等条件下优先招用被裁减的人员。

《中华人民共和国劳动合同法》第四十二条　劳动者有下列情形之一的，用人单位不得依照本法第四十条、第四十一条的规定解除劳动合同：

（一）从事接触职业病危害作业的劳动者未进行离岗前职业健康检查，或者疑似职业病病人在诊断或者医学观察期间的；

（二）在本单位患职业病或者因工负伤并被确认丧失或者部分丧失劳动能力的；

（三）患病或者非因工负伤，在规定的医疗期内的；

（四）女职工在孕期、产期、哺乳期的；

（五）在本单位连续工作满十五年，且距法定退休年龄不足五年的；

（六）法律、行政法规规定的其他情形。

思考题 5-3

实训练习 5-3

《中华人民共和国劳动合同法》第四十八条　用人单位违反本法规定解除或者终止劳动合同,劳动者要求继续履行劳动合同的,用人单位应当继续履行;劳动者不要求继续履行劳动合同或者劳动合同已经不能继续履行的,用人单位应当依照本法第八十七条规定支付赔偿金。

《中华人民共和国劳动合同法》第八十七条　用人单位违反本法规定解除或者终止劳动合同的,应当依照本法第四十七条规定的经济补偿标准的二倍向劳动者支付赔偿金。

第四节　劳动争议的解决

 案例导学

张伟于 2022 年 6 月入职某快递公司,双方订立的劳动合同约定试用期为 3 个月,试用期月工资为 8 000 元,工作时间执行该快递公司规章制度相关规定。该快递公司规章制度规定,工作时间为早 9 时至晚 9 时,每周工作 6 天。2 个月后,张伟以工作时间严重超过法律规定上限为由拒绝超时加班的安排,该快递公司即以张伟在试用期间被证明不符合录用条件为由与其解除劳动合同。张伟便向当地的人民法院提出诉讼,请问,法院是否应当受理此案?

一、劳动争议的范围

根据法律规定,劳动争议包括以下几类:

(1) 因确认劳动关系发生的争议;

(2) 因订立、履行、变更、解除和终止劳动合同发生的争议;

(3) 因除名、辞退和辞职、离职发生的争议;

(4) 因工作时间、休息休假、社会保险、福利、培训以及劳动保护发生的争议;

(5) 因劳动报酬、工伤医疗费、经济补偿或者赔偿金等发生的争议;

(6) 法律、法规规定的其他劳动争议。

但是以下纠纷不属于劳动争议:

(1) 请求社会保险经办机构发放社会保险金的纠纷;

(2) 因住房制度改革产生的公有住房转让纠纷;

(3) 对伤残等级鉴定结论或者对职业病诊断鉴定结论的异议纠纷;

(4) 家庭或者个人与家政服务人员之间的纠纷;

(5) 个体工匠与帮工、学徒之间的纠纷;

(6) 农村承包经营户与受雇人之间的纠纷。

二、劳动争议的解决方式

（一）协商解决

协商解决，即劳动者和用人单位双方自行协商解决纠纷。

劳动争议发生后，当事人就争议事项进行商量，使双方消除矛盾，找出解决争议的方法。协商一致的，当事人可以达成和解协议，但和解协议不具有强制执行力，需要当事人自觉履行。当然，协商解决并不是解决劳动争议的必经程序，如果当事人不愿协商或者协商不成的，当事人可以申请调解或仲裁。

（二）劳动争议调解

劳动争议发生后，当事人可以向劳动争议调解组织申请调解。劳动争议调解组织包括：①企业劳动争议调解委员会；②依法设立的基层人民调解组织；③在乡镇、街道设立的具有劳动争议调解职能的组织。

企业劳动争议调解委员会由职工代表、用人单位代表和工会代表组成。

劳动争议经调解达成协议的，可以制作调解协议书，调解协议书由双方当事人签名或盖章，经调解员签名并加盖调解组织印章后生效，对双方当事人具有约束力，当事人应当履行。一方当事人不履行的，另一方可以依法申请仲裁。因劳动报酬、工伤医疗费、经济补偿或赔偿金事项达成调解协议，用人单位在约定期限内不履行的，劳动者可以持调解书向法院申请支付令。

（三）劳动仲裁

劳动争议案件，必须先经过劳动争议仲裁委员会仲裁，否则人民法院将不予以受理。简言之，劳动仲裁是劳动争议当事人向人民法院提起诉讼的必经程序。

1．劳动争议仲裁委员会

劳动争议仲裁委员会按照统筹规划、合理布局和适应实际需要的原则设立，省、自治区人民政府可以决定在市、县设立；直辖市人民政府可以决定在区、县设立。直辖市、设区的市也可以设立一个或者若干个劳动争议仲裁委员会。

劳动争议仲裁委员会由同级劳动行政部门代表、工会代表和企业方面代表组成。劳动争议仲裁委员会主任由劳动行政部门代表担任。

劳动争议一般由所在行政区域内的劳动争议仲裁委员会受理。

2．劳动争议仲裁的流程

（1）申请。向劳动争议仲裁委员会提交《劳动仲裁申请书》。

（2）受理。劳动争议仲裁委员会收到仲裁申请之日起 5 日内，认为符合受理条件的，应当受理，并通知申请人；认为不符合受理条件的，应当书面通知申请人不予受理，并说明理由。

（3）开庭。当事人在仲裁过程中，将进行明确仲裁请求、被申请人答辩、仲裁庭调查事实、当事人双方举证质证、辩论、陈述等环节。

（4）调解。仲裁庭在作出裁决前，应当先行调解。调解达成协议的，仲裁庭应当制作调解书。

（5）裁决。调解不成或者调解书送达前，一方当事人反悔的，仲裁庭应当及时作出裁决。

3．劳动争议仲裁的期限

仲裁庭裁决劳动争议案件,应当自劳动争议仲裁委员会受理仲裁申请之日起 45 日内结束。案情复杂需要延期的,经劳动争议仲裁委员会主任批准,可以延期并书面通知当事人,但是延长期限不得超过 15 日。

劳动争议仲裁不收费。劳动争议仲裁委员会的经费由财政予以保障。

（四）诉讼

劳动争议处理中的诉讼程序不是必经程序,只有劳动争议当事人一方或双方不服劳动争议仲裁委员会作出的仲裁裁决时,该程序才可能启动。

如果当事人任何一方对劳动争议仲裁委员会的裁决结果不服,则应在收到裁决书 15 日内向当地人民法院起诉,期满不起诉的,裁决书即发生法律效力,当事人对发生法律效力的调解书和裁决书应当依照规定的期限履行。

但是以下两类争议,对于用人单位而言,是终局裁决,自裁决作出之日起发生法律效力。

（1）追索劳动报酬、工伤医疗费、经济补偿或者赔偿金,不超过当地月最低工资标准 12 个月金额的争议。

（2）因执行国家劳动标准在工作时间、休息休假、社会保险方面发生的争议。

一裁终局是对用人单位而言的。救济的机会只赋予了劳动者,体现了法律的倾斜保护。当事人对发生法律效力的裁决书、判决书,应当依照规定的期限履行。一方当事人逾期不履行的,另一方当事人可以依照法律规定向法院申请强制执行。

 法条链接

《中华人民共和国劳动争议调解仲裁法》第五条　发生劳动争议,当事人不愿协商、协商不成或者达成和解协议后不履行的,可以向调解组织申请调解;不愿调解、调解不成或者达成调解协议后不履行的,可以向劳动争议仲裁委员会申请仲裁;对仲裁裁决不服的,除本法另有规定的外,可以向人民法院提起诉讼。

《中华人民共和国劳动争议调解仲裁法》第四十二条　仲裁庭在作出裁决前,应当先行调解。

调解达成协议的,仲裁庭应当制作调解书。

调解书应当写明仲裁请求和当事人协议的结果。调解书由仲裁员签名,加盖劳动争议仲裁委员会印章,送达双方当事人。调解书经双方当事人签收后,发生法律效力。

调解不成或者调解书送达前,一方当事人反悔的,仲裁庭应当及时作出裁决。

《中华人民共和国劳动争议调解仲裁法》第四十三条　仲裁庭裁决劳动争议案件,应当自劳动争议仲裁委员会受理仲裁申请之日起四十五日内结束。案情复杂需要延期的,经劳动争议仲裁委员会主任批准,可以延期并书面通知当事人,但是延长期限不得超过十五日。逾期未作出仲裁裁决的,当事人可以就该劳动争议事项向人民法院提起诉讼。

仲裁庭裁决劳动争议案件时，其中一部分事实已经清楚，可以就该部分先行裁决。

《中华人民共和国劳动争议调解仲裁法》第四十七条 下列劳动争议，除本法另有规定的外，仲裁裁决为终局裁决，裁决书自作出之日起发生法律效力：

（一）追索劳动报酬、工伤医疗费、经济补偿或者赔偿金，不超过当地月最低工资标准十二个月金额的争议；

（二）因执行国家的劳动标准在工作时间、休息休假、社会保险等方面发生的争议。

《中华人民共和国劳动争议调解仲裁法》第四十八条 劳动者对本法第四十七条规定的仲裁裁决不服的，可以自收到仲裁裁决书之日起十五日内向人民法院提起诉讼。

《中华人民共和国劳动争议调解仲裁法》第五十条 当事人对本法第四十七条规定以外的其他劳动争议案件的仲裁裁决不服的，可以自收到仲裁裁决书之日起十五日内向人民法院提起诉讼；期满不起诉的，裁决书发生法律效力。

《中华人民共和国劳动争议调解仲裁法》第五十一条 当事人对发生法律效力的调解书、裁决书，应当依照规定的期限履行。一方当事人逾期不履行的，另一方当事人可以依照民事诉讼法的有关规定向人民法院申请执行。受理申请的人民法院应当依法执行。

《中华人民共和国劳动法》第七十七条 用人单位与劳动者发生劳动争议，当事人可以依法申请调解、仲裁、提起诉讼，也可以协商解决。

调解原则适用于仲裁和诉讼程序。

《中华人民共和国劳动法》第七十九条 劳动争议发生后，当事人可以向本单位劳动争议调解委员会申请调解；调解不成，当事人一方要求仲裁的，可以向劳动争议仲裁委员会申请仲裁。当事人一方也可以直接向劳动争议仲裁委员会申请仲裁。对仲裁裁决不服的，可以向人民法院提起诉讼。

《中华人民共和国劳动法》第八十一条 劳动争议仲裁委员会由劳动行政部门代表、同级工会代表、用人单位方面的代表组成。劳动争议仲裁委员会主任由劳动行政部门代表担任。

《中华人民共和国劳动法》第八十二条 提出仲裁要求的一方应当自劳动争议发生之日起六十日内向劳动争议仲裁委员会提出书面申请。仲裁裁决一般应在收到仲裁申请的六十日内作出。对仲裁裁决无异议的，当事人必须履行。

《中华人民共和国劳动法》第八十三条 劳动争议当事人对仲裁裁决不服的，可以自收到仲裁裁决书之日起十五日内向人民法院提起诉讼。一方当事人在法定期限内不起诉又不履行仲裁裁决的，另一方当事人可以申请人民法院强制执行。

思考题 5-4 实训练习 5-4

第六章 创业法律常识

第一节 初创企业应知的法律常识

一、企业组织形式

企业组织形式是指企业存在的形态和类型,主要有独资企业、合伙企业和公司制企业三种形式。企业采用何种组织形式是创办企业时要考虑的第一个问题。

(一)个体工商户与个人独资企业

 案例导学

李强即将毕业,毕业后想自己开设一家餐饮公司,李强认为,在创业的起步阶段,自己的公司规模肯定比较小,决定申请成立个体工商户,公司名称就叫李强餐饮有限责任公司,等以后公司做大做强,可以设立分支机构,委托专业的管理人进行管理。李强的想法可行吗?

1. 个体工商户和个人独资企业

个体工商户是指在法律允许的范围内,依法经核准登记,从事工商经营活动的自然人或者家庭。单个自然人申请个体经营,应当是 16 周岁以上有劳动能力的自然人。家庭申请个体经营,作为户主的个人应该有经营能力,其他家庭成员不一定都有经营能力。个体工商户享有合法财产权,包括对自己所有的合法财产享有占有、使用、收益和处分的权利,以及依据法律和合同享有各种债权。

个人独资企业,是指依照《中华人民共和国个人独资企业法》在中国境内设立,由一个自然人投资,财产为投资人个人所有,投资人以其个人财产对企业债务承担无限责任的经营实体。

2. 个体工商户与个人独资企业的区别

个人独资企业与个体工商户有相同的地方,比如:均是以一个自然人名义投资成立、承担无限连带责任,且设立灵活、登记简便。但要注意的是,个体工商户和个人独资企业是两个不同的概念,具体区别如下:

(1)定义不同。个体工商户,简称个体户,对债务负无限责任,不具备法人资格。个体工商户的生产资料属于私人所有,主要以个人劳动为基础,劳动所得归个体劳动者自己支配。而个人独资企业是企业组织形式的一种,不具有法人资格。

(2)出资人不同。个体工商户可以由一个自然人或家庭共同出资设立。个人独资企业出资人是一个自然人。

(3)承担责任的财产范围。个体工商户对所负债务承担的是无限清偿责任,即不以投入经营的财产为限,而应以其所有的全部财产承担责任。是个人经营的,以个人财产承担;是家庭经营的,以家庭财产承担。个人独资企业的出资人在一般情况下仅以其个人财产对企业债务承担无限责任,只是在企业设立登记时明确以家庭共有财产作为个人出资的才依法以家庭共有财产对企业债务承担无限责任。

(4)委托或聘用他人管理。个人独资企业为企业形态,个体工商户不具有企业形态。个人独资企业的投资人可以委托或聘用他人管理个人独资企业事务,即所有权与经营权可以分离,其符合现代企业制度的特征,但个体工商户的投资者与经营者必须为同一人,即投资设立个体工商户的自然人,无法将所有权与经营权进行分离。

(5)设立条件。设立个人独资企业必须要有合法的企业名称、有固定的生产经营场所、必要的生产经营条件和必要的从业人员,但个体工商户注册无上述要求。

(6)分支机构。个人独资企业可以设立分支机构,个体工商户不能设立分支机构。个人独资企业可向分支机构所在地的登记机关申请登记,领取营业执照,设立分支机构,分支机构的民事责任由设立该分支机构的个人独资企业承担,而个体工商户则无法如此操作。

(7)财务制度。根据《中华人民共和国个人独资企业法》的规定,个人独资企业应当依法设置会计账簿,进行会计核算,即建立财务制度,但现有法律并未强制要求个体工商户需设置会计账簿,进行会计核算。

3. 个体工商户的名称、经营范围

在我国,个体工商户名称一般由四个部分组成,行政区划+字号+行业+组织形式,例如:某县美滋滋美食店。并不是任何字眼都适合作为字号,具体禁限用规则可参考《企业名称登记管理规定》执行或咨询各登记窗口。此外,个体工商户组织形式除了店,还可以用馆、厂、行等,但不可表述为"有限公司"或"公司",因为个体工商户与公司是两种截然不同的商事主体。

原则上,个体工商户申请登记的经营范围只要不属于法律、行政法规禁止进入的行业的,都可以依法予以登记。由于一些行业对于资质、规模等有要求,如危险化学品生产经营、经营快递业务,个体工商户就不能从事经营,需要领取企业营业执照。

📝 **案例分析**

案例中李强申请办理个体工商户登记,而个体工商户不可表述为"公司"字样,故李强所陈述的名称有误。个体工商户的投资者与经营者必须为同一人,即投资设立个体工商户的自然人,无法委托或聘用他人管理事务,个体工商户不能设立分支机构。

法 条 链 接

《个体工商户条例》第二条　有经营能力的公民,依照本条例规定经工商行政管理部门登记,从事工商业经营的,为个体工商户。

个体工商户可以个人经营,也可以家庭经营。

个体工商户的合法权益受法律保护,任何单位和个人不得侵害。

《个体工商户条例》第四条　国家对个体工商户实行市场平等准入、公平待遇的原则。

申请办理个体工商户登记,申请登记的经营范围不属于法律、行政法规禁止进入的行业的,登记机关应当依法予以登记。

《个体工商户名称登记管理办法》第十条　个体工商户名称组织形式可以选用"厂""店""馆""部""行""中心"等字样,但不得使用"企业""公司"和"农民专业合作社"字样。

《中华人民共和国民法典》第五十六条　个体工商户的债务,个人经营的,以个人财产承担;家庭经营的,以家庭财产承担;无法区分的,以家庭财产承担。

《中华人民共和国个人独资企业法》第二条　本法所称个人独资企业,是指依照本法在中国境内设立,由一个自然人投资,财产为投资人个人所有,投资人以其个人财产对企业债务承担无限责任的经营实体。

《中华人民共和国个人独资企业法》第八条　设立个人独资企业应当具备下列条件:

(一)投资人为一个自然人;

(二)有合法的企业名称;

(三)有投资人申报的出资;

(四)有固定的生产经营场所和必要的生产经营条件;

(五)有必要的从业人员。

《中华人民共和国个人独资企业法》第十四条　个人独资企业设立分支机构,应当由投资人或者其委托的代理人向分支机构所在地的登记机关申请登记,领取营业执照。

分支机构经核准登记后,应将登记情况报该分支机构隶属的个人独资企业的登记机关备案。

分支机构的民事责任由设立该分支机构的个人独资企业承担。

《中华人民共和国个人独资企业法》第十八条　个人独资企业投资人在申请企业设立登记时明确以其家庭共有财产作为个人出资的,应当依法以家庭共有财产对企业债务承担无限责任。

《中华人民共和国个人独资企业法》第十九条　个人独资企业投资人可以自行管理企业事务,也可以委托或者聘用其他具有民事行为能力的人负责企业的事务管理。

投资人委托或者聘用他人管理个人独资企业事务,应当与受托人或者被聘用的人签订书面合同,明确委托的具体内容和授予的权利范围。

受托人或者被聘用的人员应当履行诚信、勤勉义务,按照与投资人签订的合同负责个人独资企业的事务管理。

投资人对受托人或者被聘用的人员职权的限制,不得对抗善意第三人。

《中华人民共和国个人独资企业法》第二十一条 个人独资企业应当依法设置会计账簿,进行会计核算。

《中华人民共和国邮政法》第五十一条 经营快递业务,应当依照本法规定取得快递业务经营许可;未经许可,任何单位和个人不得经营快递业务。

外商不得投资经营信件的国内快递业务。

国内快递业务,是指从收寄到投递的全过程均发生在中华人民共和国境内的快递业务。

《中华人民共和国邮政法》第五十二条 申请快递业务经营许可,应当具备下列条件:

(一)符合企业法人条件;

(二)在省、自治区、直辖市范围内经营的,注册资本不低于人民币五十万元,跨省、自治区、直辖市经营的,注册资本不低于人民币一百万元,经营国际快递业务的,注册资本不低于人民币二百万元;

(三)有与申请经营的地域范围相适应的服务能力;

(四)有严格的服务质量管理制度和完备的业务操作规范;

(五)有健全的安全保障制度和措施;

(六)法律、行政法规规定的其他条件。

(二)合伙企业

案例导学

李某与王某大学毕业后拟合伙设立一家物流企业,他们找到王某的表哥张大(张大熟悉物流行业),张大看着两个刚毕业的大学生,担心自己投入的资金可能会打水漂,于是约定:李某和王某为普通合伙人,需要对合伙企业的债务承担无限连带责任。张大为有限合伙人,张大以其出资的 10 万元为限对合伙债务承担责任。请问,该约定是否符合法律规定?

1. 无限连带责任

合伙企业是指由各合伙人订立合伙协议,共同出资,共同经营,共享收益,共担风险,并对企业债务承担无限连带责任的营利性组织。无限连带责任,是指每个合伙人对于合伙债务都负有全部清偿的义务,而合伙的债权人也有权向合伙人中的任何一人或数人要求其清偿债务的一部分或全部。

例如,张乐和王新两个人成立了普通合伙企业,两人均向合伙企业投资 10 万元,经营过程中,合伙企业对外欠债 40 万元,此时,如果合伙企业自身只能清偿 10 万元,那么会剩余 30 万元债务,张乐和王新对合伙企业剩余的 30 万元债务都负有全部清偿的义务,债权人可以找张乐清偿30万元,也可以找王新清偿30万元,任何一个人清偿后都可以按照合伙协议的约定向其他合伙人进行追偿。

2. 为什么选择合伙企业

在生活中可能有两类企业选择合伙企业模式:一类是法律规定不得不采用合伙企业性质的,比如法律规定律师事务所不允许是公司,只能是合伙企业。另一类是约定合伙,彼此信赖度高,生意风险性不高,合伙企业不需要缴纳企业所得税。合伙人是自然人的,缴纳个人所得税;合伙人是企业的,缴纳企业所得税,比如小餐馆、工作室等。对于第一类,国家立法的本意是,律所作为法律的居间服务者,要对客户尽职尽责,如果对客户不尽职尽责,给客户造成损失,且损失金额比较大的话,律所的合伙人就要承担相应的责任。对于合伙人来说,会尽到高度的监督管理义务。由此可见,合伙企业的优点在于合伙人之间高度信任并且互相监督,彼此协作,但是合伙企业对彼此的互信度有非常高的要求,因此很难扩大规模。

3. 有限合伙企业

合伙企业分为普通合伙企业和有限合伙企业。普通合伙企业是由普通合伙人组成,合伙人对合伙企业债务承担无限连带责任的合伙企业。有限合伙企业是由普通合伙人和有限合伙人组成,普通合伙人对合伙企业债务承担无限连带责任,有限合伙人以其认缴的出资额为限对合伙企业债务承担责任的合伙企业。有限合伙是一种特殊的合伙类型,主要是基于融资的需要。

例如,张乐和王新两个人成立了有限合伙企业,张乐为普通合伙人,王新为有限合伙人,两人均向合伙企业投资10万元。经营过程中,合伙企业对外欠债40万元,此时,企业已经没钱偿还,张乐作为普通合伙人对企业40万的债务承担无限责任,王新作为有限合伙人仅仅以自己投资的10万元为限对合伙债务承担责任,此时10万元已经用于合伙企业的日常经营,所以王新可拒绝承担合伙企业债务。

普通合伙企业和有限合伙企业区别如下:

(1)投资人数。普通合伙企业投资人数为2人以上,无上限限制,有限合伙企业投资人数为2人以上50人以下,且至少应当有1个普通合伙人。

(2)承担责任的形式。普通合伙企业中合伙人对合伙企业债务承担无限连带责任,而有限合伙企业中普通合伙人对合伙企业债务承担无限连带责任,有限合伙人对合伙企业债务仅以认缴的出资额为限承担责任。

(3)合伙人权利。普通合伙企业中合伙人对执行合伙事务享有同等的权利,但在有限合伙企业中有限合伙人不得作为执行事务合伙人,不得执行合伙企业中的事务,不得对外代表有限合伙企业。

 案例分析

案例中的合伙企业为有限合伙企业。约定张大以其出资的10万元为限对合伙债务承担责任,张大属于有限合伙人,而李某和王某属于普通合伙人。有限合伙企业中普通合伙人对合伙企业债务承担无限连带责任,有限合伙人对合伙企业债务仅以认缴的出资额为限承担责任,所以上述约定符合法律规定。

法 条 链 接

《中华人民共和国合伙企业法》第二条 本法所称合伙企业,是指自然人、法人和其他组织依照本法在中国境内设立的普通合伙企业和有限合伙企业。

普通合伙企业由普通合伙人组成,合伙人对合伙企业债务承担无限连带责任。本法对普通合伙人承担责任的形式有特别规定的,从其规定。

有限合伙企业由普通合伙人和有限合伙人组成,普通合伙人对合伙企业债务承担无限连带责任,有限合伙人以其认缴的出资额为限对合伙企业债务承担责任。

《中华人民共和国合伙企业法》第十六条 合伙人可以用货币、实物、知识产权、土地使用权或者其他财产权利出资,也可以用劳务出资。

合伙人以实物、知识产权、土地使用权或者其他财产权利出资,需要评估作价的,可以由全体合伙人协商确定,也可以由全体合伙人委托法定评估机构评估。

合伙人以劳务出资的,其评估办法由全体合伙人协商确定,并在合伙协议中载明。

《中华人民共和国合伙企业法》第二十二条 除合伙协议另有约定外,合伙人向合伙人以外的人转让其在合伙企业中的全部或者部分财产份额时,须经其他合伙人一致同意。

合伙人之间转让在合伙企业中的全部或者部分财产份额时,应当通知其他合伙人。

《中华人民共和国合伙企业法》第二十三条 合伙人向合伙人以外的人转让其在合伙企业中的财产份额的,在同等条件下,其他合伙人有优先购买权;但是,合伙协议另有约定的除外。

《中华人民共和国合伙企业法》第二十四条 合伙人以外的人依法受让合伙人在合伙企业中的财产份额的,经修改合伙协议即成为合伙企业的合伙人,依照本法和修改后的合伙协议《合伙企业法》享有权利,履行义务。

《中华人民共和国合伙企业法》第二十五条 合伙人以其在合伙企业中的财产份额出质的,须经其他合伙人一致同意;未经其他合伙人一致同意,其行为无效,由此给善意第三人造成损失的,由行为人依法承担赔偿责任。

《中华人民共和国合伙企业法》第六十一条 有限合伙企业由二个以上五十个以下合伙人设立;但是,法律另有规定的除外。

有限合伙企业至少应当有一个普通合伙人。

《中华人民共和国合伙企业法》第六十四条 有限合伙人可以用货币、实物、知识产权、土地使用权或者其他财产权利作价出资。

有限合伙人不得以劳务出资。

《中华人民共和国合伙企业法》第六十八条 有限合伙人不执行合伙事务,不得对外代表有限合伙企业。

《中华人民共和国合伙企业法》第七十条 有限合伙人可以同本有限合伙企业进行交易;但是,合伙协议另有约定的除外。

《中华人民共和国合伙企业法》第七十一条 有限合伙人可以自营或者同他人

合作经营与本有限合伙企业相竞争的业务;但是,合伙协议另有约定的除外。

《中华人民共和国合伙企业法》第七十二条　有限合伙人可以将其在有限合伙企业中的财产份额出质;但是,合伙协议另有约定的除外。

《中华人民共和国合伙企业法》第七十三条　有限合伙人可以按照合伙协议的约定向合伙人以外的人转让其在有限合伙企业中的财产份额,但应当提前三十日通知其他合伙人。

(三) 公司

　　李某和王某毕业后为从事物流行业,成立一路顺风物流有限责任公司(以下简称物流公司),物流公司年底结算的时候发现公司主要债务人是乙公司和丙公司。乙公司是以零售业为主的有限责任公司,由张大和张二出资设立;丙公司由刘大一人设立;物流公司一直向乙、丙公司催收债务未成,乙、丙公司账面上没有资金。于是,物流公司向张大、张二和刘大追偿,但张大、张二和刘大认为自己只是股东,没有义务承担出资以外的债务。你认为张大、张二和刘大的说法正确吗? 为什么? 物流公司的债权如何实现?

1. 公司的类型

公司是指依法设立的、有独立的法人财产、以营利为目的的企业法人。公司是企业法人,有独立的法人财产,享有法人财产权。公司以其全部财产对公司的债务承担责任。在我国,公司分为有限责任公司和股份有限公司。

有限责任公司,又称有限公司,它是指根据法律规定的条件成立,由 50 个以下股东共同出资,并以认缴的出资额为限对公司的经营承担有限责任,按股份比例享受收益,公司以其全部资产对其债务承担责任的企业法人。

股份有限公司,又称股份公司。根据我国法律规定,股份有限公司是指其全部资本划分为等额股份,股东以认购的股份为限对公司承担责任,公司以其全部资产对公司的债务承担责任的企业法人。

2. 有限责任

无论是股份有限公司还是有限责任公司,均实行"有限责任"原则。

例如,张仁和王敏各出资 10 万元成立一个有限责任公司,经营过程中,公司对外负债 40 万元,此时公司仅剩 10 万元资产,那么公司先用 10 万元资产还债,即公司以其全部资产对公司的债务承担责任。张仁和王敏作为股东,投入的资金已经用于生产需要,故张仁和王敏不需要承担剩下的 30 万元债务,即有限责任公司股东以其认缴的出资额为限对公司承担有限责任。此时公司若无力偿还债务,只能申请破产清算。

3. 有限责任公司和股份有限公司的区别

公司作为企业法人,依法对其生产经营活动承担民事责任。有限责任公司与股份有限公司的主要差异见表 6-1。

表 6-1　有限责任公司与股份有限公司的差异

差异点	有限责任公司	股份有限公司
表决权及责任承担	股份不作等额划分,股东按照出资比例行使表决权(公司章程另有规定除外),以认缴的出资额为限对公司承担责任	股份公司的全部资本分为等额股份,股东出席股东大会会议,所持每一股份都有一表决权,股东以认购的股份为限对公司承担责任
设立方式	只能由发起人集资,不能向社会公开募集资金,也不能发行股票,不能上市	除了可以使用有限责任公司的发起设立方式,还可以向社会公开筹集资金或向特定对象募集而设立公司
股东人数限制	股东不得多于 50 人	必须有 2 人以上 200 人以下为发起人,股东人数无限制
组织机构设置规范化程度	比较简单、灵活,可以通过章程约定组织机构,可以只设 1 名执行董事、1 至 2 名监事,不设董事会、监事会	要求高,必须设立董事会、监事会,定期召开股东大会,而上市公司在股份公司的基础上,还要聘用外部独立董事
股权转让与股权的流动性	股东之间可以相互转让部分或全部股权,向股东以外的人转让股权时,必须经其他股东过半数同意。股权的流动性相对较弱	股票公开发行,转让不受限制,上市公司股票则流动性更高,融资能力更强
社会公开度	有限责任公司的生产、经营、财务状况,只需按公司章程规定向股东公开,供其查阅,无须对外公布,财务状况相对保密	要定期公布财务状况,上市公司要通过公共媒体向公众公布财务状况,相比较有限责任公司更难操作,公司财务状况也难以保密,更容易涉及信息披露、内幕交易等问题

4．一人能否成立公司

一人有限责任公司是有限责任公司的一种特殊表现形式,指只有一个自然人股东或者一个法人股东的有限责任公司。一人有限责任公司的设立和组织机构,适用一人有限责任公司的特别规定;没有规定的,适用有限责任公司的规定。《中华人民共和国公司法》第六十三条规定,一人有限责任公司的股东不能证明公司财产独立于股东自己的财产的,应当对公司债务承担连带责任。此条意在防止一人公司的唯一股东滥用公司独立人格和有限责任原则,增强对公司债权人的保护。

案例分析

案例中的乙公司是有限责任公司,当发生债务纠纷时,有限责任公司只承担有限责任,因此作为股东的张大、张二只承担出资范围内有限债务,而没有义务承担出资以外的债务。虽然丙公司是一人有限责任公司,但《中华人民共和国公司法》第六十三条规定,一人有限责任公司的股东不能证明公司财产独立于股东自己的财产的,应当对公司债务承担连带责任。因此,刘大需举证证明公司财产独立于自己的财产,否则应当对公司债务承担连带责任。

法条链接

《中华人民共和国公司法》第二条 本法所称公司是指依照本法在中国境内设立的有限责任公司和股份有限公司。

《中华人民共和国公司法》第三条 公司是企业法人,有独立的法人财产,享有法人财产权。公司以其全部财产对公司的债务承担责任。

有限责任公司的股东以其认缴的出资额为限对公司承担责任;股份有限公司的股东以其认购的股份为限对公司承担责任。

《中华人民共和国公司法》第二十四条 有限责任公司由五十个以下股东出资设立。

《中华人民共和国公司法》第五十七条 一人有限责任公司的设立和组织机构,适用本节规定;本节没有规定的,适用本章第一节、第二节的规定。

本法所称一人有限责任公司,是指只有一个自然人股东或者一个法人股东的有限责任公司。

《中华人民共和国公司法》第五十八条 一个自然人只能投资设立一个一人有限责任公司。该一人有限责任公司不能投资设立新的一人有限责任公司。

《中华人民共和国公司法》第五十九条 一人有限责任公司应当在公司登记中注明自然人独资或者法人独资,并在公司营业执照中载明。

《中华人民共和国公司法》第六十条 一人有限责任公司章程由股东制定。

《中华人民共和国公司法》第六十一条 一人有限责任公司不设股东会。股东作出本法第三十七条第一款所列决定时,应当采用书面形式,并由股东签名后置备于公司。

《中华人民共和国公司法》第六十二条 一人有限责任公司应当在每一会计年度终了时编制财务会计报告,并经会计师事务所审计。

《中华人民共和国公司法》第六十三条 一人有限责任公司的股东不能证明公司财产独立于股东自己的财产的,应当对公司债务承担连带责任。

《中华人民共和国公司法》第七十一条 有限责任公司的股东之间可以相互转让其全部或者部分股权。

股东向股东以外的人转让股权,应当经其他股东过半数同意。股东应就其股权转让事项书面通知其他股东征求同意,其他股东自接到书面通知之日起满三十日未答复的,视为同意转让。其他股东半数以上不同意转让的,不同意的股东应当购买该转让的股权;不购买的,视为同意转让。

经股东同意转让的股权,在同等条件下,其他股东有优先购买权。两个以上股东主张行使优先购买权的,协商确定各自的购买比例;协商不成的,按照转让时各自的出资比例行使优先购买权。

公司章程对股权转让另有规定的,从其规定。

《中华人民共和国公司法》第七十七条 股份有限公司的设立,可以采取发起设立或者募集设立的方式。

发起设立,是指由发起人认购公司应发行的全部股份而设立公司。

募集设立,是指由发起人认购公司应发行股份的一部分,其余股份向社会公开募集或者向特定对象募集而设立公司。

《中华人民共和国公司法》第七十八条 设立股份有限公司,应当有二人以上二百人以下为发起人,其中须有半数以上的发起人在中国境内有住所。

《中华人民共和国公司法》第一百三十七条 股东持有的股份可以依法转让。

《中华人民共和国公司法》第一百三十八条 股东转让其股份,应当在依法设立的证券交易场所进行或者按照国务院规定的其他方式进行。

《中华人民共和国公司法》第一百三十九条 记名股票,由股东以背书方式或者法律、行政法规规定的其他方式转让;转让后由公司将受让人的姓名或者名称及住所记载于股东名册。

股东大会召开前二十日内或者公司决定分配股利的基准日前五日内,不得进行前款规定的股东名册的变更登记。但是,法律对上市公司股东名册变更登记另有规定的,从其规定。

《中华人民共和国公司法》第一百四十条 无记名股票的转让,由股东将该股票交付给受让人后即发生转让的效力。

二、工商登记制度

 案例导学

李某大学毕业后想自主创业,成立一家服装贸易相关的有限责任公司,于是来到了学校创业梦工厂,咨询创业如何进行工商登记。你知道工商登记的流程有哪些吗?

(一)企业营业执照

工商登记是政府在对申请人进入市场的条件进行审查的基础上,通过注册登记确认申请者从事市场经营活动的资格,使其获得实际营业权的各项活动的总称。

企业营业执照是企业从事生产经营活动的证件。企业必须依法取得营业执照后方可进行生产经营活动。营业执照由企业登记主管机关核发。对具备法人条件的企业,颁发《企业法人营业执照》。对不具备法人条件的企业或企业分支机构,颁发《营业执照》。

企业营业执照分正本与副本,两者法律效力相同。企业营业执照正本为悬挂式,每个企业颁发一张,必须悬挂于企业住所的办公室内,或店堂中的明显位置。企业营业执照副本为折叠式,可携带外出,为进行生产经营等活动的凭证,可由企业根据实际需要数量,申请登记主管机关颁发。企业营业执照的正本与副本不得伪造、涂改、出租、出借、转让、出卖和擅自复印。企业营业执照除登记主管机关依照法定程序可以扣缴或者吊销外，其他任何单位和个人不得收缴、扣押、毁坏。企业遗失营业执照或其副本，必须登报声明后，方可申请补领。

（二）工商登记的流程

进行工商登记的第一步是选好经济组织形式，分别为个体工商户、个人独资企业、合伙企业和企业法人。假定我们选择有限责任公司，需要准备经营场所证明、公司章程等相关材料。经营场所证明可包括房屋租赁合同、房屋产权证明等。公司章程可在市场监督管理局网站下载"公司章程"的样本进行填写并由股东签字。财务人员会计上岗证可委托会计师事务所进行验资并出具财务人员会计上岗证。准备好上述材料后接下来分四步走，依次为企业名称预先核准登记、开业验资、前置审批、办理工商登记。

（1）企业名称自主申报。企业名称由行政区划名称、字号、行业或者经营特点、组织形式组成。跨省、自治区、直辖市经营的企业，其名称可以不含行政区划名称；跨行业综合经营的企业，其名称可以不含行业或者经营特点。2021 年 3 月 1 日实施的《企业名称登记管理规定》明确企业名称由"预先核准"改为"自主申报"，申请人可通过企业名称申报系统或者在窗口提交有关资料对预先拟定的名称进行比对，选取符合要求的企业名称。

（2）开业验资。验资是一项注册会计师法定审计业务，是指注册会计师依法接受委托，对被审验单位注册资本的实收情况或注册资本及实收资本的变更情况进行审验，并出具验资报告。《中华人民共和国公司法》由原来的实缴登记制变更为认缴登记制度，故如果成立有限责任公司，只需要在公司章程明确认缴数额即可，无需进行验资。

（3）前置审批。前置审批是指企业注册成立或者增加经营项目涉及需要政府部门审批的项目，必须经过有关部门的许可后方可注册成立或者开始经营，比如烟草等。

（4）办理工商登记。办理工商登记包括设立登记、变更登记、注销登记等，此处主要阐述设立登记。设立登记需向辖区内的市场监督管理局提出，提交材料包括：

①《公司登记（备案）申请书》。

②《指定代表或者共同委托代理人授权委托书》及指定代表或委托代理人的身份证件复印件。

③ 全体股东签署的公司章程。

④ 股东的主体资格证明或者自然人身份证件复印件。

⑤ 董事、监事和经理的任职文件（股东会决议由股东签署，董事会决议由公司董事签字）及身份证件复印件。

⑥ 法定代表人任职文件（股东会决议由股东签署，董事会决议由公司董事签字）及身份证件复印件。

⑦ 住所使用证明。

⑧《企业名称自主申报告知书》。

⑨ 法律、行政法规和国务院决定规定设立有限责任公司必须报经批准的，提交有关的批准文件或者许可证件复印件。

⑩ 公司申请登记的经营范围中有法律、行政法规和国务院决定规定必须在登记前报经批准的项目，提交有关批准文件或者许可证件的复印件。

最后企业营业执照的签发日期为公司成立的日期，公司可凭借《企业法人营业执照》刻制印章、办理组织机构代码证、开立银行账户、申请纳税登记。

案例分析

李某选择的经济组织形式是有限责任公司，可根据前述知识讲解，准备好经营场所证明、公司章程等相关材料。然后逐次做好企业名称预先核准登记、开业验资、前置审批、办理工商登记。

法条链接

《企业名称登记管理规定》第六条　企业名称由行政区划名称、字号、行业或者经营特点、组织形式组成。跨省、自治区、直辖市经营的企业，其名称可以不含行政区划名称；跨行业综合经营的企业，其名称可以不含行业或者经营特点。

《企业名称登记管理规定》第七条　企业名称中的行政区划名称应当是企业所在地的县级以上地方行政区划名称。市辖区名称在企业名称中使用时应当同时冠以其所属的设区的市的行政区划名称。开发区、垦区等区域名称在企业名称中使用时应当与行政区划名称连用，不得单独使用。

《企业名称登记管理规定》第八条　企业名称中的字号应当由两个以上汉字组成。

《企业名称登记管理规定》第十六条　企业名称由申请人自主申报。

申请人可以通过企业名称申报系统或者在企业登记机关服务窗口提交有关信息和材料，对拟定的企业名称进行查询、比对和筛选，选取符合本规定要求的企业名称。

申请人提交的信息和材料应当真实、准确、完整，并承诺因其企业名称与他人企业名称近似侵犯他人合法权益的，依法承担法律责任。

《中华人民共和国公司法》第二十六条　有限责任公司的注册资本为在公司登记机关登记的全体股东认缴的出资额。

法律、行政法规以及国务院决定对有限责任公司注册资本实缴、注册资本最低限额另有规定的，从其规定。

《中华人民共和国市场主体登记管理条例》第三条　市场主体应当依照本条例办理登记。未经登记,不得以市场主体名义从事经营活动。法律、行政法规规定无需办理登记的除外。

市场主体登记包括设立登记、变更登记和注销登记。

《中华人民共和国市场主体登记管理条例》第五条　国务院市场监督管理部门主管全国市场主体登记管理工作。

县级以上地方人民政府市场监督管理部门主管本辖区市场主体登记管理工作,加强统筹指导和监督管理。

《中华人民共和国市场主体登记管理条例》第八条　市场主体的一般登记事项包括:

(一)名称;

(二)主体类型;

(三)经营范围;

(四)住所或者主要经营场所;

(五)注册资本或者出资额;

(六)法定代表人、执行事务合伙人或者负责人姓名。

除前款规定外,还应当根据市场主体类型登记下列事项:

(一)有限责任公司股东、股份有限公司发起人、非公司企业法人出资人的姓名或者名称;

(二)个人独资企业的投资人姓名及居所;

(三)合伙企业的合伙人名称或者姓名、住所、承担责任方式;

(四)个体工商户的经营者姓名、住所、经营场所;

(五)法律、行政法规规定的其他事项。

《中华人民共和国市场主体登记管理条例》第四十三条　未经设立登记从事经营活动的,由登记机关责令改正,没收违法所得;拒不改正的,处1万元以上10万元以下的罚款;情节严重的,依法责令关闭停业,并处10万元以上50万元以下的罚款。

三、税务登记制度

大三学生李某于2022年3月在学校门口开了一家奶茶店,生意十分红火,2022年5月20日,李某突然收到一张1 000元的罚单,理由是李某未在规定的时间内到税务机关办理税务登记手续,同时税务机关对其下达了《责令改正通知书》,李某觉得自己很"冤",他认为自己已经完成了工商登记属合法经营。李某真的属合法经营吗?为什么?

（一）税务登记的范围

税务登记是税务机关依据税法规定，对纳税人的生产、经营活动进行登记管理的一项法定制度，也是纳税人依法履行纳税义务的法定手续。税务登记是整个税收征收管理的起点。税务登记种类包括：开业登记、变更登记、外出经营报验登记、注销登记等。本节主要讲述开业登记。

税务登记的范围具体如下：

（1）从事生产、经营的纳税人：企业，企业在外地设立的分支机构和从事生产、经营的场所，个体工商户和从事生产、经营的事业单位。

（2）非从事生产经营但依照规定负有纳税义务的单位和个人：第一项规定以外的纳税人，除国家机关、个人和无固定生产经营场所的流动性农村小商贩外。

（3）扣缴义务人：负有扣缴税款义务的扣缴义务人（国家机关除外），应当办理扣缴税款登记。享受减免税待遇的纳税人需要办理税务登记。

税务登记的用途非常广泛，比如办理开户许可证，纳税人领购发票，申请减税、免税、退税，申请办理延期申报，延期缴纳税款，申请开具外出经营活动税收管理证明，办理停业、歇业等均需要税务登记证件。

（二）税务登记的程序

企业，企业在外地设立的分支机构和从事生产、经营的场所，个体工商户和从事生产、经营的事业单位自领取工商营业执照之日起 30 日内，持有关证件，向税务机关申报办理税务登记。税务机关应当于收到申报的当日办理登记并发给税务登记证件及副本。工商行政管理机关应当将办理登记注册、核发营业执照的情况，定期向税务机关通报。

办理税务登记可以直接到税务机关办理，也可以按照规定采取邮寄、数据电文、网上登记或者其他方式进行申报。办理税务登记的机关为注册地主管税务机关办税服务大厅，所需资料包括章程复印件、法定代表人身份证复印件、办税人员和财务人员身份证复印件、股东身份证复印件、公章、营业执照复印件等，由于地区差异，进行纳税申报时务必要核实清楚，避免因缺少材料增加时间成本。

综上所述，纳税人领取了营业执照必须进行纳税申报。但在实践中，仍有部分纳税人存在认识误区，认为未达到起征点，不需要缴税，那么更不需要进行税务登记。还有部分纳税人存在侥幸心理，采取不办理来逃避税务监管。

📝 **案例分析**

《税务登记管理办法》第四十条规定，纳税人不办理税务登记的，税务机关应当自发现之日起 3 日内责令其限期改正；逾期不改正的，依照《中华人民共和国税收征管法》第六十条第一款的规定处罚。《中华人民共和国税收征收管理法》第六十条规定纳税人未按照规定的期限申报办理税务登记、变更或者注销登记的，由税务机关责令限期改正，可以处二千元以下的罚款；情节严重的，处二千元以上一万元以下的罚款。李某作为纳税人未按照法律规定进行税务登记，没有做到完全合法经营，所以税务机关下达《责令改正通知书》和罚单的做法是符合法律规定的。

法条链接

《税务登记管理办法》第二条　企业,企业在外地设立的分支机构和从事生产、经营的场所,个体工商户和从事生产、经营的事业单位,均应当按照《税收征管法》及《实施细则》和本办法的规定办理税务登记。

前款规定以外的纳税人,除国家机关、个人和无固定生产、经营场所的流动性农村小商贩外,也应当按照《税收征管法》及《实施细则》和本办法的规定办理税务登记。

根据税收法律、行政法规的规定负有扣缴税款义务的扣缴义务人(国家机关除外),应当按照《税收征管法》及《实施细则》和本办法的规定办理扣缴税款登记。

《税务登记管理办法》第六条　税务局(分局)执行统一纳税人识别号。纳税人识别号由省、自治区、直辖市和计划单列市税务局按照纳税人识别号代码行业标准联合编制,统一下发各地执行。

已领取组织机构代码的纳税人,其纳税人识别号共15位,由纳税人登记所在地6位行政区划码+9位组织机构代码组成。以业主身份证件为有效身份证明的组织,即未取得组织机构代码证书的个体工商户以及持回乡证、通行证、护照办理税务登记的纳税人,其纳税人识别号由身份证件号码+2位顺序码组成。

纳税人识别号具有唯一性。

《税务登记管理办法》第十一条　纳税人在申报办理税务登记时,应当根据不同情况向税务机关如实提供以下证件和资料:

(一)工商营业执照或其他核准执业证件;

(二)有关合同、章程、协议书;

(三)组织机构统一代码证书;

(四)法定代表人或负责人或业主的居民身份证、护照或者其他合法证件。

其他需要提供的有关证件、资料,由省、自治区、直辖市税务机关确定。

《中华人民共和国税收征收管理法》第三条　税收的开征、停征以及减税、免税、退税、补税,依照法律的规定执行;法律授权国务院规定的,依照国务院制定的行政法规的规定执行。

任何机关、单位和个人不得违反法律、行政法规的规定,擅自作出税收开征、停征以及减税、免税、退税、补税和其他同税收法律、行政法规相抵触的决定。

《中华人民共和国税收征收管理法》第十五条　企业,企业在外地设立的分支机构和从事生产、经营的场所,个体工商户和从事生产、经营的事业单位(以下统称从事生产、经营的纳税人)自领取营业执照之日起三十日内,持有关证件,向税务机关申报办理税务登记。税务机关应当于收到申报的当日办理登记并发给税务登记证件。

工商行政管理机关应当将办理登记注册、核发营业执照的情况,定期向税务机关通报。

本条第一款规定以外的纳税人办理税务登记和扣缴义务人办理扣缴税款登记的范围和办法,由国务院规定。

《中华人民共和国税收征收管理法》第十六条　从事生产、经营的纳税人,税务登记内容发生变化的,自工商行政管理机关办理变更登记之日起三十日内或者在向工商行政管理机关申请办理注销登记之前,持有关证件向税务机关申报办理变更或者注销税务登记。

《中华人民共和国税收征收管理法》第六十条 纳税人有下列行为之一的,由税务机关责令限期改正,可以处二千元以下的罚款;情节严重的,处二千元以上一万元以下的罚款:

(一)未按照规定的期限申报办理税务登记、变更或者注销登记的;

(二)未按照规定设置、保管账簿或者保管记账凭证和有关资料的;

(三)未按照规定将财务、会计制度或者财务、会计处理办法和会计核算软件报送税务机关备查的;

(四)未按照规定将其全部银行账号向税务机关报告的;

(五)未按照规定安装、使用税控装置,或者损毁或者擅自改动税控装置的。

纳税人不办理税务登记的,由税务机关责令限期改正;逾期不改正的,经税务机关提请,由工商行政管理机关吊销其营业执照。

纳税人未按照规定使用税务登记证件,或者转借、涂改、损毁、买卖、伪造税务登记证件的,处二千元以上一万元以下的罚款;情节严重的,处一万元以上五万元以下的罚款。

《中华人民共和国税收征收管理法实施细则》第十八条 除按照规定不需要发给税务登记证件的外,纳税人办理下列事项时,必须持税务登记证件:

(一)开立银行账户;

(二)申请减税、免税、退税;

(三)申请办理延期申报、延期缴纳税款;

(四)领购发票;

(五)申请开具外出经营活动税收管理证明;

(六)办理停业、歇业;

(七)其他有关税务事项。

《中华人民共和国税收征收管理法实施细则》第三十条 税务机关应当建立、健全纳税人自行申报纳税制度。纳税人、扣缴义务人可以采取邮寄、数据电文方式办理纳税申报或者报送代扣代缴、代收代缴税款报告表。

数据电文方式,是指税务机关确定的电话语音、电子数据交换和网络传输等电子方式。

《中华人民共和国税收征收管理法实施细则》第三十四条 纳税人办理纳税申报时,应当如实填写纳税申报表,并根据不同的情况相应报送下列有关证件、资料:

(一)财务会计报表及其说明材料;

(二)与纳税有关的合同、协议书及凭证;

(三)税控装置的电子报税资料;

(四)外出经营活动税收管理证明和异地完税凭证;

(五)境内或者境外公证机构出具的有关证明文件;

(六)税务机关规定应当报送的其他有关证件、资料。

四、税收法律制度

> 天天乐公司生产儿童玩具,2022年年底经过结算得知,全年收入总额为5 000万元,公司支出如下:购买原材料1 000万元;设备租赁费500万元;该公司因为经营状况良好,投资了一项国家重点扶持的高速公路项目,当地政府对高速公路项目提供了10万元的财政补贴。请问,该公司2022年的应纳税额是多少?

税种指具体税收种类,是基本的税收单元。按征税对象不同,税收可以划分为货物劳务税、所得税、资源税和财产行为税。所得税是指以各种所得额为征税对象的税收,主要包括个人所得税和企业所得税。

征税要贯彻税收法定原则。根据现行法律规定,个人独资企业和合伙企业不是企业所得税的纳税人。个人独资企业是由一个自然人投资经营的,不是“企业制”经济组织,按法律规定不需要缴纳企业所得税,其经营所得归个人所有,个人独资企业的投资人要缴纳个人所得税。合伙企业的合伙人如果是个人的,也应当缴纳个人所得税,如果合伙人是法人和其他组织的,则应当缴纳企业所得税。

(一)个人所得税

居民个人的综合所得,以每一纳税年度的收入额减除费用六万元以及专项扣除、专项附加扣除和依法确定的其他扣除后的余额,为应纳税所得额。

应纳税所得额＝收入额－费用－专项扣除－专项附加扣除－其他扣除

(1)费用也就是我们所说的“生计费”,每一纳税年度费用扣除限额为六万元。

(2)专项扣除即“三险一金”居民个人按照国家规定的范围和标准缴纳的基本养老保险、基本医疗保险、失业保险等社会保险费和住房公积金等。

(3)专项附加扣除包括子女教育、继续教育、大病医疗、住房贷款利息或者住房租金、赡养老人等支出,具体范围、标准和实施步骤由国务院确定,并报全国人民代表大会常务委员会备案。具体标准可检索2019年1月1日国务院印发《个人所得税专项附加扣除暂行办法》。

(4)公益捐赠的扣除,个人将其所得对教育、扶贫、济困等公益慈善事业进行捐赠,捐赠额未超过纳税人申报的应纳税所得额30%的部分,可以从其应纳税所得额中扣除。

(二)企业所得税

不同于个人独资企业的投资人和合伙企业的自然人及合伙人缴纳个人所得税,有限责任公司和股份有限公司需要缴纳企业所得税,其股东需要对其取得的利息、股息、红利所得缴纳个人所得税。企业所得税是以企业在一定期间内纯所得为征税对象的一种税。如果我们设立一个公司,我们想知道我们需要缴纳多少企业所得税,那么就需要了解应纳税所得额和应纳税额这两个概念。根据《中华人民共和国企业所得税法》的规定,企业应纳税额的计算公示如下:

$$应纳税所得额＝收入总额－不征税收入－免税收入－各项扣除－$$
$$允许弥补的以前年度亏损$$

$$应纳税额＝应纳税所得额×税率－减免税额－抵免税额$$

$$所以,应纳税额＝应纳税所得额×税率－减免税额－抵免税额$$
$$＝(收入总额－不征税收入－免税收入－各项扣除－$$
$$允许弥补的以前年度亏损)×税率－减免税额－抵免税额$$

其中企业所得税的税率为 25％,内外资企业统一。符合条件的小型微利企业,减按 20％的税率征收企业所得税。国家需要重点扶持的高新技术企业,减按 15％的税率征收企业所得税。

案例分析

案例中 5 000 万元属于收入总额,购买原材料 1 000 万元和设备租赁费 500 万元属于各项扣除,根据《中华人民共和国企业所得税法》第七条规定,10 万元财政拨款属于不征税收入。

天天乐公司的应纳税额＝(5 000－1 000－500－10)×25％＝872.5(万元)

法条链接

《国务院关于个人独资企业和合伙企业征收所得税问题的通知》自 2000 年 1 月 1 日起,对个人独资企业和合伙企业停止征收企业所得税,其投资者的生产经营所得,比照个体工商户的生产、经营所得征收个人所得税。

《财政部国家税务总局关于合伙企业合伙人所得税问题的通知》合伙企业以每一个合伙人为纳税义务人。合伙企业合伙人是自然人的,缴纳个人所得税;合伙人是法人和其他组织的,缴纳企业所得税。

《中华人民共和国企业所得税法》第一条　在中华人民共和国境内,企业和其他取得收入的组织(以下统称企业)为企业所得税的纳税人,依照本法的规定缴纳企业所得税。

个人独资企业、合伙企业不适用本法。

《中华人民共和国企业所得税法》第四条　企业所得税的税率为 25％。

非居民企业取得本法第三条第三款规定的所得,适用税率为 20％。

《中华人民共和国企业所得税法》第五条　企业每一纳税年度的收入总额,减除不征税收入、免税收入、各项扣除以及允许弥补的以前年度亏损后的余额,为应纳税所得额。

《中华人民共和国企业所得税法》第七条　收入总额中的下列收入为不征税收入:

(一)财政拨款;

(二)依法收取并纳入财政管理的行政事业性收费、政府性基金;

(三)国务院规定的其他不征税收入。

《中华人民共和国企业所得税法》第二十二条　企业的应纳税所得额乘以适用税率，减除依照本法关于税收优惠的规定减免和抵免的税额后的余额，为应纳税额。

《中华人民共和国企业所得税法》第二十八条　符合条件的小型微利企业，减按20％的税率征收企业所得税。

国家需要重点扶持的高新技术企业，减按15％的税率征收企业所得税。

《中华人民共和国个人所得税法》第一条　在中国境内有住所，或者无住所而一个纳税年度内在中国境内居住累计满一百八十三天的个人，为居民个人。居民个人从中国境内和境外取得的所得，依照本法规定缴纳个人所得税。

在中国境内无住所又不居住，或者无住所而一个纳税年度内在中国境内居住累计不满一百八十三天的个人，为非居民个人。非居民个人从中国境内取得的所得，依照本法规定缴纳个人所得税。

纳税年度，自公历一月一日起至十二月三十一日止。

《中华人民共和国个人所得税法》第二条　个人所得税的税率：

（一）综合所得，适用百分之三至百分之四十五的超额累进税率；

（二）经营所得，适用百分之五至百分之三十五的超额累进税率；

（三）利息、股息、红利所得，财产租赁所得，财产转让所得和偶然所得，适用比例税率，税率为百分之二十。

《中华人民共和国个人所得税法》第四条　下列各项个人所得，免征个人所得税：

（一）省级人民政府、国务院部委和中国人民解放军军以上单位，以及外国组织、国际组织颁发的科学、教育、技术、文化、卫生、体育、环境保护等方面的奖金；

（二）国债和国家发行的金融债券利息；

（三）按照国家统一规定发给的补贴、津贴；

（四）福利费、抚恤金、救济金；

（五）保险赔款；

（六）军人的转业费、复员费、退役金；

（七）按照国家统一规定发给干部、职工的安家费、退职费、基本养老金或者退休费、离休费、离休生活补助费；

（八）依照有关法律规定应予免税的各国驻华使馆、领事馆的外交代表、领事官员和其他人员的所得；

（九）中国政府参加的国际公约、签订的协议中规定免税的所得；

（十）国务院规定的其他免税所得。

前款第十项免税规定，由国务院报全国人民代表大会常务委员会备案。

《中华人民共和国个人所得税法》第五条　有下列情形之一的，可以减征个人所得税，具体幅度和期限，由省、自治区、直辖市人民政府规定，并报同级人民代表大会常务委员会备案：

（一）残疾、孤老人员和烈属的所得；

（二）因自然灾害遭受重大损失的。

国务院可以规定其他减税情形，报全国人民代表大会常务委员会备案。

《中华人民共和国个人所得税法》第六条 应纳税所得额的计算：

（一）居民个人的综合所得，以每一纳税年度的收入额减除费用六万元以及专项扣除、专项附加扣除和依法确定的其他扣除后的余额，为应纳税所得额。

（二）非居民个人的工资、薪金所得，以每月收入额减除费用五千元后的余额为应纳税所得额；劳务报酬所得、稿酬所得、特许权使用费所得，以每次收入额为应纳税所得额。

（三）经营所得，以每一纳税年度的收入总额减除成本、费用以及损失后的余额，为应纳税所得额。

（四）财产租赁所得，每次收入不超过四千元的，减除费用八百元；四千元以上的，减除百分之二十的费用，其余额为应纳税所得额。

（五）财产转让所得，以转让财产的收入额减除财产原值和合理费用后的余额，为应纳税所得额。

（六）利息、股息、红利所得和偶然所得，以每次收入额为应纳税所得额。

劳务报酬所得、稿酬所得、特许权使用费所得以收入减除百分之二十的费用后的余额为收入额。稿酬所得的收入额减按百分之七十计算。

个人将其所得对教育、扶贫、济困等公益慈善事业进行捐赠，捐赠额未超过纳税人申报的应纳税所得额百分之三十的部分，可以从其应纳税所得额中扣除；国务院规定对公益慈善事业捐赠实行全额税前扣除的，从其规定。

本条第一款第一项规定的专项扣除，包括居民个人按照国家规定的范围和标准缴纳的基本养老保险、基本医疗保险、失业保险等社会保险费和住房公积金等；专项附加扣除，包括子女教育、继续教育、大病医疗、住房贷款利息或者住房租金、赡养老人等支出，具体范围、标准和实施步骤由国务院确定，并报全国人民代表大会常务委员会备案。

思考题6-1

实训练习6-1

第二节 企业合同法律常识

一、合同的订立

> 李某大学毕业后在 A 县经营一家水果销售公司，因市场西瓜脱销，李欣向隔壁县城的某瓜农发出一份西瓜收购信息："因持续高温，市场西瓜脱销，我公司计划收购两车西瓜，如果有现货请及时与本公司沟通相关细节。"某瓜农收到信息后，立即发出两车西瓜至 A 县水果销售公司。双方未签订书面合同，后因双方未就价格协商好而产生纠纷。瓜农认为双方未就价格达成一致，合同并未成立。瓜农的说法是否正确？

（一）合同订立的形式和程序

合同的订立是指缔约当事人相互为意思表示并达成合意而成立了合同。"订"和"立"是不同的概念。"订"强调磋商和讨价还价的过程，而"立"强调缔约的结果，双方当事人就合同的主要条款达成一致即合同成立。

当事人订立合同，可以采用书面形式、口头形式或者其他形式。书面形式和口头形式在这里不做赘述，在我们实际生活中，比如向公交车投币乘车、向自动售卖机投币买饮料等行为也属于合同订立的行为。

合同订立的过程分为要约和承诺两个阶段。要约是当事人一方向他方提出订立合同的建议。要约中要有与对方订立合同的意愿和合同应有的主要条款、要求对方作出答复的期限等内容。例如，我们去超市买东西的时候看到货架的饮料以及标签（标注产品信息及价格）就属于要约。承诺也称接受订约提议，是当事人一方完全同意要约方提出要约的主要内容和条件的答复。要约人收到承诺时，双方就要订立合同。比如买了超市的饮料去结账就属于承诺。

（二）合同的条款

合同的内容由当事人约定，根据《中华人民共和国民法典》的规定一般包括下列条款：

1. 当事人的姓名或者名称和住所

如果是个人，需要注明姓名、性别、身份证号码、住所地、联系方式等；如果是公司，需要注明名称、法定代表人及其职位、统一社会信用代码、住所地、联系方式等。

2. 标的

标的，指合同当事人权利义务所共同指向的对象。标的不同于标的物，例如：买卖车辆合同的标的物就是车辆信息，合同标的物需要明确详细，如规格或型号等信息都需要标明。

3. 数量

标的物的数量要确切。首先应选择双方共同接受的计量单位；其次要确定双方认可的计量方法；再次应允许规定合理的磅差或尾差。标的物的数量为合同的主要条款。

4. 质量

如有行业标准或国家标准的需要标明，避免以后产生争议。

5. 价款或者报酬

需要列明价款支付的时间、方式、税率等价款支付的方式，可以约定一次性支付、分期支付、现金支付、银行转账等，若采取银行转账方式，则需要列明双方的账户信息，账户信息包括开户银行、户名、账号。

6. 履行期限、地点和方式

履行的期限、地点、方式若能通过有关方式推定，则即使欠缺它们也不影响合同成立。

7. 违约责任

许多合同约定"在合同履行过程中，一方违约的，应承担违约责任。"这样笼统的表述,并不能确定违约方具体应如何承担违约责任,所以应当约定明确双方的违约金额,可以表述为定额违约金(具体的金额)或者变量违约金(标的额的百分之多少)。

8.解决争议的方法

尤其要注意标明解决争议的机构所在地。比如,是在甲方还是乙方所在地法院? 选择对自己最方便、最有利的管辖机构,对于纠纷出现后减少诉讼成本非常关键。

尽管《中华人民共和国民法典》第四百七十条列举了一般合同中应当包括的主要条款,但不同的合同往往有不同的主要条款,这是由合同的性质和类型所决定的,不同类型的合同对主要条款的要求有所不同,在《中华人民共和国民法典》中还有一些其他规定,明确了不同类型的合同中包括的主要条款,比如,借款合同的内容一般包括借款种类、币种、用途、数额、利率、期限和还款方式等条款。

案例分析

李某与瓜农之间拟订立西瓜买卖合同,根据《中华人民共和国民法典》第五百九十六条规定,买卖合同的内容一般包括标的物的名称、数量、质量、价款、履行期限、履行地点和方式、包装方式、检验标准和方法、结算方式、合同使用的文字及其效力等条款。李某向瓜农发出的信息中并没有价款等主要条款。要约中要有与对方订立合同的意愿和合同应有的主要条款、要求对方作出答复的期限等内容,而李欣发出的信息并非要约,不符合合同订立的程序,所以该合同不成立,瓜农说法正确。

法条链接

《中华人民共和国民法典》第四百六十九条　当事人订立合同,可以采用书面形式、口头形式或者其他形式。

书面形式是合同书、信件、电报、电传、传真等可以有形地表现所载内容的形式。

以电子数据交换、电子邮件等方式能够有形地表现所载内容,并可以随时调取查用的数据电文,视为书面形式。

《中华人民共和国民法典》第四百七十条　合同的内容由当事人约定,一般包括下列条款:

(一)当事人的姓名或者名称和住所;

(二)标的;

(三)数量;

(四)质量;

(五)价款或者报酬;

(六)履行期限、地点和方式;

（七）违约责任；

（八）解决争议的方法。

当事人可以参照各类合同的示范文本订立合同。

《中华人民共和国民法典》第四百七十一条　当事人订立合同，可以采取要约、承诺方式或者其他方式。

《中华人民共和国民法典》第四百七十二条　要约是希望与他人订立合同的意思表示，该意思表示应当符合下列条件：

（一）内容具体确定；

（二）表明经受要约人承诺，要约人即受该意思表示约束。

《中华人民共和国民法典》第四百七十三条　要约邀请是希望他人向自己发出要约的表示。拍卖公告、招标公告、招股说明书、债券募集办法、基金招募说明书、商业广告和宣传、寄送的价目表等为要约邀请。

商业广告和宣传的内容符合要约条件的，构成要约。

《中华人民共和国民法典》第五百九十六条　买卖合同的内容一般包括标的物的名称、数量、质量、价款、履行期限、履行地点和方式、包装方式、检验标准和方法、结算方式、合同使用的文字及其效力等条款。

《中华人民共和国民法典》第六百六十八条　借款合同应当采用书面形式，但是自然人之间借款另有约定的除外。

借款合同的内容一般包括借款种类、币种、用途、数额、利率、期限和还款方式等条款。

二、定金与订金

 案例导学

李某在逛街时看到一个手机店在预售一款名为"星光灿烂"的手机，预售价格5 000元。李某看到预购的人特别多，于是也做了预购登记并支付了1 500元的定金，随后收到店员打的一个"定金"收据，并在收款人处签了自己名字，加盖了店面印章并约定第二天来取。

回到家后李某越想越觉得自己的行为属于冲动消费，现在手机价格太贵，应该等降价再买。第二天李某打算找手机店退还预付的1 500元，结果导购却说，不买的话定金退不了。后李某与手机店发生争议。请问，李某能否主张退回定金？

（一）定金

定金是合同当事人为确保合同的订立、生效或履行等而自愿约定的一种担保形式，是违约责任承担的方式之一。《中华人民共和国民法典》对定金的履行规则做了明确的规定，在给付定金一方导致合同不能履行时，其已交付的定金是不予返还的；如是收受定金一方导致合同无法履行，则应双倍返还已收定金，这就是定金罚则。在我国损害赔偿适用"填平原则",如果定金补偿不足以补偿损失的,超过部分的损失也可以继续主张。

法律规定定金和违约金不能并处,即合同中既约定了定金条款又约定了违约金条款的,只能选择一个进行主张。定金是实践合同,以实际交付为成立要件,只有交付,定金合同才成立,这区别于达成合意就成立的合同。

《中华人民共和国民法典》对定金的数额有强制性规定,最高限额不得超过主合同标的额的20％,超出部分一般视为预付款;定金合同的约定的方式必须是书面形式,如果只是口头约定则无效。

（二）订金

订金,只是单方行为,不具有与"定金"相同的担保性质,也就是我们常说的预付款。不管是哪一方造成合同不能履行,给付订金一方都可以主张全额返还。订金可以全额主张,不代表不承担违约责任。

实践中,订金应尽量采用书面形式约定。为了交易安全,交付款项的一方应要求收受方出示书面的收款证明,以维护己方的合法权益。订金只是一种预付款,建议交付订金数额不宜过大。实际交付不宜过早,合同成立之前最好不交付订金。

📝 案例分析

案例中李某与手机店签订了书面的定金合同并交付了定金,所以定金合同成立。另外定金不能超过主合同标的(5 000元)的20％,即双方的定金最多可约定1 000元。案例中双方约定了1 500元定金,其中1 000元适用于定金罚则金,500元不适用定金罚则。所以李某支付的1 000元由于自身违约适用定金罚则不能主张返还,支付的500元视为预付款可以主张返还。

⚖ 法条链接

《中华人民共和国民法典》第五百八十六条　当事人可以约定一方向对方给付定金作为债权的担保。定金合同自实际交付定金时成立。

定金的数额由当事人约定;但是,不得超过主合同标的额的百分之二十,超过部分不产生定金的效力。

《中华人民共和国民法典》第五百八十七条　债务人履行债务的,定金应当抵作价款或者收回。给付定金的一方不履行债务或者履行债务不符合约定,致使不能实现合同目的的,无权请求返还定金;收受定金的一方不履行债务或者履行债务不符合约定,致使不能实现合同目的的,应当双倍返还定金。

《中华人民共和国民法典》第五百八十八条　当事人既约定违约金,又约定定金的,一方违约时,对方可以选择适用违约金或者定金条款。

定金不足以弥补一方违约造成的损失的,对方可以请求赔偿超过定金数额的损失。

三、合同解除

 案例导学

　　范某大学毕业后在 A 县经营一家水果销售公司,由于 B 县是有名的"西瓜之乡",2022 年 5 月,范某与 B 县瓜农张大签订了一份购销合同,约定水果销售公司购买张大的西瓜 1 万斤,每斤售价 1 元,约定 2022 年 5 月 30 日前交货。水果销售公司准备在 6 月初开始销售,但是 5 月 30 日履行期限届满时,瓜农张大仍未交货。水果销售公司是否可以直接通知瓜农张大解除合同?

　　(一)合同解除的类型

　　合同解除是指合同有效成立后,当解除的条件具备时,因当事人一方或者双方的意思表示,使合同关系消灭的行为。

　　1.协议解除与单方解除

　　(1)协议解除指合同生效后,双方当事人通过达成协议而使合同效力归于消灭的法律行为。

　　(2)单方解除指合同生效后,一方当事人行使其解除权而使合同效力归于消灭的民事法律行为。

　　2.约定解除和法定解除

　　(1)约定解除指当事人以合同形式,约定一方或者双方保留解除权的解除方式。

　　(2)法定解除指合同解除的条件由法律规定直接加以规定。法定解除的情形遵守《中华人民共和国民法典》第五百六十三条的规定。

　　(二)合同解除的程序

　　1.解除权人以通知的方式行使解除权

　　(1)解除权人在行使解除权时,只要将解除合同的意思通知对方,即产生解除合同的效力,合同自通知到达对方时解除。

　　(2)解除权人在通知中载明债务人在一定期限内不履行债务则合同自动解除,债务人在该期限内不履行债务,合同自通知载明的期限届满时即产生解除的效力。

　　2.解除权人以公力救济的方式行使解除权

　　当事人一方未通知对方,直接以提起诉讼或者申请仲裁的方式依法主张解除合同,人民法院或者仲裁机构确认该主张的,合同自起诉状副本或者仲裁申请书副本送达对方时解除。

案例分析

　　根据《中华人民共和国民法典》第五百六十三条第一款第四项的规定,当事人一方迟延履行债务或者有其他违约行为致使不能实现合同目的,当事人可以解除合同。案例中双方约定 5 月 30 日交货,但是瓜农张大未交货已经影响到水果销售公司 6 月初的售卖,致使合同目的无法实现。故水果销售公司可以行使法定解除权。合同解除的程序可以采取直接通知的形式,通知到达对方时生效。

法条链接

《中华人民共和国民法典》第五百六十二条　当事人协商一致,可以解除合同。

当事人可以约定一方解除合同的事由。解除合同的事由发生时,解除权人可以解除合同。

《中华人民共和国民法典》第五百六十三条　有下列情形之一的,当事人可以解除合同:

(一)因不可抗力致使不能实现合同目的;

(二)在履行期限届满前,当事人一方明确表示或者以自己的行为表明不履行主要债务;

(三)当事人一方迟延履行主要债务,经催告后在合理期限内仍未履行;

(四)当事人一方迟延履行债务或者有其他违约行为致使不能实现合同目的;

(五)法律规定的其他情形。

以持续履行的债务为内容的不定期合同,当事人可以随时解除合同,但是应当在合理期限之前通知对方。

《中华人民共和国民法典》第五百六十四条　法律规定或者当事人约定解除权行使期限,期限届满当事人不行使的,该权利消灭。

法律没有规定或者当事人没有约定解除权行使期限,自解除权人知道或者应当知道解除事由之日起一年内不行使,或者经对方催告后在合理期限内不行使的,该权利消灭。

《中华人民共和国民法典》第五百六十五条　当事人一方依法主张解除合同的,应当通知对方。合同自通知到达对方时解除;通知载明债务人在一定期限内不履行债务则合同自动解除,债务人在该期限内未履行债务的,合同自通知载明的期限届满时解除。对方对解除合同有异议的,任何一方当事人均可以请求人民法院或者仲裁机构确认解除行为的效力。

当事人一方未通知对方,直接以提起诉讼或者申请仲裁的方式依法主张解除合同,人民法院或者仲裁机构确认该主张的,合同自起诉状副本或者仲裁申请书副本送达对方时解除。

《中华人民共和国民法典》第五百六十六条　合同解除后,尚未履行的,终止履行;已经履行的,根据履行情况和合同性质,当事人可以请求恢复原状或者采取其他补救措施,并有权请求赔偿损失。

合同因违约解除的,解除权人可以请求违约方承担违约责任,但是当事人另有约定的除外。

主合同解除后,担保人对债务人应当承担的民事责任仍应当承担担保责任,但是担保合同另有约定的除外。

思考题6-2

实训练习6-2

第三节 企业产品与宣传法律常识

一、消费者权利与保护

 案例导学

　　李某和张某大学毕业后在 A 县经营一家商贸公司,商贸公司蒸蒸日上,端午节前,两个人决定给亲戚朋友送点水果感谢他们在创业初期对自己的支持,于是李某在某网站购买了数箱水果,准备送给亲戚朋友,没想到张某也购买了同品牌的水果数箱,这下李某和张某发了愁,这么多水果放着什么时候才能吃完呢? 于是他们想到了退货。张某联系网店店主表明要退货,店主却拒绝了张某,店主称:"我们不是七日无条件退换货的店,在小店购物不退不换。"请问,张某能否申请退货?

　　消费者为生活消费需要购买、使用商品或者接受服务,经营者为消费者提供其生产、销售的商品或者提供服务,都应当受到《中华人民共和国消费者权益保护法》的调整。

(一) 消费者的权利

1. 安全保障权

消费者在购买、使用商品和接受服务时享有人身、财产安全不受损害的权利。消费者有权要求经营者提供的商品和服务符合保障人身、财产安全的要求。

2. 知情权

消费者享有知悉其购买、使用的商品或者接受的服务的真实情况的权利。消费者有权根据商品或者服务的不同情况,要求经营者提供商品的价格、产地、生产者、用途、性能、规格、等级、主要成分、生产日期、有效期限、检验合格证明、使用方法说明书、售后服务、服务的内容、规格、费用等有关情况。

3. 自主选择权

消费者有权自主选择提供商品或者服务的经营者,自主选择商品品种或者服务方式,自主决定购买或者不购买任何一种商品、接受或者不接受任何一项服务。消费者在自主选择商品或者服务时,有权进行比较、鉴别和挑选。

4. 公平交易权

消费者在购买商品或者接受服务时,有权获得质量保障、价格合理、计量正确等公平交易条件。有权拒绝经营者的强制交易行为。

5. 获得赔偿权

消费者因购买、使用商品或者接受服务受到人身、财产损害的,享有依法获得赔偿的权利。

6. 结社权

消费者享有依法成立维护自身合法权益的社会组织的权利。

7. 获得知识权

消费者享有获得有关消费和消费者权益保护方面的知识的权利。消费者应当努力掌握所需商品或者服务的知识和使用技能，正确使用商品，提高自我保护意识。

8. 受尊重权

消费者在购买、使用商品和接受服务时，享有人格尊严、民族风俗习惯得到尊重的权利。

9. 监督权

消费者享有对商品和服务以及保护消费者权益工作进行监督的权利。消费者有权检举、控告侵害消费者权益的行为和国家机关及其工作人员在保护消费者权益工作中的违法失职行为，有权对保护消费者权益工作提出批评、建议。

10. 个人信息权

个人信息权又称消费者隐私权，私人信息不被非法采集、非法披露的权利。

（二）七天无理由退换

企业经营者主要的义务有：依法经营和诚信经营，接受监督，安全保障，提供真实信息，标明其真实名称和标记，出具单据，质量保证，退货、更换、修理，正确使用格式条款，不得侵犯消费者人格权，尊重消费者信息自由等。

经营者采用网络、电视、电话、邮购等方式销售商品，消费者有权自收到商品之日起 7 日内退货，且无需说明理由。但下列商品除外：①消费者定做的；②鲜活易腐的；③在线下载或者消费者拆封的音像制品、计算机软件等数字化商品；④交付的报纸、期刊。其他根据商品性质并经消费者在购买时确认不宜退货的商品，不适用无理由退货。消费者退货的商品应当完好。经营者应当自收到退回商品之日起 7 日内返还消费者支付的商品价款。退回商品的运费由消费者承担；经营者和消费者另有约定的，按照约定。

📝 **案例分析**

案例中，网店采用网络、电视、电话、邮购等方式销售水果，水果属于法律规定的不适用无理由退货的商品。所以张某无权自收到商品之日起 7 日内退货。

⚖️ **法条链接**

《中华人民共和国产品质量法》第二十六条　生产者应当对其生产的产品质量负责。

产品质量应当符合下列要求：

（一）不存在危及人身、财产安全的不合理的危险，有保障人体健康和人身、财产安全的国家标准、行业标准的，应当符合该标准；

（二）具备产品应当具备的使用性能，但是，对产品存在使用性能的瑕疵作出说明的除外；

（三）符合在产品或者其包装上注明采用的产品标准，符合以产品说明、实物样品等方式表明的质量状况。

《中华人民共和国产品质量法》第四十九条　生产、销售不符合保障人体健康和人身、财产安全的国家标准、行业标准的产品的，责令停止生产、销售，没收违法生产、销售的产品，并处违法生产、销售产品（包括已售出和未售出的产品，下同）货值金额等值以上三倍以下的罚款；有违法所得的，并处没收违法所得；情节严重的，吊销营业执照；构成犯罪的，依法追究刑事责任。

《中华人民共和国产品质量法》第五十条　在产品中掺杂、掺假，以假充真，以次充好，或者以不合格产品冒充合格产品的，责令停止生产、销售，没收违法生产、销售的产品，并处违法生产、销售产品货值金额百分之五十以上三倍以下的罚款；有违法所得的，并处没收违法所得；情节严重的，吊销营业执照；构成犯罪的，依法追究刑事责任。

《中华人民共和国消费者权益保护法》第四十八条　经营者提供商品或者服务有下列情形之一的，除本法另有规定外，应当依照其他有关法律、法规的规定，承担民事责任：

（一）商品或者服务存在缺陷的；

（二）不具备商品应当具备的使用性能而出售时未作说明的；

（三）不符合在商品或者其包装上注明采用的商品标准的；

（四）不符合商品说明、实物样品等方式表明的质量状况的；

（五）生产国家明令淘汰的商品或者销售失效、变质的商品的；

（六）销售的商品数量不足的；

（七）服务的内容和费用违反约定的；

（八）对消费者提出的修理、重作、更换、退货、补足商品数量、退还货款和服务费用或者赔偿损失的要求，故意拖延或者无理拒绝的；

（九）法律、法规规定的其他损害消费者权益的情形。

经营者对消费者未尽到安全保障义务，造成消费者损害的，应当承担侵权责任。

二、企业食品安全法律常识

案例一：李某经常在张大经营的小吃店吃早餐，这天两个人无意聊起来油条的制作过程，张大说："为追求口感，我们制作油条的时候会添加食用明矾。"李某想到明矾中含铝，好意提醒张大注意用量，否则可能会被处罚，张大没有在意。后来，市场监督管理局执法人员对其加工销售的油条进行现场监督抽验，检测出其铝的残留量为 1 020 mg/kg，不符合《食品安全国家标准食品添加剂使用标准》中规定的铝的残留量小于或等于 100 mg/kg 的要求，检验结论为不合格。请问，张大将会面临哪些处罚？

案例二：李女士在某超市购买了5箱牛奶，单价为每箱45元，李女士共支付225元。李女士回家后看到食品包装的标签上显示的生产日期和保质期，发现5箱牛奶均已过保质期。李女士认为超市的行为损害了自身的合法权益，要求超市赔偿2250元，李女士的诉求能否得到支持，为什么？

（一）食品经营者标签、广告、产品说明书应当标注的内容

预包装食品是指把预先称量好的食品包装好或者装入包装食品的袋子或者容器之中，可以直接提供给消费者的食品，比如：在超市售卖的薯片、方便面等。预包装食品的包装上应当有标签。标签应当标明下列事项：名称、规格、净含量、生产日期；成分或者配料表；生产者的名称、地址、联系方式；保质期；产品标准代号；贮存条件；所使用的食品添加剂在国家标准中的通用名称；生产许可证编号；法律、法规或者食品安全标准规定应当标明的其他事项。

食品经营者销售散装食品，应当在散装食品的容器、外包装上标明食品的名称、生产日期或者生产批号、保质期，以及生产经营者名称、地址、联系方式等内容。

食品添加剂应当有标签、说明书和包装。标签、说明书应当载明除所使用的食品添加剂在国家标准中的通用名称外所有事项，以及食品添加剂的使用范围、用量、使用方法，并在标签上载明"食品添加剂"字样。食品添加剂无处不在，油盐酱醋、卤水、明矾、小苏打、防腐剂等都属于食品添加剂。

（二）生产者和经营者的首负责任制

在日常生活中，消费者因不符合食品安全标准的食品受到损害的，可以向经营者要求赔偿损失，也可以向生产者要求赔偿损失。接到消费者赔偿要求的生产经营者，应当实行首负责任制，先行赔付，不得推诿；属于生产者责任的，经营者赔偿后有权向生产者追偿；属于经营者责任的，生产者赔偿后有权向经营者追偿。

（三）惩罚性赔偿

在我国，损害赔偿一般采取的是补偿性赔偿的原则，也称"填平原则"，即通过赔偿使原告恢复到侵权前的状态。惩罚性赔偿是指作出的赔偿数额超出实际损害数额的赔偿。食品安全是关乎民生的大事，所以相关主体必须保证食品的质量与安全，把食品企业对社会的食品安全责任化为自己的自觉意识，从源头上解决问题，只要生产或者经营明知是不符合食品安全标准的食品，法律将启动惩罚性赔偿。

生产不符合食品安全标准的食品或者经营明知是不符合食品安全标准的食品，消费者除要求赔偿损失外，还可以向生产者或者经营者要求支付价款10倍或者损失3倍的赔偿金；增加赔偿的金额不足1000元的，为1000元。但是，食品的标签、说明书存在不影响食品安全且不会对消费者造成误导的瑕疵的除外。

案例分析

案例一中,张大制作、销售的油条中超量添加了含铝的食品添加剂,铝的残留量严重超出食品安全标准限量,足以造成严重食物中毒事故或者其他严重食源性疾病,其行为构成生产、销售不符合安全标准的食品罪。最终,张大被法院判处有期徒刑6个月,缓刑1年,并处罚金3 000元。如果有消费者因不符合食品安全标准的油条受到损害的,可以向张大要求赔偿损失。

案例二中,超过保质期的食品属于禁止生产经营的食品。经营明知是不符合安全标准的食品,消费者可以向经营者要求支付价款10倍的赔偿金。因此,李某主张的赔偿标准有明确法律依据,其合法利益应受法律保护。

法条链接

《中华人民共和国食品安全法》第六十七条 预包装食品的包装上应当有标签。标签应当标明下列事项:

(一)名称、规格、净含量、生产日期;

(二)成分或者配料表;

(三)生产者的名称、地址、联系方式;

(四)保质期;

(五)产品标准代号;

(六)贮存条件;

(七)所使用的食品添加剂在国家标准中的通用名称;

(八)生产许可证编号;

(九)法律、法规或者食品安全标准规定应当标明的其他事项。

专供婴幼儿和其他特定人群的主辅食品,其标签还应当标明主要营养成分及其含量。

食品安全国家标准对标签标注事项另有规定的,从其规定。

《中华人民共和国食品安全法》第六十九条 生产经营转基因食品应当按照规定显著标示。

《中华人民共和国食品安全法》第七十一条 食品和食品添加剂的标签、说明书,不得含有虚假内容,不得涉及疾病预防、治疗功能。生产经营者对其提供的标签、说明书的内容负责。

食品和食品添加剂的标签、说明书应当清楚、明显,生产日期、保质期等事项应当显著标注,容易辨识。

食品和食品添加剂与其标签、说明书的内容不符的,不得上市销售。

《中华人民共和国食品安全法》第七十二条 食品经营者应当按照食品标签标示的警示标志、警示说明或者注意事项的要求销售食品。

《中华人民共和国食品安全法》第七十三条 食品广告的内容应当真实合法,不得含有虚假内容,不得涉及疾病预防、治疗功能。食品生产经营者对食品广告内

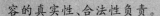

容的真实性、合法性负责。

县级以上人民政府食品安全监督管理部门和其他有关部门以及食品检验机构、食品行业协会不得以广告或者其他形式向消费者推荐食品。消费者组织不得以收取费用或者其他牟取利益的方式向消费者推荐食品。

《中华人民共和国食品安全法》第一百三十一条　违反本法规定，网络食品交易第三方平台提供者未对入网食品经营者进行实名登记、审查许可证，或者未履行报告、停止提供网络交易平台服务等义务的，由县级以上人民政府食品药品监督管理部门责令改正，没收违法所得，并处五万元以上二十万元以下罚款；造成严重后果的，责令停业，直至由原发证部门吊销许可证；使消费者的合法权益受到损害的，应当与食品经营者承担连带责任。

《中华人民共和国食品安全法》第一百四十条　违反本法规定，在广告中对食品作虚假宣传，欺骗消费者，或者发布未取得批准文件、广告内容与批准文件不一致的保健食品广告的，依照《中华人民共和国广告法》的规定给予处罚。

广告经营者、发布者设计、制作、发布虚假食品广告，使消费者的合法权益受到损害的，应当与食品生产经营者承担连带责任。

社会团体或者其他组织、个人在虚假广告或者其他虚假宣传中向消费者推荐食品，使消费者的合法权益受到损害的，应当与食品生产经营者承担连带责任。

《中华人民共和国食品安全法》第一百四十八条　消费者因不符合食品安全标准的食品受到损害的，可以向经营者要求赔偿损失，也可以向生产者要求赔偿损失。接到消费者赔偿要求的生产经营者，应当实行首负责任制，先行赔付，不得推诿；属于生产者责任的，经营者赔偿后有权向生产者追偿；属于经营者责任的，生产者赔偿后有权向经营者追偿。

生产不符合食品安全标准的食品或者经营明知是不符合食品安全标准的食品，消费者除要求赔偿损失外，还可以向生产者或者经营者要求支付价款十倍或者损失三倍的赔偿金；增加赔偿的金额不足一千元的，为一千元。但是，食品的标签、说明书存在不影响食品安全且不会对消费者造成误导的瑕疵的除外。

《中华人民共和国食品安全法》第一百四十九条　违反本法规定，构成犯罪的，依法追究刑事责任。

《中华人民共和国刑法》第一百四十三条　生产、销售不符合食品安全标准的食品，足以造成严重食物中毒事故或者其他严重食源性疾病的，处三年以下有期徒刑或者拘役，并处罚金；对人体健康造成严重危害或者有其他严重情节的，处三年以上七年以下有期徒刑，并处罚金；后果特别严重的，处七年以上有期徒刑或者无期徒刑，并处罚金或者没收财产。

《中华人民共和国刑法》第一百四十四条　在生产、销售的食品中掺入有毒、有害的非食品原料的，或者销售明知掺有有毒、有害的非食品原料的食品的，处五年以下有期徒刑，并处罚金；对人体健康造成严重危害或者有其他严重情节的，处五年以上十年以下有期徒刑，并处罚金；致人死亡或者有其他特别严重情节的，依照本法第一百四十一条的规定处罚。

三、企业商标法律常识

> 王某经营的"美滋滋"包子店在当地具有极高的知名度。李某大学毕业后经营一家餐饮公司,为了使自家公司具有辨识度,李某打算进行商标注册,得知"美滋滋"商标并未被注册,于是李某就注册了"美滋滋"商标。若王某现在打算在邻县开设"美滋滋"包子店,是否属于侵权行为?

(一)商标是否需要注册

商标使用权人是否申请商标注册取决于自己的意愿,如果商标使用权人想取得商标的专用权,应当向商标局申请商标注册。在我国,商标专用权的取得以自愿注册为原则,强制注册为例外。注册商标使用人享有专有权,有权禁止他人在同种商品或者类似商品上使用与其商标相同或者近似的商标。例如,"啊!土豆"和"呀!土豆"的注册商标相似,且都是在同一类商品上使用时,那么上述行为则为商标专用权侵权行为。

判断是否构成商标近似侵权,不仅要比较商标的字形、读音、含义等商标的构成要素的近似性,还要考虑其近似是否达到了足以造成市场混淆的程度。要结合商标的使用情况,商标的显著性,是否有不正当的使用意图等多个要素进行判断。

(二)先使用的商标被他人注册,谁具有商标的专有权

在我国,注册商标的专用权的取得以申请在先为原则,使用在先为补充。两个或者两个以上的商标注册申请人,在同一种商品或者类似商品上,以相同或者近似的商标申请注册的,初步审定并公告申请在先的商标;同一天申请的,初步审定并公告使用在先的商标,驳回其他人的申请,不予公告。在这里需要注意的是,如果两个申请人分别在同一天的上午和下午申请注册商标,不影响申请时间的排队顺序,即视为同一天申请。

商标注册人不得以不正当手段抢先注册他人已经使用并有一定影响的商标。"有一定影响"是指在一定地域内被一定人群所知晓的商标,但是并非驰名商标,驰名商标的知名度更广。商标注册人申请商标注册前,他人已经在同一种商品或者类似商品上先于商标注册人使用与注册商标相同或者近似并有一定影响的商标的,注册商标专用权人无权禁止该使用人在原使用范围内继续使用该商标,但可以要求其附加适当区别标识。

(三)注册商标侵犯在先权利以及恶意注册商标

申请注册商标不得损害他人现有的在先权利,他人的在先权利包括著作权、姓名权、肖像权、外观设计专利权、商号权、特殊标志专用权等。如果已经注册的商标,损害了他人现有的先权利的,自商标注册之日起5年内,在先权利人或者利害关系人可以请求商标评审委员会宣告该注册商标无效。

在我国商标申请的过程中,出现了大量的囤积商标以转让牟利的情形,严重扰乱了市场管理秩序,为了规范商标管理秩序,法律禁止不以使用为目的的恶意注册商标。在 2022 年 1 月 1 日起施行的《商标审查审理指南》中,明确列举了属于"不以使用为目的的恶意商标注册"的情形,主要包括下列几种情形:①商标注册申请数量巨大,明显超出正常经营活动需求,缺乏真实使用意图,扰乱商标注册秩序的;②大量复制、摹仿、抄袭多个主体在先具有一定知名度或者较强显著性的商标,扰乱商标注册秩序的;③对同一主体具有一定知名度或者较强显著性的特定商标反复申请注册,扰乱商标注册秩序的;④大量申请注册与他人企业字号、企业名称简称、电商名称、域名,有一定影响的商品名称、包装、装潢,他人知名并已产生识别性的广告语、外观设计等商业标识相同或者近似标志的;⑤大量申请注册与知名人物姓名、知名作品或者角色名称、他人知名并已产生识别性的美术作品等公共文化资源相同或者近似标志的;⑥大量申请注册与行政区划名称、山川名称、景点名称、建筑物名称等相同或者近似标志的;⑦大量申请注册指定商品或服务上的通用名称、行业术语、直接表示商品或服务的质量、主要原料、功能、用途、重量、数量等缺乏显著性的标志的;⑧大量提交商标注册申请,并大量转让商标,且受让人较为分散,扰乱商标注册秩序的;⑨申请人有以牟取不当利益为目的,大量售卖,向商标在先使用人或者他人强迫商业合作、索要高额转让费、许可使用费或者侵权赔偿金等行为的;⑩其他可以认定为有恶意的申请商标注册行为的情形。

📝 案例分析

《中华人民共和国商标法》第五十九条规定,商标注册人申请商标注册前,他人已经在同一种商品或者类似商品上先于商标注册人使用与注册商标相同或者近似并有一定影响的商标的,注册商标专用权人无权禁止该使用人在原使用范围内继续使用该商标,但可以要求其附加适当区别标识。在案例中,王某是注册商标的在先使用者,在当地有一定影响,李某是注册商标的专用权人。王某可以在原使用范围内继续使用该商标,但是王某在邻县开设新店已经超过了原适用范围,在新店使用他人的注册商标,属于侵权行为。

⚖ 法条链接

《中华人民共和国商标法》第四条　自然人、法人或者其他组织在生产经营活动中,对其商品或者服务需要取得商标专用权的,应当向商标局申请商标注册。不以使用为目的的恶意商标注册申请,应当予以驳回。

本法有关商品商标的规定,适用于服务商标。

《中华人民共和国商标法》第七条　申请注册和使用商标,应当遵循诚实信用原则。

商标使用人应当对其使用商标的商品质量负责。各级工商行政管理部门应当通过商标管理,制止欺骗消费者的行为。

《中华人民共和国商标法》第八条　任何能够将自然人、法人或者其他组织的商品与他人的商品区别开的标志,包括文字、图形、字母、数字、三维标志、颜色组合和声音等，以及上述要素的组合，均可以作为商标申请注册。

《中华人民共和国商标法》第三十一条 两个或者两个以上的商标注册申请人，在同一种商品或者类似商品上，以相同或者近似的商标申请注册的，初步审定并公告申请在先的商标；同一天申请的，初步审定并公告使用在先的商标，驳回其他人的申请，不予公告。

《中华人民共和国商标法》第三十二条 申请商标注册不得损害他人现有的在先权利，也不得以不正当手段抢先注册他人已经使用并有一定影响的商标。

《中华人民共和国商标法》第四十四条 已经注册的商标，违反本法第四条、第十条、第十一条、第十二条、第十九条第四款规定的，或者是以欺骗手段或者其他不正当手段取得注册的，由商标局宣告该注册商标无效；其他单位或者个人可以请求商标评审委员会宣告该注册商标无效。

《中华人民共和国商标法》第四十五条 已经注册的商标，违反本法第十三条第二款和第三款、第十五条、第十六条第一款、第三十条、第三十一条、第三十二条规定的，自商标注册之日起五年内，在先权利人或者利害关系人可以请求商标评审委员会宣告该注册商标无效。对恶意注册的，驰名商标所有人不受五年的时间限制。

《中华人民共和国商标法》第五十九条 注册商标中含有的本商品的通用名称、图形、型号，或者直接表示商品的质量、主要原料、功能、用途、重量、数量及其他特点，或者含有的地名，注册商标专用权人无权禁止他人正当使用。

三维标志注册商标中含有的商品自身的性质产生的形状，为获得技术效果而需有的商品形状或者使商品具有实质性价值的形状，注册商标专用权人无权禁止他人正当使用。

实训练习6-3　　思考题6-3

法律是正义与善良之术

第三篇 生活法律篇

第七章 民法典常识

第一节 《中华人民共和国民法典总则》

一、自然人的民事权利能力和民事行为能力

案例导学

2021 年 6 月,李某在省教育厅举办的少儿绘画比赛中获得一等奖。当地一家美术杂志社闻讯后立刻给李某打电话并表示,他们将出版一期少儿作品期刊,希望李某将自己的绘画作品邮寄几份以供他们挑选。李某的母亲接到电话后,次日便向杂志社邮寄了三幅画作,但半年过去了,一直没有接到杂志社的回信。2022 年 3 月,李某的母亲发现在该杂志社的期刊上有儿子李某的一幅画作,但上面并未给李某署名,便马上赶到杂志社,质问杂志社为何一直没有收到作品录用通知和稿酬,画作上面也未署名。杂志社却称,李某只有 7 岁,属于未成年人,还不能享有著作权,因此没必要署名;杂志社发表李某的作品是对其成绩的肯定,没必要支付稿酬。请问 7 岁的李某享有著作权吗?杂志社是否需要向李某支付稿酬?为什么?

(一)民事权利能力的概念

民事权利能力,是指作为民事主体可以享受民事权利、承担民事义务的资格。

自然人的民事权利能力,是指法律赋予自然人的享有民事权利、承担民事义务的资格。

法人的民事权利能力,是指法人能够以自己的名义参与民事法律关系并且取得民事权利和承担民事义务的资格。

(二)自然人的民事权利能力的开始及终结

自然人的民事权利能力始于出生,终于死亡。自然人一经出生就取得民事权利能力。死亡是自然人民事权利能力消灭的唯一原因。民法上的死亡包括两种:一种是自然死亡,即生命终结;一种是宣告死亡,指通过法定程序由法院宣告失踪人死亡。自然人死亡之后,不再享有民事权利能力,也就不再享有人格权,但发生侵害死者人格利益(如隐私、名誉、肖像、姓名等)的情形时,法律仍会予以保护。

(三)法人的民事权利能力的开始及终结

法人的民事权利能力自成立之初开始具有,到注销登记法人终止时消灭。

案例分析

《中华人民共和国民法典》第十三条规定:"自然人从出生时起到死亡时止,具有民事权利能力,依法享有民事权利,承担民事义务。"《中华人民共和国民法典》第十四条规定:"自然人的民事权利能力一律平等。"因此,无论是成年人还是未成年人,都平等地享有民事权利能力。著作权是一项民事权利,它包括作者署名权和获得报酬权。李某完全享有著作权,也当然享有署名权和获得报酬权。

该美术杂志社是一个具有独立法人资格的企业。《中华人民共和国民法典》第五十七条规定:"法人是具有民事权利能力和民事行为能力,依法独立享有民事权利和承担民事义务的组织。"因而杂志社必须对自己行为的后果负责。杂志社与李某之间的关系是平等主体间的民事关系,适用平等自愿、等价有偿的原则,杂志社选用李某的作品,就应该依照《中华人民共和国著作权法》为李某署名并支付报酬。

法条链接

《中华人民共和国民法典》第十三条 自然人从出生时起到死亡时止,具有民事权利能力,依法享有民事权利,承担民事义务。

《中华人民共和国民法典》第十五条 自然人的出生时间和死亡时间,以出生证明、死亡证明记载的时间为准;没有出生证明、死亡证明的,以户籍登记或者其他有效身份登记记载的时间为准。有其他证据足以推翻以上记载时间的,以该证据证明的时间为准。

《中华人民共和国民法典》第十六条 涉及遗产继承、接受赠与等胎儿利益保护的,胎儿视为具有民事权利能力。但是,胎儿娩出时为死体的,其民事权利能力自始不存在。

《中华人民共和国民法典》第五十七条 法人是具有民事权利能力和民事行为能力,依法独立享有民事权利和承担民事义务的组织。

《中华人民共和国民法典》第五十九条 法人的民事权利能力和民事行为能力,从法人成立时产生,到法人终止时消灭。

(四)自然人的民事行为能力

案例导学

王某某今年10岁,2022年8月,王某某偷偷用其母亲的手机号注册了某直播平台的账号,该平台由某科技公司运营。王某某在母亲毫不知情的情况下,使用母亲的微信,在7天之内,先后30次向某科技公司转账充值,用于购买平台虚拟币,打赏平台上进行游戏直播解说的主播,单次转账金额为1 000—2 000元,转账总金额5万余元。后王某某母亲发现上述行为,便以王某某的名义诉至法院,要求某科技公司返还王某某转账充值的钱款。请问公司是否应当返还这笔钱款?

1. 民事行为能力的概念

民事行为能力,是指民事主体以其行为参与民事法律关系、取得民事权利、履行民事义务和承担民事责任的资格。

自然人的民事行为能力,是指自然人能够独立通过意思表示,进行民事行为的能力。

法人的民事行为能力,是指法人作为民事主体,以自己的行为享有民事权利并承担民事义务的资格。法人的民事行为能力从法人成立时产生,到法人终止时消灭。

2. 民事行为能力的分类

根据自然人的年龄、智力和精神状况,将自然人的民事行为能力分为完全民事行为能力、限制民事行为能力和无民事行为能力。

(1) 完全民事行为能力:达到一定年龄、智力和精神状况正常的自然人,可以完全独立地实施民事活动。

(2) 限制民事行为能力:不能完全辨认自己行为后果的自然人所享有的可以从事与自己年龄、智力和精神状况相适应的民事活动的资格。

(3) 无民事行为能力:不具有独立实施民事活动的能力。

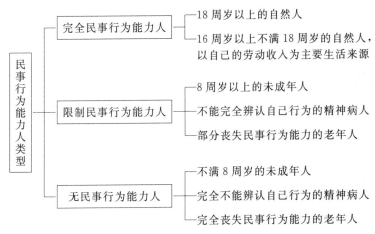

图 7-1　民事行为能力人类型

3. 行为能力与民事行为的效力的关系

(1) 完全民事行为能力人的民事行为效力。

完全民事行为能力人实施的民事行为,不会因为主体欠缺行为能力而出现瑕疵。

(2) 限制民事行为能力人的民事行为效力。

① 纯获利益的行为有效,如接受赠与。

② 实施的与自己年龄、智力相适应的行为有效,如 14 岁的中学生花 60 元买一本书的行为。

③ 实施的超出自己年龄、智力范围理解和认识以外的合同行为为效力待定的行为,需要经过其监护人的同意或追认后才能有效,如 15 岁的中学生花 2 万元买一颗钻戒的行为。

④ 超出行为能力范围实施的单方行为无效,如立遗嘱的行为、抛弃价值较大的物品的行为。

（3）无民事行为能力人的民事行为效力。

① 纯获利益的行为有效,如接受赠与,5岁的小孩接受5 000元压岁钱的行为。

② 实施的与自己年龄、智力相适应的行为有效,如处分零花钱,6岁的小学生花2元买一个棒棒糖的行为。

③ 除以上两种行为以外,无民事行为能力人实施的其他行为都无效。

 案例分析

从平台的性质、案涉用户昵称的特征、打赏情况,王某某母亲的性别、年龄、文化程度等事实来看,案涉账号由王某某使用其母亲手机号码注册,并由王某某使用其母亲微信向平台转账购买虚拟币,故认定与某科技公司实际发生网络服务合同的相对方为王某某。

王某某向某科技公司转账充值时仅十周岁,属于限制行为能力人,从转账充值的频率、金额来看,王某某的转账行为明显超出该年龄段未成年人智力所能理解的范围。王某某的母亲对其转账行为并不知情,其母亲也明确拒绝追认,因此,王某某的转账行为应认定为无效法律行为。

法条链接

《中华人民共和国民法典》第十八条　成年人为完全民事行为能力人,可以独立实施民事法律行为。

十六周岁以上的未成年人,以自己的劳动收入为主要生活来源的,视为完全民事行为能力人。

《中华人民共和国民法典》第十九条　八周岁以上的未成年人为限制民事行为能力人,实施民事法律行为由其法定代理人代理或者经其法定代理人同意、追认;但是,可以独立实施纯获利益的民事法律行为或者与其年龄、智力相适应的民事法律行为。

《中华人民共和国民法典》第二十条　不满八周岁的未成年人为无民事行为能力人,由其法定代理人代理实施民事法律行为。

《中华人民共和国民法典》第二十一条　不能辨认自己行为的成年人为无民事行为能力人,由其法定代理人代理实施民事法律行为。

八周岁以上的未成年人不能辨认自己行为的,适用前款规定。

《中华人民共和国民法典》第二十二条　不能完全辨认自己行为的成年人为限制民事行为能力人,实施民事法律行为由其法定代理人代理或者经其法定代理人同意、追认;但是,可以独立实施纯获利益的民事法律行为或者与其智力、精神健康状况相适应的民事法律行为。

《中华人民共和国民法典》第二十三条 无民事行为能力人、限制民事行为能力人的监护人是其法定代理人。

《中华人民共和国民法典》第二十八条 无民事行为能力或者限制民事行为能力的成年人,由下列有监护能力的人按顺序担任监护人:

(一)配偶;

(二)父母、子女;

(三)其他近亲属;

(四)其他愿意担任监护人的个人或者组织,但是须经被监护人住所地的居民委员会、村民委员会或者民政部门同意。

《中华人民共和国民法典》第一百四十四条 无民事行为能力人实施的民事法律行为无效。

《中华人民共和国民法典》第一百四十五条 限制民事行为能力人实施的纯获利益的民事法律行为或者与其年龄、智力、精神健康状况相适应的民事法律行为有效;实施的其他民事法律行为经法定代理人同意或者追认后有效。

相对人可以催告法定代理人自收到通知之日起三十日内予以追认。法定代理人未作表示的,视为拒绝追认。民事法律行为被追认前,善意相对人有撤销的权利。撤销应当以通知的方式作出。

《中华人民共和国民法典》第一千零六条 完全民事行为能力人有权依法自主决定无偿捐献其人体细胞、人体组织、人体器官、遗体。任何组织或者个人不得强迫、欺骗、利诱其捐献。

完全民事行为能力人依据前款规定同意捐献的,应当采用书面形式,也可以订立遗嘱。

《中华人民共和国民法典》第一千一百四十三条 无民事行为能力人或者限制民事行为能力人所立的遗嘱无效。

《中华人民共和国民法典》第一千一百六十九条 教唆、帮助他人实施侵权行为的,应当与行为人承担连带责任。

教唆、帮助无民事行为能力人、限制民事行为能力人实施侵权行为的,应当承担侵权责任;该无民事行为能力人、限制民事行为能力人的监护人未尽到监护职责的,应当承担相应的责任。

《中华人民共和国民法典》第一千一百八十八条 无民事行为能力人、限制民事行为能力人造成他人损害的,由监护人承担侵权责任。监护人尽到监护职责的,可以减轻其侵权责任。

有财产的无民事行为能力人、限制民事行为能力人造成他人损害的,从本人财产中支付赔偿费用;不足部分,由监护人赔偿。

《中华人民共和国民法典》第一千一百八十九条 无民事行为能力人、限制民事行为能力人造成他人损害,监护人将监护职责委托给他人的,监护人应当承担侵权责任;受托人有过错的,承担相应的责任。

《中华人民共和国民法典》第一千一百九十条　完全民事行为能力人对自己的行为暂时没有意识或者失去控制造成他人损害有过错的,应当承担侵权责任;没有过错的,根据行为人的经济状况对受害人适当补偿。

完全民事行为能力人因醉酒、滥用麻醉药品或者精神药品对自己的行为暂时没有意识或者失去控制造成他人损害的,应当承担侵权责任。

《中华人民共和国民法典》第一千一百九十九条　无民事行为能力人在幼儿园、学校或者其他教育机构学习、生活期间受到人身损害的,幼儿园、学校或者其他教育机构应当承担侵权责任;但是,能够证明尽到教育、管理职责的,不承担侵权责任。

《中华人民共和国民法典》第一千二百条　限制民事行为能力人在学校或者其他教育机构学习、生活期间受到人身损害,学校或者其他教育机构未尽到教育、管理职责的,应当承担侵权责任。

《中华人民共和国民法典》第一千二百零一条　无民事行为能力人或者限制民事行为能力人在幼儿园、学校或者其他教育机构学习、生活期间,受到幼儿园、学校或者其他教育机构以外的第三人人身损害的,由第三人承担侵权责任;幼儿园、学校或者其他教育机构未尽到管理职责的,承担相应的补充责任。幼儿园、学校或者其他教育机构承担补充责任后,可以向第三人追偿。

二、诉讼时效

李某与刘某是好朋友,2016年10月8日,李某因买房向刘某借款2万元,借据写明在2017年10月以前还清。到时李某未还款,也未提此事。因关系好,刘某也不好提此事。直到2022年2月,李某既不还款,也从不提及此事。刘某只好向李某说着急用钱,望李某尽快还钱。谁料,李某声称并无此事。刘某大怒,遂将李某诉至法院,要求李某归还借款并支付逾期归还的利息,请问,刘某会打赢这场官司吗?

(一)诉讼时效的概念

诉讼时效,是能够引起民事法律关系发生变化的法律事实,又称消灭时效,是指权利人在一定期间内不行使权利,即在某种程度上丧失请求利益的时效制度。

"法律不保护躺在权利上睡觉的人。"民事主体进行民事活动是为了实现自己的权利或者利益,当自己的权利或利益受到非法侵害时,最终要请求法院保护,而法院保护人民的权利不能没有期限,"陈年老债"不仅对己不利,对法院正确、及时审理案件也会增加困难,于是有了诉讼时效和期间的规定。

诉讼时效制度的意义在于督促权利人及时行使权利,使怠于行使权利者承担不利的法律后果。

（二）诉讼时效的分类

1．普通诉讼时效期间

普通诉讼时效期间，是指由民事基本法规定的普遍适用于应当适用时效的各种法律关系的时效期间。《中华人民共和国民法典》第 188 条第 1 款规定，普通诉讼时效期间为 3 年。

2．特别诉讼时效期间

特别诉讼时效期间，是指由民事基本法或特别法针对某些民事法律关系规定的时效期间。按照特别法优先于普通法的一般规则，如果符合特别诉讼时效规定的情况的，应当适用特别诉讼时效，而不应当适用普通诉讼时效。

3．最长诉讼时效期间

最长诉讼时效期间，《中华人民共和国民法典》第 188 条第 2 款规定最长诉讼时效期间为 20 年。

（三）诉讼时效的中断

1．概念

诉讼时效期间的中断，是指诉讼时效进行中因法定事由的发生，推翻了诉讼时效存在的基础，因此使已进行的期间全部归于无效，待诉讼时效中断的事由消除后，诉讼时效重新起算。

2．中断事由

（1）权利人向义务人提出履行请求。

（2）义务人同意履行义务。

（3）权利人提起诉讼或者申请仲裁。

（4）与提起诉讼或者申请仲裁具有同等效力的其他情形。

3．中断效果

（1）已经经过的时效统归无效。

（2）中断事由消除以后，时效期间重新计算。

（3）在时效中断以后，可能会发生时效再次中断的效果。

（四）诉讼时效的中止

1．概念

诉讼时效期间的中止，是指在诉讼时效期间进行中，因发生一定的法定事由使权利人不能行使请求权，从而暂时停止计算诉讼时效期间。

法律之所以规定诉讼时效中止，主要是为了保证权利人具有足够的积极行使其权利的时间，不至于因为权利人不可控制的原因而发生诉讼时效届满的效果。同时，规定诉讼时效中止制度也符合设立诉讼时效制度的宗旨。诉讼时效制度主要是通过使权利人失去一定利益以敦促权利人及时行使其权利，避免权利人"睡眠于权利之上"，但在因不可抗力等客观原因造成权利人不能行使请求权的情况时，权利人主观上并没有行使权利的懈怠，如果令其承担时效届满的后果，则违背了时效制度设定的宗旨。

2．中止事由

（1）不可抗力。不可抗力是指不能预见、不能避免并不能克服的客观情况。

（2）无民事行为能力人或者限制民事行为能力人没有法定代理人，或者法定代理人死亡、丧失民事行为能力、丧失代理权。

（3）继承开始后未确定继承人或者遗产管理人。

（4）权利人被义务人或者其他人控制。此处所说的"控制"，一般理解为权利人被限制人身自由。

（5）其他导致权利人不能行使请求权的障碍。

3．中止效果

（1）诉讼时效期间停止计算。

（2）中止事由发生前的时效期间仍然有效。

（3）中止事由消除后诉讼时效期间再计算6个月。

4．中止与中断的区别

诉讼时效中止不同于诉讼时效中断，二者的区别主要表现在以下几个方面。

（1）发生的时间不同。时效中止发生在时效期限届满前6个月，而时效中断可以发生在时效进行中的任何一个阶段。

（2）发生的事由不同。中止的法律事由通常是当事人主观意志所不能控制的事由，如不可抗力。而中断的法定事由一般都是当事人主观意志所能够左右的，例如，提出请求或提起诉讼，都是当事人主观上能控制的。导致诉讼时效中止的事由一般是自然事件，而导致诉讼时效中断的事由一般是人的行为。

（3）法律效果不同。中止的法律效果在于使中止事由发生的时间不计入时效期间，或者说将该期限从时效期间内排除，中止事由发生前经过的时效期间仍然有效，诉讼时效期间中止的事由消除后，诉讼时效期间仍有6个月才届满。而诉讼时效中断的法律效果是在中断事由发生以后，已经经过的时效期间全部归于无效，重新开始计算时效期间。

 案例分析

《中华人民共和国民法典》第一百八十八条规定，向人民法院请求保护民事权利的诉讼时效期间为三年。

案例中借据写明在2017年10月以前还清，但刘某于2022年2月才起诉，超过3年，案件已过诉讼时效。从诉讼时效的角度看，如果借条注明了还款日期，那么诉讼时效就从还款日期的次日起计算3年。因此，虽然已过诉讼时效，但当事人仍然可以向法院进行起诉，享有起诉权，但可能会失去胜诉权。

法条链接

《中华人民共和国民法典》第一百八十八条　向人民法院请求保护民事权利的诉讼时效期间为三年。法律另有规定的，依照其规定。

诉讼时效期间自权利人知道或者应当知道权利受到损害以及义务人之日起计算。法律另有规定的，依照其规定。但是，自权利受到损害之日起超过二十年的，人民法院不予保护,有特殊情况的,人民法院可以根据权利人的申请决定延长。

《中华人民共和国民法典》第一百八十九条　当事人约定同一债务分期履行的,诉讼时效期间自最后一期履行期限届满之日起计算。

《中华人民共和国民法典》第一百九十条　无民事行为能力人或者限制民事行为能力人对其法定代理人的请求权的诉讼时效期间,自该法定代理终止之日起计算。

《中华人民共和国民法典》第一百九十一条　未成年人遭受性侵害的损害赔偿请求权的诉讼时效期间,自受害人年满十八周岁之日起计算。

《中华人民共和国民法典》第一百九十二条　诉讼时效期间届满的,义务人可以提出不履行义务的抗辩。

诉讼时效期间届满后,义务人同意履行的,不得以诉讼时效期间届满为由抗辩;义务人已经自愿履行的,不得请求返还。

《中华人民共和国民法典》第一百九十三条　人民法院不得主动适用诉讼时效的规定。

《中华人民共和国民法典》第一百九十四条　在诉讼时效期间的最后六个月内,因下列障碍,不能行使请求权的,诉讼时效中止:

(一)不可抗力;

(二)无民事行为能力人或者限制民事行为能力人没有法定代理人,或者法定代理人死亡、丧失民事行为能力、丧失代理权;

(三)继承开始后未确定继承人或者遗产管理人;

(四)权利人被义务人或者其他人控制;

(五)其他导致权利人不能行使请求权的障碍。

自中止时效的原因消除之日起满六个月,诉讼时效期间届满。

《中华人民共和国民法典》第一百九十五条　有下列情形之一的,诉讼时效中断,从中断、有关程序终结时起,诉讼时效期间重新计算:

(一)权利人向义务人提出履行请求;

(二)义务人同意履行义务;

(三)权利人提起诉讼或者申请仲裁;

(四)与提起诉讼或者申请仲裁具有同等效力的其他情形。

《中华人民共和国民法典》第一百九十六条　下列请求权不适用诉讼时效的规定:

(一)请求停止侵害、排除妨碍、消除危险;

(二)不动产物权和登记的动产物权的权利人请求返还财产;

(三)请求支付抚养费、赡养费或者扶养费;

(四)依法不适用诉讼时效的其他请求权。

《中华人民共和国民法典》第一百九十七条　诉讼时效的期间、计算方法以及中止、中断的事由由法律规定,当事人约定无效。

当事人对诉讼时效利益的预先放弃无效。

三、善意取得

> 李小颖与刘杰签订了一份买卖电脑的协议,合同约定李小颖向刘杰交付电脑1台,刘杰向李小颖交付定金,余款1年之内还清。同时,双方还约定,刘杰在还清价款前,电脑的所有权属于李小颖。第二日,李小颖将该电脑交付给了刘杰,在价款付清前,刘杰将该电脑以市场价卖给王文文并交付,王文文不知道李小颖、刘杰之间的约定,那么,王文文是否可以取得电脑的所有权?

(一)善意取得的概念

善意取得,指动产由合法占有人基于无权处分而转让给善意第三人,第三人取得动产所有权,而原所有人丧失所有权。

(二)善意取得的构成要件

(1)出让人无权处分。

(2)受让人受让该不动产或者动产时是善意的。

善意取得是第三人不知并不应知转让人是非法转让,一般是误信其为所有人或其他有处分权的人。例如,错误地认为动产的承租人、借用人、受寄人、运送人是所有人或其他有处分权的人,并且依转让物当时的环境,他也不应知道占有人系非法转让,如果是对让与人的行为能力、代理权的范围、意思表示的瑕疵发生误解,则不受善意取得的保护。

第三人受让该不动产或者动产时是善意的。这里的善意,是指取得标的物的第三人不知道或者不应当知道占有人为非法转让。这里不仅不要求第三人有出让人有权处分的确信,而且是推定任何参加交易的第三人都具有这种善意。《民法典》对这种善意的保护,是公信原则的体现。与之相对应的就是恶意第三人。恶意就是第三人依当时的情况知道或应当知道转让人无让与的权利。根据当时的环境,依交易的一般情况,可以得出让与人无权让与的结论,则第三人应视为恶意。例如:第三人以不正常的低价购买物品,如无相反的证据,应认为是恶意。

(3)以合理的价格转让。

(4)转让的不动产或者动产依照法律规定应当登记的已经登记,不需要登记的已经交付给受让人。

(三)善意取得的法律效力

只要符合善意取得的构成要件,原权利人与受让人之间将发生一种物权的变动,即受让人因为出于善意将即时取得标的物的所有权,而原权利人的所有权将失去此物的所有权。原权利人不得向善意的受让人主张返还原物,而只能要求转让人赔偿损失或者承担其他法律责任。

案例分析

　　案例中,刘杰向李小颖只交付了定金,因双方约定,刘杰在还清价款前,电脑的所有权属于李小颖,所以,刘杰在未付清价款前并没有取得电脑的所有权,其将电脑又卖给王文文的行为属于无权处分,但因王文文不知情,且支付了合理价款,刘杰将电脑交付给王文文后,王文文根据善意取得制度,可以取得电脑的所有权。

法条链接

　　《中华人民共和国民法典》第三百一十一条　无处分权人将不动产或者动产转让给受让人的,所有权人有权追回;除法律另有规定外,符合下列情形的,受让人取得该不动产或者动产的所有权:

　　(一)受让人受让该不动产或者动产时是善意;

　　(二)以合理的价格转让;

　　(三)转让的不动产或者动产依照法律规定应当登记的已经登记,不需要登记的已经交付给受让人。

　　受让人依据前款规定取得不动产或者动产的所有权的,原所有权人有权向无处分权人请求损害赔偿。

　　当事人善意取得其他物权的,参照适用前两款规定。

　　《中华人民共和国民法典》第三百一十二条　所有权人或者其他权利人有权追回遗失物。该遗失物通过转让被他人占有的,权利人有权向无处分权人请求损害赔偿,或者自知道或者应当知道受让人之日起二年内向受让人请求返还原物;但是,受让人通过拍卖或者向具有经营资格的经营者购得该遗失物的,权利人请求返还原物时应当支付受让人所付的费用。权利人向受让人支付所付费用后,有权向无处分权人追偿。

　　《中华人民共和国民法典》第三百一十三条　善意受让人取得动产后,该动产上的原有权利消灭。但是,善意受让人在受让时知道或者应当知道该权利的除外。

思考题7-1

实训练习7-1

第二节　婚姻家庭继承法律常识

一、婚姻关系

(一)婚姻的缔结

案例导学

　　李心今年30岁,一直未谈恋爱,在父母安排下参加了相亲,但李心在与相亲对象刘丽见面交谈后觉得性格等方面不合,便拒绝了对方的后续邀请,以普通朋友身份相处。然而刘丽相亲后对李心十分满意,在未经李心同意的情况下,

> 刘丽擅自准备操办婚礼。李心得知后强烈反对刘丽的做法,刘丽便以不结婚就自杀为由胁迫李心与其结婚。李心迫于无奈只好答应。婚后半年内,李心感到生活并不幸福,便向法院请求撤销婚姻关系。请问,李心能否撤销婚姻?

1. 结婚的概念

结婚是指配偶双方依照法律规定的条件和程序确立配偶关系的民事法律行为,并承担由此而产生的权利、义务及其他责任。

2. 结婚的条件

结婚条件包括积极条件和消极条件。根据我国相关法律规定,结婚的积极条件包括:

(1)结婚必须男女双方完全自愿,不许任何一方对他方加以强迫或任何第三者加以干涉。《中华人民共和国民法典》第一千零四十六条规定:"结婚应当男女双方完全自愿,禁止任何一方对另一方加以强迫,禁止任何组织或者个人加以干涉。"这一规定是婚姻自由原则在结婚制度中的具体体现,是通过法律将结婚决定权完全赋予当事者本人。

(2)结婚年龄男不得早于 22 周岁,女不得早于 20 周岁。

(3)符合一夫一妻制的基本原则。

结婚的男女双方必须亲自到婚姻登记机关进行结婚登记。符合规定的,予以登记,发给结婚证。取得结婚证,即确立夫妻关系。未办理结婚登记的,应当补办登记。

3. 无效婚姻

无效婚姻,也称婚姻无效,是指因不具备法定结婚实质要件或形式要件的男女结合,在法律上不具有婚姻效力的制度。因欠缺婚姻成立的法定要件而不发生法律效力的婚姻。无效婚姻自始当然无效。根据《中华人民共和国民法典》的规定,有下列情形之一的,婚姻无效:

(1)重婚。

(2)有禁止结婚的亲属关系。

(3)未到法定婚龄。

4. 可撤销婚姻

可撤销的婚姻,是指因胁迫结婚的,受胁迫的一方可以向人民法院请求撤销婚姻;一方患有重大疾病的,应当在结婚登记前如实告知另一方,不如实告知的,另一方可以向人民法院请求撤销婚姻。

📝 案例分析

结婚应当男女双方完全自愿,禁止任何一方对另一方加以强迫,禁止任何组织或者个人加以干涉。案例中,李心与刘丽结婚并非自愿,而是被迫而为,所以可以向人民法院请求撤销婚姻。

法条链接

《中华人民共和国民法典》第一千零四十六条 结婚应当男女双方完全自愿，禁止任何一方对另一方加以强迫，禁止任何组织或者个人加以干涉。

《中华人民共和国民法典》第一千零四十七条 结婚年龄，男不得早于二十二周岁，女不得早于二十周岁。

《中华人民共和国民法典》第一千零四十八条 直系血亲或者三代以内的旁系血亲禁止结婚。

《中华人民共和国民法典》第一千零四十九条 要求结婚的男女双方应当亲自到婚姻登记机关申请结婚登记。符合本法规定的，予以登记，发给结婚证。完成结婚登记，即确立婚姻关系。未办理结婚登记的，应当补办登记。

《中华人民共和国民法典》第一千零五十条 登记结婚后，按照男女双方约定，女方可以成为男方家庭的成员，男方可以成为女方家庭的成员。

《中华人民共和国民法典》第一千零五十一条 有下列情形之一的，婚姻无效：

（一）重婚；

（二）有禁止结婚的亲属关系；

（三）未到法定婚龄。

《中华人民共和国民法典》第一千零五十二条 因胁迫结婚的，受胁迫的一方可以向人民法院请求撤销婚姻。

请求撤销婚姻的，应当自胁迫行为终止之日起一年内提出。

被非法限制人身自由的当事人请求撤销婚姻的，应当自恢复人身自由之日起一年内提出。

《中华人民共和国民法典》第一千零五十三条 一方患有重大疾病的，应当在结婚登记前如实告知另一方；不如实告知的，另一方可以向人民法院请求撤销婚姻。

请求撤销婚姻的，应当自知道或者应当知道撤销事由之日起一年内提出。

《中华人民共和国民法典》第一千零五十四条 无效的或者被撤销的婚姻自始没有法律约束力，当事人不具有夫妻的权利和义务。同居期间所得的财产，由当事人协议处理；协议不成的，由人民法院根据照顾无过错方的原则判决。对重婚导致的无效婚姻的财产处理，不得侵害合法婚姻当事人的财产权益。当事人所生的子女，适用本法关于父母子女的规定。

婚姻无效或者被撤销的，无过错方有权请求损害赔偿。

（二）婚姻的解除

李欢和刘彬自由恋爱并于2020年5月结婚，婚后不久生下了一个女儿。后来，丈夫刘彬失业在家，夫妻俩时常争吵，"离婚"经常挂在夫妻双方的嘴边。

> 2021年6月7日,夫妻俩前往民政局办理离婚手续。民政局工作人员在收到离婚申请登记后告知李欢和刘彬双方暂时分开考虑清楚后再决定是否继续离婚。2021年7月5日,刘彬提出与李欢一同去民政局申领离婚证,但李欢后悔离婚,于是双方找律师寻求帮助。

离婚,是指夫妻双方在婚姻存续期间,依照法定的条件和程序解除婚姻关系的民事法律行为。离婚包括协议离婚和判决离婚。

1.协议离婚的概念

协议离婚指具有离婚合意的婚姻当事人双方,通过婚姻登记程序解除婚姻关系。婚姻当事人双方具有离婚合意的,即可办理离婚登记手续。

2.协议离婚的条件

一是双方自愿;二是订立书面离婚协议,协议应当载明双方自愿离婚的意思表示和对子女抚养、财产以及债务处理等事项协商一致的意见。

3.离婚冷静期

《中华人民共和国民法典》为协议离婚设置了离婚冷静期,即自婚姻登记机关收到离婚登记申请之日起30日内,任何一方不愿意离婚的,可以向婚姻登记机关撤回离婚登记申请。在规定期限届满后30日内,双方应当亲自到婚姻登记机关申请发给离婚证;未申请的,视为撤回离婚登记申请。

4.不予受理离婚登记的情况

(1)未办理结婚登记的。

未办理结婚登记主要包括两种情况:一是当事人的结婚登记不是在中国内地办理的。对其离婚登记,婚姻登记机关不予受理。二是未办理婚姻登记的事实婚姻。这两种情况只能通过诉讼程序解除婚姻关系。

(2)未达成离婚协议的。

《中华人民共和国民法典》第一千零七十六条规定,夫妻双方自愿离婚的,应当签订书面离婚协议,并亲自到婚姻登记机关申请离婚登记。离婚协议应当载明双方自愿离婚的意思表示和对子女抚养、财产,以及债务处理等事项协商一致的意见。据此,婚姻当事人不能就上述事项达成协议的,婚姻登记机关不予受理。

(3)一方或双方为无民事行为能力人或者限制民事行为能力人的。

登记离婚需要双方具有离婚的合意,如果离婚当事人一方或双方为无民事行为能力人或者限制民事行为能力人,无法就婚姻关系解除、财产处理表达真实意愿的,则婚姻登记机关不予受理。夫妻一方或双方为无民事行为能力人或限制民事行为能力人的离婚,应通过诉讼程序进行。

5.离婚登记程序

《中华人民共和国民法典》于2021年1月1日起实施,为了贯彻有关离婚冷静期制度的规定,民政部对婚姻登记程序进行调整,在离婚程序中增加冷静期。新调整后的调整离婚登记程序包括申请、受理、冷静期、审查、登记(发证)等。

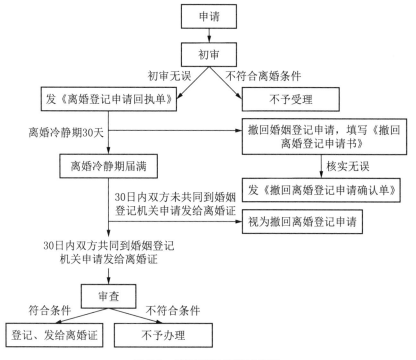

图 7-2 离婚登记申请流程图

📝 **案例分析**

　　根据《中华人民共和国民法典》第一千零七十七条的规定,自婚姻登记机关收到离婚登记申请之日起三十日内,任何一方不愿意离婚的,可以向婚姻登记机关撤回离婚登记申请。案例中,李欢在离婚冷静期内后悔离婚,可以向民政局撤回离婚登记申请。

⚖️ **法条链接**

　　《中华人民共和国民法典》第一千零七十六条　夫妻双方自愿离婚的,应当签订书面离婚协议,并亲自到婚姻登记机关申请离婚登记。

　　离婚协议应当载明双方自愿离婚的意思表示和对子女抚养、财产以及债务处理等事项协商一致的意见。

　　《中华人民共和国民法典》第一千零七十七条　自婚姻登记机关收到离婚登记申请之日起三十日内,任何一方不愿意离婚的,可以向婚姻登记机关撤回离婚登记申请。

　　前款规定期限届满后三十日内,双方应当亲自到婚姻登记机关申请发给离婚证;未申请的,视为撤回离婚登记申请。

　　《中华人民共和国民法典》第一千零七十八条　婚姻登记机关查明双方确实是

自愿离婚,并已经对子女抚养、财产以及债务处理等事项协商一致的,予以登记,发给离婚证。

《中华人民共和国民法典》第一千零七十九条 夫妻一方要求离婚的,可以由有关组织进行调解或者直接向人民法院提起离婚诉讼。

人民法院审理离婚案件,应当进行调解;如果感情确已破裂,调解无效的,应当准予离婚。

有下列情形之一,调解无效的,应当准予离婚:

(一)重婚或者与他人同居;

(二)实施家庭暴力或者虐待、遗弃家庭成员;

(三)有赌博、吸毒等恶习屡教不改;

(四)因感情不和分居满二年;

(五)其他导致夫妻感情破裂的情形。

一方被宣告失踪,另一方提起离婚诉讼的,应当准予离婚。

经人民法院判决不准离婚后,双方又分居满一年,一方再次提起离婚诉讼的,应当准予离婚。

《中华人民共和国民法典》第一千零八十条 完成离婚登记,或者离婚判决书、调解书生效,即解除婚姻关系。

《中华人民共和国民法典》第一千零八十二条 女方在怀孕期间、分娩后一年内或者终止妊娠后六个月内,男方不得提出离婚;但是,女方提出离婚或者人民法院认为确有必要受理男方离婚请求的除外。

《中华人民共和国民法典》第一千零八十四条 父母与子女间的关系,不因父母离婚而消除。离婚后,子女无论由父或者母直接抚养,仍是父母双方的子女。

离婚后,父母对于子女仍有抚养、教育、保护的权利和义务。

离婚后,不满两周岁的子女,以由母亲直接抚养为原则。已满两周岁的子女,父母双方对抚养问题协议不成的,由人民法院根据双方的具体情况,按照最有利于未成年子女的原则判决。子女已满八周岁的,应当尊重其真实意愿。

二、夫妻财产

案例导学

刘某与李某登记结婚前,刘洋与开发公司签订了两套房屋拆迁安置补位协议。婚后,依法办理了两套房屋产权登记。后双方主张离婚,刘某认为这两套房屋是其通过拆迁所得的婚前个人财产,应归其一人所有。李某认为,两套房屋属于双方的共同财产,应当平均分割。故双方争执不下,诉至法院。

夫妻的共同财产包括法定的夫妻共同财产和约定的夫妻共同财产。

法定夫妻共同财产是指在夫妻关系存续期间夫妻所共同拥有的财产,即夫妻双方从结婚一直到死亡或者离婚之前这段时间夫妻所得的财产,除约定外,均属于夫妻共同财产。

约定的夫妻共同财产是指夫妻约定婚姻关系存续期间所得的财产以及婚前财产归双方共同所有或者部分共同所有的财产。

（一）法定夫妻共同财产

法定夫妻共同财产取得的时间方面，是指婚姻关系存续的期间，即从领取结婚证开始，到解除夫妻关系为止的婚姻关系存续的整个期间，主要包括下列财产，归夫妻共同所有：

（1）工资、奖金、劳务报酬。

（2）生产、经营、投资的收益，如夫妻共同经营一家商店，产生的收入均属于夫妻共同财产。

（3）知识产权的收益，是指婚姻关系存续期间，实际取得或者已经明确可以取得的财产性收益，如夫妻一方获得的稿费收入、专利权转让费用等，均属于夫妻共同财产。

（4）继承或赠与所得的财产，但是遗嘱或者赠与合同中确定只归一方的财产。

（5）夫妻一方以个人财产投资取得的收益。

（6）夫妻一方实际取得或者应当取得的住房补贴、住房公积金。

（7）夫妻一方实际取得或者应当取得的基本养老金、破产安置补偿费。

（8）由一方婚前承租、婚后用共同财产购买的房屋，登记在一方名下的，应当认定为夫妻共同财产。

（二）约定夫妻共同财产

（1）男女双方可以约定婚姻关系存续期间所得的财产以及婚前财产归各自所有、共同所有或者部分各自所有、部分共同所有。

（2）约定应当采用书面形式。没有约定或者约定不明确的，适用法定的夫妻个人财产和夫妻共同财产的规定。

（3）夫妻对婚姻关系存续期间所得的财产以及婚前财产的约定，对双方具有法律约束力。

（4）夫妻对婚姻关系存续期间所得的财产约定归各自所有，夫或者妻一方对外所负的债务，相对人知道该约定的，以夫或者妻一方的个人财产清偿。

（三）夫妻共同财产的分配原则

（1）夫妻共同财产，一般应均等分割。也就是说，夫妻共同财产，原则上均等分割，但是有约定的先按照约定处理。

（2）保护妇女、儿童的合法权益。一方面，分割夫妻共同财产不得侵害女方和子女的合法权益；另一方面，应视女方的经济状况及子女的实际需要给予必需的照顾。

（3）照顾无过错一方。在分割共同财产时对无过错一方适当多分，对有过错一方适当少分。

（4）根据生产、生活的实际需要和财产的来源等情况，具体处理时也可以有所差别。

（5）夫妻分居两地分别管理、使用的共同财产，分割时各归管理、使用方所有；相差悬殊的差额部分,由多得财产的一方以与差额相当的财产抵偿另一方。

(6)夫妻一方隐藏、转移、转卖、毁损、挥霍夫妻共同财产,或者伪造夫妻共同债务企图侵占另一方财产的,在离婚分割夫妻共同财产时,对该方可以少分或者不分。离婚后,另一方发现有上述行为的,可以向人民法院提起诉讼,请求再次分割夫妻共同财产。

(四)夫妻个人财产

根据《中华人民共和国民法典》第一千零六十三条和《最高人民法院关于适用〈中华人民共和国民法典〉婚姻家庭编的解释(一)》第三十条规定,下列财产属于个人财产:

(1)夫妻一方的婚前财产。

(2)夫妻一方因受到人身损害获得的赔偿或者补偿。

(3)遗嘱或者赠与合同中确定只归一方的财产。

(4)夫妻一方专用的生活用品。

(5)军人的伤亡保险金、伤残补助金、医药生活补助费。

(6)其他应归一方的财产。

对于夫妻双方一方的婚前财产以及在婚内取得的共同财产是否属于个人财产也可以另行约定。

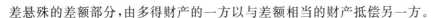

案例分析

本案例中,两套房屋皆为刘某婚前拆迁所得,属于刘某的婚前财产,婚前财产是属于夫妻的个人财产,不会因为结婚而转化为夫妻的共同财产,所以,案例中的两套房屋应当归刘某个人所有。

法条链接

《中华人民共和国民法典》第一千零六十二条　夫妻在婚姻关系存续期间所得的下列财产,为夫妻的共同财产,归夫妻共同所有:

(一)工资、奖金、劳务报酬;

(二)生产、经营、投资的收益;

(三)知识产权的收益;

(四)继承或者受赠的财产,但是本法第一千零六十三条第三项规定的除外;

(五)其他应当归共同所有的财产。

夫妻对共同财产,有平等的处理权。

《中华人民共和国民法典》第一千零六十三条　下列财产为夫妻一方的个人财产:

(一)一方的婚前财产;

(二)一方因受到人身损害获得的赔偿或者补偿;

(三)遗嘱或者赠与合同中确定只归一方的财产;

(四)一方专用的生活用品;

(五)其他应当归一方的财产。

《中华人民共和国民法典》第一千零六十五条　男女双方可以约定婚姻关系存续期间所得的财产以及婚前财产归各自所有、共同所有或者部分各自所有、部分共同所有。约定应当采用书面形式。没有约定或者约定不明确的，适用本法第一千零六十二条、第一千零六十三条的规定。

夫妻对婚姻关系存续期间所得的财产以及婚前财产的约定，对双方具有法律约束力。

夫妻对婚姻关系存续期间所得的财产约定归各自所有，夫或者妻一方对外所负的债务，相对人知道该约定的，以夫或者妻一方的个人财产清偿。

《中华人民共和国民法典》第一千零六十六条　婚姻关系存续期间，有下列情形之一的，夫妻一方可以向人民法院请求分割共同财产：

（一）一方有隐藏、转移、变卖、毁损、挥霍夫妻共同财产或者伪造夫妻共同债务等严重损害夫妻共同财产利益的行为；

（二）一方负有法定扶养义务的人患重大疾病需要医治，另一方不同意支付相关医疗费用。

三、继承相关知识

（一）继承的方式

> 甲、乙系夫妻，共生育2个子女，即长子丙、次女丁。甲乙两人于2009年购买了楼房2套。长子丙于2011年1月结婚，并于同年7月从家里搬出。2022年9月，甲乙相继去世。长子丙持有2间房屋的产权证，主张母亲曾经说过将房屋全部交给他，因此应由自己继承遗产。丁否认母亲说过此话，主张平均分割遗产。

1. 遗嘱继承

遗嘱继承指继承人依照被继承人生前设立的合法有效的遗嘱继承被继承人遗产的一种继承制度。在遗嘱继承中，继承人的范围、继承顺序和继承份额均由被继承人生前的遗嘱来确定。设立遗嘱的被继承人称遗嘱人，由遗嘱指定的继承人为遗嘱继承人。

遗嘱的形式要件：

（1）自书遗嘱。自书遗嘱是指由遗嘱人亲笔书写制作的遗嘱。自书遗嘱由遗嘱人亲笔书写，签名，注明年、月、日。自然人在涉及死后个人财产处分的内容，确为死者的真实意思表示，有本人签名并注明了年、月、日，又无相反证据的，可按自书遗嘱对待。

（2）代书遗嘱。代书遗嘱是由遗嘱人口述遗嘱内容，他人代为书写而制作的遗嘱，又称为代笔遗嘱或口授遗嘱。代书遗嘱应当有两个以上见证人在场见证，由其中一人代书,注明年、月、日,并由代书人、其他见证人和遗嘱人签名。遗嘱人不会书写自己名字的,可按手印。

(3) 打印遗嘱。打印遗嘱是遗嘱人通过电脑制作,用打印机打印出来的遗嘱。打印遗嘱应当有两个以上见证人在场见证。遗嘱人和见证人应当在遗嘱每一页签名,注明年、月、日。

(4) 录音录像遗嘱。录音录像遗嘱指遗嘱人通过录音录像的形式立的遗嘱,录音录像遗嘱应当有两个以上见证人在场见证。遗嘱人和见证人应当在录音录像中记录其姓名或者肖像,以及年、月、日。

(5) 口头遗嘱。口头遗嘱是指遗嘱人在生命处于危急的情况下,用口头表述遗嘱内容的形式。口头遗嘱只有在危急情况下才能采用,口头遗嘱应当有两个以上见证人在场见证。危急情况解除后,遗嘱人能够用书面或者录音形式立遗嘱的,所立的口头遗嘱无效。

(6) 公证遗嘱。公证遗嘱是指由遗嘱人亲自申请,经公证机构证明的遗嘱。对于公证遗嘱,遗嘱人必须亲自到公证机构或者请公证人员到场办理遗嘱公证,不得委托他人代理。同时,立遗嘱人应在自己所立的遗嘱上签名,并注明年、月、日。

(7) 密封遗嘱。密封遗嘱指由遗嘱人秘密作成,加密封后,于见证人前,经公证人证明的遗嘱。遗嘱人既希望于生前保守遗嘱内容的秘密,又希望遗嘱具有强有力的证明力,即可采用密封遗嘱。

遗嘱的实质要件:

(1) 立遗嘱人必须具有完全民事行为能力。无民事行为能力人或者限制民事行为能力人所立的遗嘱无效。

(2) 遗嘱必须是遗嘱人的真实意思表示。受胁迫、欺骗所立的遗嘱无效;伪造的遗嘱无效;遗嘱被篡改的,篡改的内容无效。

(3) 遗嘱的内容必须合法。遗嘱内容不得违反法律,不得损害国家和集体的利益。

(4) 遗嘱应当为某些继承人保留遗产份额。遗嘱应当为缺乏劳动能力又没有生活来源的继承人保留必要的遗产份额。遗嘱不得处分属于国家、集体和他人所有的财产。

遗嘱继承在法律效力上优先于法定继承。只要遗嘱合法有效,便适用遗嘱继承。在无遗嘱继承时,才适用法定继承。

2.法定继承

法定继承,是根据法律直接规定的继承人的范围、继承人继承的顺序、继承人继承遗产的份额及遗产分配原则继承被继承人遗产的一种继承方式。法定继承是一种法律推定继承。被继承人未立遗嘱或所立遗嘱无效时,法律根据被继承人与继承人之间的近亲属关系,推定被继承人生前愿意将自己的遗产由全体继承人按照近亲属亲等的近远、一般均等分配的方法进行继承。

(1) 法定继承人的继承顺序。

① 第一顺序:配偶、子女、父母。

② 第二顺序:兄弟姐妹、祖父母、外祖父母。

继承开始后,由第一顺序继承人继承,第二顺序继承人不继承;没有第一顺序继承人继承的,由第二顺序继承人继承。

(2)法定继承的适用范围

① 遗嘱继承人放弃继承或者受遗赠人放弃遗赠的,对该部分遗产适用法定继承;

② 遗嘱继承人丧失继承权或者受遗赠人丧失受遗赠权的,对其所应继承的遗产适用法定继承;

③ 遗嘱继承人、受遗赠人先于遗嘱人、遗赠人死亡的,对其所应继承的遗产适用法定继承;

④ 遗嘱因违反法律、公序良俗等而无效的,对遗嘱无效部分所涉及的遗产适用法定继承;

⑤ 遗嘱未处分的遗产,适用法定继承;

⑥ 被继承人没有订立遗嘱或遗赠扶养协议的,适用法定继承。

案例分析

案例中的合法继承人有丙丁两人。本案的遗产范围争议的是两套房屋,遗产应当平均分割继承,丙无法证明其母亲的遗嘱的真实性,因此只能按照法定继承的规则,平均继承。

法条链接

《中华人民共和国民法典》第一千一百二十一条 继承从被继承人死亡时开始。

相互有继承关系的数人在同一事件中死亡,难以确定死亡时间的,推定没有其他继承人的人先死亡。都有其他继承人,辈分不同的,推定长辈先死亡;辈分相同的,推定同时死亡,相互不发生继承。

《中华人民共和国民法典》第一千一百二十二条 遗产是自然人死亡时遗留的个人合法财产。

依照法律规定或者根据其性质不得继承的遗产,不得继承。

《中华人民共和国民法典》第一千一百二十三条 继承开始后,按照法定继承办理;有遗嘱的,按照遗嘱继承或者遗赠办理;有遗赠扶养协议的,按照协议办理。

《中华人民共和国民法典》第一千一百二十四条 继承开始后,继承人放弃继承的,应当在遗产处理前,以书面形式作出放弃继承的表示;没有表示的,视为接受继承。

受遗赠人应当在知道受遗赠后六十日内,作出接受或者放弃受遗赠的表示;到期没有表示的,视为放弃受遗赠。

《中华人民共和国民法典》第一千一百二十五条 继承人有下列行为之一的,丧失继承权:

（一）故意杀害被继承人；

（二）为争夺遗产而杀害其他继承人；

（三）遗弃被继承人，或者虐待被继承人情节严重；

（四）伪造、篡改、隐匿或者销毁遗嘱，情节严重；

（五）以欺诈、胁迫手段迫使或者妨碍被继承人设立、变更或者撤回遗嘱，情节严重。

继承人有前款第三项至第五项行为，确有悔改表现，被继承人表示宽恕或者事后在遗嘱中将其列为继承人的，该继承人不丧失继承权。

受遗赠人有本条第一款规定行为的，丧失受遗赠权。

《中华人民共和国民法典》第一千一百六十三条　既有法定继承又有遗嘱继承、遗赠的，由法定继承人清偿被继承人依法应当缴纳的税款和债务；超过法定继承遗产实际价值部分，由遗嘱继承人和受遗赠人按比例以所得遗产清偿。

（二）遗产的范围

案例导学

某市居民李某，在乡村振兴的政策支持下，承包了某村的 0.5 平方千米的土地，用来培育香菇。在承包期内，李某精心管理，获得很大收益。2022 年，李某病故，村里拟将这 0.5 平方千米的土地转给本村种植能手刘某承包，但李某的儿子李小某主张这些土地是他父亲的遗产，应由他来继承，并起诉到法院。

随着社会发展，人们的生产方式不断丰富，《中华人民共和国继承法》已经无法囊括多种多样的合法财产。2021 年《中华人民共和国民法典》颁布实施后，继承编第一千一百二十二条采用概括的方式，精准地描述了遗产的性质和范围，修改了《中华人民共和国继承法》中关于遗产范围的列举式规定："遗产是自然死亡时遗留下来的个人合法财产。依照法律规定或者根据其性质不得继承的遗产，不得继承。"这项法律的修改最大限度地保障了私有财产继承的需要。根据《中华人民共和国民法典》继承编第一千一百二十二条，可以将遗产的法律特征归结为：①财产性；②私人性；③特定时间性；④合法性；⑤排他性。

遗产是指死者生前个人所有的财产和根据法律规定可以继承的其他合法权益。主要包括：①死者死亡时遗留的个人所有合法财产（收入、房屋、储蓄和生活用品）；②林木、牲畜和家禽；③法律允许的所有生产资料；④文物、资料、债权、债务和法律规定的其他合法权益（如著作权、财产权——稿酬、奖金等以及其他合法财产。）

《中华人民共和国民法典》总则编将自然人可以继承的财产权利概括为五类：①物权；②债权；③知识产权；④投资获得的权益；⑤其他财产性权利。近年来，创新的领域中投资各种数据产业或互联网产业依法取得的收益也可以作为遗产继承。

除可以继承的五类财产权利外，还有五类不能继承的财产权利：①国家财产、集体财产、社会组织财产和他人财产；②人身权项下各类人格权和身份权；③知识产权中的人身权；④与自然人人身存在不可分离的权利和义务；⑤国家法律特别规定禁止流转的财物。

案例分析

在我国,农村的土地属于集体所有,不属于农民个人所有。在继承中,继承的遗产只能是死亡的自然人在其生前个人所有的合法财产,不属于死者生前个人所有的合法财产,不发生继承的问题。案例中,李某死亡之后,其子有权继承其遗产,但是,必须准确界定其生前所有的财产的范围,即确定遗产的范围。李某承包经营的土地是本村集体所有的土地,不是李某个人所有的财产,李某只享有承包经营权,不享有所有权。因此,当李某去世后,原来的承包经营关系消灭,所有权人应当收回该土地,而不能作为李某的遗产由其继承人继承。

法条链接

《中华人民共和国民法典》第一千一百二十一条　继承从被继承人死亡时开始。

《中华人民共和国民法典》第一千一百二十二条　遗产是公民死亡时遗留的个人合法财产。

《中华人民共和国民法典》第一千一百二十三条　继承开始后,按照法定继承办理;有遗嘱的,按照遗嘱继承或者遗赠办理;有遗赠扶养协议的,按照协议办理。

《中华人民共和国民法典》第一千一百二十四条　继承开始后,继承人放弃继承的,应当在遗产处理前,以书面形式作出放弃继承的表示;没有表示的,视为接受继承。

受遗赠人应当在知道受遗赠后六十日内,作出接受或者放弃受遗赠的表示;到期没有表示的,视为放弃受遗赠。

依照法律规定或者根据其性质不得继承的遗产,不得继承。

思考题7-2

实训练习7-2

第三节　侵权责任法律常识

一、职场生活中的自甘风险

案例导学

李某今年20岁,是一名在校大学生,素来喜欢足球。2021年6月中旬的一个上午,李某报名参加一场对手为某企业的足球友谊赛,拼抢时与对方一名队员相撞。倒地后,李某感觉右手臂一阵剧痛,送往医院救治后,被诊断为右桡骨骨折,且移位明显。1个多月后,李某委托律师将造成自己受伤的那名队员告上法庭,索赔医疗、护理、交通等费用1万余元。法院受理后,审理查明李某合理损失为8 850元,但李某提供的证据不能证实对方球员系故意对其实施危险动作。你认为李某能获得赔偿吗?

2021年通过的《中华人民共和国民法典》增加了自甘风险原则,即自愿参加具有一定风险的文体活动,因其他参加者的行为受到损害的,受害人不得请求其他参加者承担侵权责任;但是,其他参加者对损害的发生有故意或者重大过失的除外。

活动组织者的责任适用《中华人民共和国民法典》第一千一百九十八条至第一千二百零一条的规定。活动组织者仍须尽到安全保障义务。高对抗性、高危险性的文体活动,要求所有参加人员在运动中注意自身动作的合理性,尽量避免高危险动作给他人带来伤害,并尽可能防范来自他人的危险动作以保护自身安全。民事主体自愿参加比赛,应当明知该活动的风险。如果证据不足以证明损害方故意实施危险动作或具有重大过失,则由在文体活动中受伤的民事主体自己承担风险。

自甘风险原则的构成条件:

(1)活动带有按照一般正常智力水平可以预见的危险性,比如足球、登山、探险、攀岩、漂流等竞技性体育运动。

(2)行为人不是为了履行法定义务(如消防员救火),而是为了获得某种利益而面临危险,比如为了荣誉、快乐感、身体健康等从事危险活动。

(3)损害必须是本可以避免的,比如说不参加足球比赛就不会受到这样的伤害,而自己在明知有危险的前提下还要参加。

案例分析

案例中,从主观上看,李某已满18周岁,属于完全行为能力人,是自愿报名参加足球友谊赛。从客观上看,李某是在拼抢时与对方一名队员相撞,且足球比赛等体育竞技活动等本身存在一定风险,因此,体育竞赛当中,运动员相互之间所发生的损害,原则上是免责的。李某提供的证据也不能证实对方球员系故意对其实施危险动作,所以在足球比赛中受伤的李某需自己承担风险,不能获得他主张的赔偿。

法条链接

《中华人民共和国民法典》第一千一百九十八条 宾馆、商场、银行、车站、机场、体育场馆、娱乐场所等经营场所、公共场所的经营者、管理者或者群众性活动的组织者,未尽到安全保障义务,造成他人损害的,应当承担侵权责任。

因第三人的行为造成他人损害的,由第三人承担侵权责任;经营者、管理者或者组织者未尽到安全保障义务的,承担相应的补充责任。经营者、管理者或者组织者承担补充责任后,可以向第三人追偿。

《中华人民共和国民法典》第一千一百九十九条　无民事行为能力人在幼儿园、学校或者其他教育机构学习、生活期间受到人身损害的,幼儿园、学校或者其他教育机构应当承担侵权责任;但是,能够证明尽到教育、管理职责的,不承担侵权责任。

《中华人民共和国民法典》第一千二百条　限制民事行为能力人在学校或者其他教育机构学习、生活期间受到人身损害,学校或者其他教育机构未尽到教育、管理职责的,应当承担侵权责任。

《中华人民共和国民法典》第一千二百零一条　无民事行为能力人或者限制民事行为能力人在幼儿园、学校或者其他教育机构学习、生活期间,受到幼儿园、学校或者其他教育机构以外的第三人人身损害的,由第三人承担侵权责任;幼儿园、学校或者其他教育机构未尽到管理职责的,承担相应的补充责任。幼儿园、学校或者其他教育机构承担补充责任后,可以向第三人追偿。

二、职场生活中的网络侵权责任

案例导学

2023年1月1日,一名网友在"××在线"发表一篇名为"人肉李天"的帖子。该网帖含有极具侮辱性的文字,并配上了一张李天的生活照片。截至2023年1月8日,该帖的点击量达到4万余次。2023年1月2日,李天联系"××在线"的网络服务提供商某科技公司工作人员,要求删除帖子,当日公司工作人员对发帖涉及李天照片仅作了马赛克处理。

2023年1月4日,李天聘请律师以快递的形式,向某科技公司发送了律师函,要求删除帖子等。2023年1月6日,某科技公司工作人删除发帖所涉李天照片,但该帖依然存在。于是,李天将某科技公司告上法庭,请求法院判决某科技公司在"××在线"首页显要位置以刊登致歉信的形式向李天赔礼道歉,并赔偿其精神抚慰金8 000元、律师费5 000元、交通费750元。

在当今互联网发达的时代,诬陷、诽谤和侮辱人格等诸多问题不需要面对面去实施,受到权利侵犯的人也不知对方是何人,甚至相隔千万里,不知侵权人在何处,那么,在这样的情况下,权利人就需要通过法律途径维护自己的合法权益。

网络侵权是指在网络环境下所发生的侵权行为,是知识侵权的一种形式,网络侵权行为与传统侵权行为在本质上是相同的,即行为人由于过错侵害他人的财产和人身权利,依法应当承担民事责任的行为,以及依法律特别规定应当承担民事责任的其他致人损害行为。

利用网络侵犯他人人格权,其传播速度快,影响较广,危害大,为法律所不容许。网络经营者有义务净化网络环境,阻止粗俗、侮辱、诽谤、造谣、反动等违法不当言论在网络传播。网络经营者获悉不应传播信息后,就应当立即采取有效措施予以阻止。

未阻止，或未及时、有效阻止的，网络经营者应承担相应法律责任。

（一）网络用户或者网络服务提供者的侵权责任

网络用户利用网络实施侵权行为，构成侵权责任，应当对被侵权人的损害承担赔偿责任。这是一般侵权责任，适用过错责任原则。

网络服务提供者自己利用网络，侵害他人民事权益，例如：自己发布信息，抄袭、剽窃他人著作，未经著作权人同意而在网站上发表他人作品等，构成侵权责任，应当承担赔偿责任。这两种侵权责任都是过错责任，也都是自己责任。

（二）网络服务提供者的连带责任

网络服务提供者接到通知后，应当及时将该通知转送相关网络用户，并根据构成侵权的初步证据和服务类型采取必要措施；未及时采取必要措施的，对损害的扩大部分与该网络用户承担连带责任。

 案例分析

案例中，网友利用某科技公司经营管理的网络，发布对李天极具侮辱诽谤的言论，侵犯了其人格尊严，后果较为严重。网帖发布者上传公民照片，具体指代明确。李天本人及委托律师要求删除，但某科技公司知悉后未能及时有效阻止侵害，致使侵害继续存在，应当承担相应的法律责任。

尽管某科技公司后来对涉案当事人图片进行了马赛克处理，但侮辱性文字依然存在，致使侵权事实持续，直到被起诉后才予以删除。以上事实均证明某科技公司在知道网络用户利用其网络服务侵害他人民事权益后，未采取必要措施，未尽到网络经营者基本的法律与社会义务，故应依法承担连带赔偿责任。

⚖ **法条链接**

《中华人民共和国民法典》第一千一百九十四条　网络用户、网络服务提供者利用网络侵害他人民事权益的，应当承担侵权责任。法律另有规定的，依照其规定。

《中华人民共和国民法典》第一千一百九十五条　网络用户利用网络服务实施侵权行为的，权利人有权通知网络服务提供者采取删除、屏蔽、断开链接等必要措施。通知应当包括构成侵权的初步证据及权利人的真实身份信息。

网络服务提供者接到通知后，应当及时将该通知转送相关网络用户，并根据构成侵权的初步证据和服务类型采取必要措施；未及时采取必要措施的，对损害的扩大部分与该网络用户承担连带责任。

权利人因错误通知造成网络用户或者网络服务提供者损害的，应当承担侵权责任。法律另有规定的，依照其规定。

《中华人民共和国民法典》第一千一百九十六条　网络用户接到转送的通知后，可以向网络服务提供者提交不存在侵权行为的声明。声明应当包括不存在侵权行为的初步证据及网络用户的真实身份信息。

网络服务提供者接到声明后,应当将该声明转送发出通知的权利人,并告知其可以向有关部门投诉或者向人民法院提起诉讼。网络服务提供者在转送声明到达权利人后的合理期限内,未收到权利人已经投诉或者提起诉讼通知的,应当及时终止所采取的措施。

《中华人民共和国民法典》第一千一百九十七条　网络服务提供者知道或者应当知道网络用户利用其网络服务侵害他人民事权益,未采取必要措施的,与该网络用户承担连带责任。

三、职场生活中的高空抛物和坠物致害责任

案例导学

2022年4月7日中午15时许,某住宅小区的一名8岁小男孩李安安在1单元楼下玩耍时,被楼上掉下来的一个易拉罐砸中头部,经诊断为重症颅脑损伤、硬膜下积液、脑积水等,经司法鉴定构成三级伤残。事发后,李安安父母立即向当地公安局报警,民警调取摄像头后发现当时李安安所在位置为拍摄死角,找不到具体抛物人员,于是李安安父母将1单元全楼业主起诉至法院,要求共同承担补偿责任。

高空抛物是一种特殊的侵权责任,包括从建筑物中抛掷物品和从建筑物上坠落物品两种行为,一般情况下很难确定具体是由谁造成的,或者确认是谁抛弃的物品。法律为了保护受害人,对高空抛物致人损害的责任承担做了规定。

建筑物或其他设施以及建筑物上的搁置物、悬挂物发生倒塌、脱落、坠落造成他人损害的,所有人或者是管理人应当承担民事责任,但能够证明自己没有过错的除外。共同侵权情况下,即加害人为二人或二人以上的情况,加害人除应承担一般高空抛(坠)物致人损害的侵权责任外,还应承担共同侵权所负的连带责任。建筑物中抛掷物品或者从建筑物上坠落的物品造成他人损害,难以确定具体侵权人的,除能够证明自己不是侵权人的外,由可能加害的建筑物使用人给予补偿。

案例分析

案例中,李安安被楼上抛掷的易拉罐砸伤,经公安局调查难以确定具体侵权人,那么,除能够证明自己不是侵权人的外,由可能加害的1单元业主给予补偿。可能加害的建筑物使用人补偿后,有权向侵权人追偿。

法条链接

《中华人民共和国民法典》第一千二百五十二条　建筑物、构筑物或者其他设施倒塌、塌陷造成他人损害的,由建设单位与施工单位承担连带责任,但是建设单位与施工单位能够证明不存在质量缺陷的除外。建设单位、施工单位赔偿后,有其

他责任人的,有权向其他责任人追偿。

因所有人、管理人、使用人或者第三人的原因,建筑物、构筑物或者其他设施倒塌、塌陷造成他人损害的,由所有人、管理人、使用人或者第三人承担侵权责任。

《中华人民共和国民法典》第一千二百五十三条 建筑物、构筑物或者其他设施及其搁置物、悬挂物发生脱落、坠落造成他人损害,所有人、管理人或者使用人不能证明自己没有过错的,应当承担侵权责任。所有人、管理人或者使用人赔偿后,有其他责任人的,有权向其他责任人追偿。

《中华人民共和国民法典》第一千二百五十四条 禁止从建筑物中抛掷物品。从建筑物中抛掷物品或者从建筑物上坠落的物品造成他人损害的,由侵权人依法承担侵权责任;经调查难以确定具体侵权人的,除能够证明自己不是侵权人的外,由可能加害的建筑物使用人给予补偿。可能加害的建筑物使用人补偿后,有权向侵权人追偿。

物业服务企业等建筑物管理人应当采取必要的安全保障措施防止前款规定情形的发生;未采取必要的安全保障措施的,应当依法承担未履行安全保障义务的侵权责任。

发生本条第一款规定的情形的,公安等机关应当依法及时调查,查清责任人。

《中华人民共和国民法典》第一千二百五十五条 堆放物倒塌、滚落或者滑落造成他人损害,堆放人不能证明自己没有过错的,应当承担侵权责任。

实训练习7-3 　　思考题7-3

第八章 刑法常识

第一节 刑法的基本理论

王勉由于在公司工作勤恳,表现突出,受到领导提拔,心情甚好,晚饭后在小区散步,看到邻居王大爷在小区内遛狗。遛狗过程中,王大爷与小区居民张大妈发生口角,前者挥拳击打后者的面部,造成后者轻微伤;同时,王大爷的狗由于未被牵引,受到惊吓后将在旁边玩耍的小朋友李二娃咬伤,造成犬伤三级;王勉发现后,赶紧让旁边经过的赵铁锤开车将李二娃送往附近医院,结果在驾驶机动车过程中,由于酒精作用,赵铁锤未及时避让正在过斑马线的行人翠花,发生撞击,翠花当场死亡,经鉴定,赵铁锤负全部责任。本案中,有哪些行为违法?分别违反了哪些法律?

一、民事违法

(一)民事违法的概念

民事违法是指违反民事法律规范及侵犯民事权利的行为。主要包括三类:一是违反合同或者不履行其他义务;二是侵犯国家的、集体的财产;三是侵犯他人的财产和人身权利。

(二)民事违法的特征

民事违法行为主要有两个特征:

(1)侵犯他人受到民事法律保护的权利和利益。

(2)行为具有违法性,即违反民事法律的规定。

民事违法行为常见于民事违约行为、民事侵权等行为等。

(三)民事违法的责任

民事违法所需要承担的责任,是指民事主体违反民事法律规范所应当承担的法律责任,主要包括违约责任和侵权责任。

二、行政违法

（一）行政违法的概念

行政违法是指行政主体违反行政法律规范，依法须承担行政责任的行为。行政违法主体为行政主体，与民事违法主体不同，行政违法中的主体往往并非平等主体，因此，任何组织和个人只有当他们以行政法主体身份或以行政法主体名义出现时，他们的违法行为才能构成行政违法。

（二）行政违法的特征

（1）行政违法的主体必须是行政法律关系主体。不是行政法律关系主体，不可能构成行政违法。

（2）行政违法违反的是行政法律规范，侵害的是受法律保护的行政关系。

（3）行政违法对社会造成了一定程度的损害，但尚未构成刑事犯罪。

（4）行政违法依法应当承担行政责任。

（三）行政违法的责任

行政责任是指个人或者单位违反行政管理方面的法律规定所应当承担的法律责任，主要包括行政处分和行政处罚。

三、刑事违法

（一）刑事违法的概念

刑事违法指触犯刑法应受刑法处罚的行为，是违法行为中程度最为严重的一种。

（二）刑事违法的特征

刑事违法具有以下三个方面特征：

（1）具有社会危害性。

（2）具有刑事违法性。

（3）具有应受刑罚惩罚性。

（三）刑事违法的责任

刑事责任是指违反刑事法律规定的个人或者单位所应当承担的法律责任，针对刑事责任，还将面临相应的刑事处罚，我国刑事处罚的种类包括管制、拘役、有期徒刑、无期徒刑和死刑等五种主刑，还包括剥夺政治权利、罚金和没收财产三种附加刑。

📝 案例分析

案例中一共涉及三类法律关系。第一类为民事法律关系，王大爷将张大妈打成轻微伤，虽达不成刑事案件轻伤标准，但仍然需要承担民事赔偿责任；第二类为行政法律关系，王大爷所养的狗将李二娃咬伤，根据《中华人民共和国治安管理处罚法》，因未采取牵引措施，并且造成他人人身伤害，王大爷涉嫌违规饲养大型犬，可能会被行政拘留10日，并处罚款，此外，5年内不得再养狗；第三类为刑事法律关系，赵铁锤酒后驾驶机动车，导致翠花死亡，涉嫌触犯《中华人民共和国刑法》第一百三十三条规定的交通肇事罪，可能面临3年以下有期徒刑。

⚖ **法条链接**

《中华人民共和国刑法》第十三条 一切危害国家主权、领土完整和安全,分裂国家、颠覆人民民主专政的政权和推翻社会主义制度,破坏社会秩序和经济秩序,侵犯国有财产或者劳动群众集体所有的财产,侵犯公民私人所有的财产,侵犯公民的人身权利、民主权利和其他权利,以及其他危害社会的行为,依照法律应当受刑罚处罚的,都是犯罪,但是情节显著轻微危害不大的,不认为是犯罪。

《中华人民共和国民法典》第二条 民法调整平等主体的自然人、法人和非法人组织之间的人身关系和财产关系。

《中华人民共和国行政诉讼法》第二条 公民、法人或者其他组织认为行政机关和行政机关工作人员的行政行为侵犯其合法权益,有权依照本法向人民法院提起诉讼。

实训练习8-1

思考题8-1

第二节 犯 罪 构 成

一、犯罪构成要件

⚖ **案例导学**

案例一:王瑞国庆放假乘动车回家乡看望自己的父母,用自己的工资给父母买了些保健品。但是在通过火车站安检仪器时,王瑞的大衣外侧口袋中被搜出一袋白色粉末,经鉴定,为毒品海洛因。王瑞一直表示对此包物品并不知情,且包装袋上无王瑞指纹,警方经过调取候车大厅监控发现一名黑衣男子在通过安检时将袋装白色粉末塞进了王瑞的口袋,那么,王瑞是否构成犯罪?

案例二:王林晚间看法治频道,节目中,一位丈夫赌博被妻子发现,丈夫回家,妻子不开门,丈夫在门外跪了一夜,最后被冻死,请问,节目中妻子的行为是否构成犯罪?

案例三:王玉下班途中,看见同事赵刚与秦晓站在马路边争吵,赵刚失手将秦晓推在马路上,这时正驶来一辆车辆,因事发突然,此车辆来不及刹车,撞到了秦晓,秦晓经抢救无效死亡。王玉不明白,赵刚只是无心推了一把秦晓,而秦晓真正死亡原因是车辆撞击,为什么赵刚却构成了犯罪。

犯罪构成要件是刑法规定的对行为是否构成犯罪进行衡量的标尺。例如,评价行为的社会危害性及其程度。最终判断该行为是否符合成立犯罪所必需的诸事实特征,即犯罪构成的要素,一般有如下分类:

(一)具体要件

每个犯罪都有自己独有的特征,如故意杀人罪不同于集资诈骗罪、交通肇事罪,具体要件就是罪与罪区分的要素。

有些罪名的具体要件规定得较为简略,故意杀人罪,法条并没有穷尽杀人的所有方式,也没有列举杀人的具体行为种类,但本质上必须具备侵害他人的生命权、出于杀人的故意、实施了杀人行为这些具体的要素才能构成。

有些罪名则表述得较为详细,例如《中华人民共和国刑法》第一百九十六条对信用卡诈骗罪的情形作出了规定:"(一)使用伪造的信用卡,或者使用以虚假的身份证明骗领的信用卡的;(二)使用作废的信用卡的;(三)冒用他人信用卡的;(四)恶意透支的。前款所称恶意透支,是指持卡人以非法占有为目的,超过规定限额或者规定期限透支,并且经发卡银行催收后仍不归还的行为。盗窃信用卡并使用的,依照本法第二百六十四条的规定定罪处罚"。

(二)共同要件

共同要件指所有刑事违法行为构成犯罪所必须具备的要件,这些要件缺一不可,因此,也称犯罪构成的必要要件。

(1)犯罪客体要件。犯罪客体要件是指刑法所保护的社会利益或社会关系,俗称"法益",如果某一行为并没有侵害《中华人民共和国刑法》所保护的社会利益,则该行为不是犯罪。

(2)犯罪客观方面要件。行为人所实施的《中华人民共和国刑法》所禁止的犯罪行为的客观表现,主要有危害行为、危害结果、刑法因果关系、犯罪的时间、地点和方法等。

(3)犯罪主体要件。实施犯罪行为的行为人,往往需达到法定刑事责任年龄、具有刑事责任能力。

(4)犯罪主观方面要件。实施犯罪行为的行为人在主观方面有罪过,即具有犯罪的故意或者过失,没有罪过就没有犯罪。

(三)选择要件

犯罪构成的选择要件,是指部分犯罪构成必须具备的要件。例如,犯罪主体还必须具备某种特殊的身份才能成立犯罪,如刑讯逼供罪、虐待被监管人罪的主体必须具有司法工作人员身份。

案例分析

案例一中,王瑞由于被他人栽赃嫁祸,作为携带毒品的载体通过安检,但是通过调取监控录像和提取毒品包装袋上的指纹,证明王瑞并非犯罪嫌疑人,王瑞不具备犯罪构成要件中的客观要件和主观要件,不构成犯罪。

案例二中,节目中妻子不让丈夫进门的行为,并没有对法益(丈夫的生命)产生不被法律允许的风险,该行为仅属于日常生活行为,妻子也不具有希望丈夫身亡的主观故意与过失,不具备犯罪构成的客观要件、主观要件,因此不构成犯罪。

案例三中,赵刚看似无心之举,但他作为成年人,应该能预见在马路边推秦晓,秦晓很有可能会倒在马路上,而马路上车来车往,经过的车辆很可能因避让不及而撞到秦晓,虽然秦晓是因为车辆撞击死亡,但如果不是赵刚推搡,正常行驶的车辆不会撞上秦晓,赵刚的行为符合犯罪的构成要件,应当负相应的刑事责任。

《中华人民共和国刑法》第十三条　一切危害国家主权、领土完整和安全,分裂国家、颠覆人民民主专政的政权和推翻社会主义制度,破坏社会秩序和经济秩序,侵犯国有财产或者劳动群众集体所有的财产,侵犯公民私人所有的财产,侵犯公民的人身权利、民主权利和其他权利,以及其他危害社会的行为,依照法律应当受刑罚处罚的,都是犯罪,但是情节显著轻微危害不大的,不认为是犯罪。

《中华人民共和国刑法》第十七条　已满十六周岁的人犯罪,应当负刑事责任。

已满十四周岁不满十六周岁的人,犯故意杀人、故意伤害致人重伤或者死亡、强奸、抢劫、贩卖毒品、放火、爆炸、投放危险物质罪的,应当负刑事责任。

已满十二周岁不满十四周岁的人,犯故意杀人、故意伤害罪,致人死亡或者以特别残忍手段致人重伤造成严重残疾,情节恶劣,经最高人民检察院核准追诉的,应当负刑事责任。

对依照前三款规定追究刑事责任的不满十八周岁的人,应当从轻或者减轻处罚。

因不满十六周岁不予刑事处罚的,责令其父母或者其他监护人加以管教;在必要的时候,依法进行专门矫治教育。

《中华人民共和国刑法》第十七条之一　已满七十五周岁的人故意犯罪的,可以从轻或者减轻处罚;过失犯罪的,应当从轻或者减轻处罚。

《中华人民共和国刑法》第十八条　精神病人在不能辨认或者不能控制自己行为的时候造成危害结果,经法定程序鉴定确认的,不负刑事责任,但是应当责令他的家属或者监护人严加看管和医疗;在必要的时候,由政府强制医疗。

间歇性的精神病人在精神正常的时候犯罪,应当负刑事责任。

尚未完全丧失辨认或者控制自己行为能力的精神病人犯罪的,应当负刑事责任,但是可以从轻或者减轻处罚。

醉酒的人犯罪,应当负刑事责任。

《中华人民共和国刑法》第十九条　又聋又哑的人或者盲人犯罪,可以从轻、减轻或者免除处罚。

二、犯罪主体

⚖ **案例导学**

王某下班与同学聚会,同学说他的表弟朱某在差几天满16岁的时候,与他人一起制造了8千克的毒品,其他人全部被抓而朱某却没有事。半个月后朱某却因为偷一部手机(价值6 000元)被公安机关抓了。短短一个月内,朱某制造毒品那么严重的犯罪行为却无事,偷一部手机却被判了罪,你知道这是为什么吗?

刑事责任年龄分为三个阶段：完全不负刑事责任年龄阶段、相对负刑事责任年龄阶段、完全负刑事责任年龄阶段，《中华人民共和国刑法修正案（十一）》对刑事责任年龄进行了修改和调整。

（一）完全不负刑事责任年龄阶段

不满十二周岁的人是完全不负刑事责任年龄阶段的人，心智尚处于幼年时期，身心发育尚不成熟，不具备辨认和控制自己行为的能力，对其所实施的危害行为，均不追究刑事责任。

（二）相对负刑事责任年龄阶段

已满十四周岁不满十六周岁的人，犯故意杀人、故意伤害致人重伤或者死亡、强奸、抢劫、贩卖毒品、放火、爆炸、投放危险物质罪的，应当负刑事责任。已满十二周岁不满十四周岁的人，犯故意杀人、故意伤害罪，致人死亡或者以特别残忍手段致人重伤造成严重残疾，情节恶劣，经最高人民检察院核准追诉的，应当负刑事责任。

我国在《刑法修正案（十一）》中特别针对十二周岁至十四周岁刑事责任年龄进行了修改，主要是由于社会的发展，刑事犯罪呈现年轻化的趋势，特别是近些年发生了许多相关的恶性事件，确有必要降低刑事责任年龄追究其刑事责任，此次修改在十二周岁至十四周岁年龄段仅追究故意杀人和故意伤害情节较恶劣的刑事责任，同时需要最高人民检察院进行核准追诉，这样做一方面是为了打击犯罪，另一方面也是考虑该年龄段的未成年人心智不成熟，应当予以适当的保护。

（三）完全负刑事责任年龄阶段

已满十六周岁的人处于完全负刑事责任年龄的阶段。已满十六周岁的未成年人的心智已较为成熟，具有了一定的社会阅历，是非观念和法治观念增长已经达到一定的程度，已经具备了辨认和控制自己行为的能力。因此，我国刑法规定，针对已满十六周岁的人对自己实施的违反《中华人民共和国刑法》的一切危害行为，都应当承担刑事责任。

📝 案例分析

案例中，在一个月之内，朱某有两次行为，一次是制造毒品，一次是盗窃，在一般人眼中制造8千克毒品比偷一部手机要严重得多，但两次行为时朱某的年龄不同，制造毒品时朱某未满十六周岁，而偷手机时已满十六周岁。法律明确规定十四到十六周岁期间只有8种行为构成犯罪，包括贩卖毒品但不包括制造毒品，虽然制造毒品与贩卖毒品都是毒品类犯罪，且对社会的危害程度相当甚至更大，但法无明文规定不为罪，因此朱某对制造毒品不承担刑事责任。同时，法律规定已满十六周岁且负有完全刑事责任能力的人，对所有犯罪均承担刑事责任，因此，已满十六周岁的朱某即使只偷了一部手机，也构成了盗窃罪。

法条链接

《中华人民共和国刑法修正案(十一)》第一条　将刑法第十七条修改为:"已满十六周岁的人犯罪,应当负刑事责任。"

"已满十四周岁不满十六周岁的人,犯故意杀人、故意伤害致人重伤或者死亡、强奸、抢劫、贩卖毒品、放火、爆炸、投放危险物质罪的,应当负刑事责任。"

"已满十二周岁不满十四周岁的人,犯故意杀人、故意伤害罪,致人死亡或者以特别残忍手段致人重伤造成严重残疾,情节恶劣,经最高人民检察院核准追诉的,应当负刑事责任。"

"对依照前三款规定追究刑事责任的不满十八周岁的人,应当从轻或者减轻处罚。"

"因不满十六周岁不予刑事处罚的,责令其父母或者其他监护人加以管教;在必要的时候,依法进行专门矫治教育。"

三、犯罪主观方面

案例导学

案例一:王小林的室友孙某家境贫寒,通过卖学习书籍赚取生活费,偶然间发现某类外文书籍特别畅销,他便大量售卖此类书籍并赚了很多钱。由于不认识外文,他不知道这些外文书籍其实是淫秽小说。那么,孙某是否构成贩卖淫秽物品牟利罪?

案例二:王壮壮在暑假期间勤工俭学,工作期间他的工友李铁柱与王二娃发生口角,王二娃猛推了李铁柱一把,李铁柱后脑勺撞击在石头上,导致颅脑损伤,抢救无效死亡,王二娃是否构成犯罪?

案例三:一名司机夜间驾车在高速公路上行驶,压过一片塑料布,压死了在塑料布下睡觉的乞丐。那么,这名司机是否构成犯罪?

案例四:张老伯划船载张二娃过河,突然狂风大作,张老伯虽常年划船,但仍无法控制小船,最终船翻导致张二娃溺水身亡,张老伯因为水性好游到了岸边。那么张老伯是否需要承担刑事责任?

(一) 故意

(1) 直接故意:认识到危害结果必然或可能发生,积极追求其发生。

(2) 间接故意:认识到危害结果可能发生,放任其发生。

(二) 过失

(1) 疏忽大意的过失:应当预见自己的行为可能发生危害结果,因为疏忽大意没有预见,以致发生危害结果。

(2) 过于自信的过失:已经预见自己的行为可能发生危害结果,但轻信能够避免,以致发生危害结果。

(三) 意外事件

行为人无法预见、没有预见会发生危害结果,以致发生危害结果。

（四）不可抗力

行为人已经预见会发生危害结果，但是无法抗拒，以致发生危害结果。

 **案例分析**

案例一中，成立故意，要求对行为对象有认识，但是孙某在本案中并没有认识到外文书籍系淫秽物品，主观上不具有犯罪故意，故不构成贩卖淫秽物品罪。

案例二中，王二娃在当时的环境下，对可能发生的伤亡后果有预见的义务，并且应当能够预见到造成李铁柱伤亡的可能性，所以本案中王二娃主观上构成疏忽大意的过失，且客观上造成他人的死亡，故构成过失致人死亡罪。

案例三中，司机对夜间高速公路上，会有人在塑料布下睡觉没有预见的可能性，所以发生的危害结果不能归责于车辆司机，故不构成犯罪。

案例四中，虽然张老伯预见到了会发生的危害结果，但是缺乏避免结果的可能性，同样不可归责于张老伯，故不构成犯罪。

法条链接

《中华人民共和国刑法》第十四条　明知自己的行为会发生危害社会的结果，并且希望或者放任这种结果发生，因而构成犯罪的，是故意犯罪。

故意犯罪，应当负刑事责任。

《中华人民共和国刑法》第十五条　应当预见自己的行为可能发生危害社会的结果，因为疏忽大意而没有预见，或者已经预见而轻信能够避免，以致发生这种结果的，是过失犯罪。

过失犯罪，法律有规定的才负刑事责任。

《中华人民共和国刑法》第十六条　行为在客观上虽然造成了损害结果，但是不是出于故意或者过失，而是由于不能抗拒或者不能预见的原因所引起的，不是犯罪。

四、犯罪客体

案例导学

2022年10月7日晚，阮元携带活动扳手等作案工具，前后两次潜入解放军某连队停车场，盗走33辆汽车的自动排气活门，后卖给某废品收购站，共得款13 000元，遭他人检举后被抓获，请问阮元的行为是否构成盗窃罪？

犯罪客体是犯罪构成的要件之一，指刑事法律所保护而为犯罪行为所侵害的社会关系，分类如下：

（一）一般客体

一般客体，是指一切犯罪所共同侵犯的社会主义社会关系整体。一般客体反映着犯罪行为的共同本质,说明任何行为都侵犯了刑法所保护的社会关系。《中华人民共和国刑法》第二条关于刑法任务的规定,第十三条关于犯罪概念的规定,从不同角度说明了犯罪一般客体的主要内容。

(二)同类客体

同类客体,是指某一类犯罪所共同侵犯的某一类社会关系,或者说是某一类犯罪所共同侵犯的社会关系的某一方面或者某一部分。例如,放火、爆炸、投放危险物质、决水等罪侵犯的是公共安全,即公共安全是这类犯罪的同类客体。我国刑法根据犯罪的同类客体,将犯罪分为十大类。

(三)直接客体

直接客体,是指具体犯罪所直接侵犯的具体的社会关系,如故意杀人罪侵犯的是他人的生命权,故意伤害罪侵犯的是他人的健康权,等等。任何犯罪行为,必然直接侵犯具体的社会关系,否则不可能成立犯罪。

📝 案例分析

案例中,阮元的行为应构成破坏军用设施罪,破坏武器装备、军事设施、军事通信罪,而非盗窃罪。因为本罪侵犯的客体是国防建设秩序,客观方面表现为破坏武器装备、军事设施、军事通信的行为,应以《中华人民共和国刑法》第三百六十九条定罪处罚。

⚖ 法条链接

《中华人民共和国刑法》第三百六十九条　破坏武器装备、军事设施、军事通信的,处三年以下有期徒刑、拘役或者管制;破坏重要武器装备、军事设施、军事通信的,处三年以上十年以下有期徒刑;情节特别严重的,处十年以上有期徒刑、无期徒刑或者死刑。

过失犯前款罪,造成严重后果的,处三年以下有期徒刑或者拘役;造成特别严重后果的,处三年以上七年以下有期徒刑。

战时犯前两款罪的,从重处罚。

五、犯罪客观方面

⚖ 案例导学

2022年7月24日晚8:30,彭力在某市解放路其家附近,遇见两位男青年正在侮辱其女朋友毛彤,便上前制止,遭到一名男青年殴打,被迫还手,在对打时,穿着便衣的民警朱林林路过,未表明其公安人员身份,就抓住彭力的左肩,彭力误认为是对方的同伙帮凶,便拔出牛角刀对朱林林的左眼戳了一刀并逃跑,因朱林林大声叫喊,彭力随即被群众抓住,后被刑事拘留。经治疗朱林林左眼已经完全失明,经法医鉴定,朱林林的情况属于法定重伤。

（一）犯罪客观方面概述

犯罪的客观方面，是指刑法所规定的，说明侵犯某种客体的行为及其危害结果的诸客观事实特征。

可以从以下三个方面来把握犯罪的客观方面：

（1）犯罪的客观方面是由刑法规定的；

（2）犯罪客观方面可以分为必备要件和选择要件两类；

（3）犯罪客观方面是犯罪构成的基本要件之一。

（二）危害行为

危害行为，是指行为人（单位或自然人）在自己意识和意志的支配下所实施的危害社会并为刑法所禁止的行为。

（三）危害结果

危害结果，是指危害社会的行为对我国刑法所保护的社会关系所造成的损害。

（四）刑法上的因果关系

刑法上的因果关系，指的是人的危害社会的行为与危害结果之间存在的引起与被引起的关系。刑法上的因果关系与日常生活中的因果关系是不同的两个概念。

案例分析

案例中，因为在民警朱林林没有表明自己身份的情况下，彭力判明来者是民警是不可能的，是属于"对不法侵害人的认识错误导致防卫第三者"，因此，彭某的行为属于假想防卫。在当时的情况下，不能要求其预见其行为结果的发生。为此，根据《中华人民共和国刑法》第十六条之规定，应认为是意外事件。根据犯罪的客观方面的基本特征进行分析，彭力的行为是假想防卫的行为，但是其行为主观上没有罪过，危害结果是由于不能预见的原因引起的，是意外事件，因此彭力不负刑事责任。

法条链接

《中华人民共和国刑法》第十六条　行为在客观上虽然造成了损害结果，但是不是出于故意或者过失，而是由于不能抗拒或者不能预见的原因所引起的，不是犯罪。

思考题8-2

《中华人民共和国刑法》第二十条　为了使国家、公共利益、本人或者他人的人身、财产和其他权利免受正在进行的不法侵害，而采取的制止不法侵害的行为，对不法侵害人造成损害的，属于正当防卫，不负刑事责任。

实训练习8-2

正当防卫明显超过必要限度造成重大损害的，应当负刑事责任，但是应当减轻或者免除处罚。

对正在进行行凶、杀人、抢劫、强奸、绑架以及其他严重危及人身安全的暴力犯罪，采取防卫行为，造成不法侵害人伤亡的，不属于防卫过当，不负刑事责任。

第三节 刑罚的种类

> **案例一：** 王凡周末遇到了邻居吴某，大吃一惊，因为王凡在一个月前听说吴某与朋友蒋某犯了诈骗罪，法院判决两人都是有期徒刑三年，怎么蒋某还在监狱服刑而吴某就已经回归社会？吴某告诉王凡，虽然自己和蒋某都被判处有期徒刑三年，但自己是被判处有期徒刑三年，缓刑五年，王凡听后仍然不清楚其中区别。
>
> **案例二：** 王雨听说张二娃醉酒驾车被判处拘役一个月，刑期 2022 年 5 月 1 日开始，结果 2022 年 5 月 12 日，王雨看到张二娃还在家中。王雨觉得张二娃一定是自己潜逃出了看守所，准备报警。请问，王雨的认识正确吗？

刑事处罚是指针对行为人实施的违反刑法的行为所应当受到的刑罚制裁，简称刑罚。根据我国刑法的规定，刑事处罚包括主刑和附加刑两部分。主刑有：管制、拘役、有期徒刑、无期徒刑和死刑。附加刑有：罚金、剥夺政治权利和没收财产。

一、主刑

（一）管制

1. 管制的概念

管制是对罪犯不予关押，但限制其一定自由，并采取社区矫正的刑罚方法。

2. 管制期间的劳动问题

判处管制的罪犯不强制劳动，在劳动时与普通公民同工同酬。

3. 管制期限的计算

管制期限为 3 个月以上 2 年以下，数罪并罚不得超过 3 年。刑期从判决之日起算，判决前先行羁押的，羁押 1 日折抵 2 日。

4. 管制期间的其他限制

对管制可以同时适用禁止令（禁止从事某些活动，期限与管制相同）。

5. 对管制应实行社区矫正

被判处管制的犯罪分子，依法实行社区矫正。被判处管制的犯罪分子，在执行期间，应当遵守以下规定：

（1）遵守法律、法规，服从监督；

（2）未经执行机关批准，不得行使言论、出版、集会、结社、游行、示威的权利；

（3）按照执行机关规定报告自己的活动情况；

（4）遵守执行机关关于会客的规定；

（5）离开所居住的市、县或者迁居，应当报经执行机关批准；

（6）遵守人民法院的禁止犯罪分子在执行期间从事特定活动，进入特定区域、场所，接触特定的人的禁止令。

（二）拘役

1．拘役的概念

拘役是短期剥夺罪犯人身自由的刑罚方法。

2．拘役的执行机关

拘役由公安机关就近在看守所执行。

3．拘役期间的回家问题

在执行期间，罪犯每月可回家 1 至 2 天。

4．拘役期间的劳动问题

参加劳动的，可酌量发给报酬。

5．拘役的期限

拘役期限为 1 个月以上 6 个月以下，数罪并罚不得超过 1 年，刑期从判决执行之日起算。

（三）有期徒刑

1．有期徒刑的概念

有期徒刑是剥夺罪犯一定期限的人身自由的刑罚。

2．有期徒刑的期限

有期徒刑的期限是 6 年至 15 年，数罪并罚总和刑期不满 35 年的，最高不能超过 20 年，总和刑期在 35 年以上的，最高不能超过 25 年，刑期从判决执行之日起算，先行羁押 1 日折抵 1 日。

3．有期徒刑的执行

监狱执行，剩余刑期在 3 个月以下的，由看守所代为执行，未成年由未成年犯管教所执行。

4．有期徒刑期间的劳动问题

有劳动能力的，应当参加劳动，按规定发放报酬。

（四）无期徒刑

1．无期徒刑的概念

无期徒刑是指剥夺犯罪主体终身自由并实施强迫劳动改造的刑法种类。

2．无期徒刑的执行

无期徒刑在监狱或其他场所执行。

3．无期徒刑的适用特点

判处无期徒刑的刑罚，必须附加剥夺政治权利终身。

（五）死刑

1．死刑立即执行

（1）适用死刑的主体：罪行极其严重的犯罪分子。

（2）不适用死刑的主体：

① 犯罪时不满 18 周岁的人（犯罪时而非审判时，即使审判时已满 18 周岁，亦不

可适用死刑）。

② 怀孕的妇女（包含整个羁押期间，无论人工流产还是自然流产，均属于怀孕的妇女）。

③ 审判时已经满75周岁的人，但手段特别残忍的除外（审判时包含整个羁押期间）。

（3）死刑立即执行核准：报请最高人民法院核准。

2．死刑缓期执行

（1）不适用死刑缓期执行的主体。

① 犯罪时不满18周岁的人（犯罪时而非审判时，即使审判时已满18周岁，亦不可适用死刑）。

② 怀孕的妇女（包含整个羁押期间，无论人工流产还是自然流产，均属于怀孕的妇女）。

③ 审判时已经满75周岁的人，但手段特别残忍的除外（审判时包含整个羁押期间）。

（2）刑罚变更。

没有故意犯罪的，2年期满后，减为无期徒刑；有重大立功，2年期满后，减为25年有期徒刑；故意犯罪的，情节恶劣的，报请最高人民法院核准死刑；对于故意犯罪未执行死刑的，死缓期间重新计算，并报最高人民法院备案。

（3）限制减刑的罪名。

被判处死刑缓期执行的累犯；故意杀人、强奸、抢劫、绑架、放火、爆炸、投放危险物质或者有组织的暴力犯罪被判处死刑缓期执行的犯罪分子。

二、附加刑

（一）罚金

1．罚金的概念

罚金是指法院判处犯罪人向国家缴纳一定数额金钱的刑罚方法。

2．罚金刑的适用方式

（1）单科式。刑法规定的单科罚金主要适用于单位犯罪。例如：《中华人民共和国刑法》第三百八十七条规定的单位受贿罪，对单位判处罚金。在这种情况下，罚金只能单独适用。

（2）选科式。在罚金单独适用的情况下，其他刑种可供选择适用。例如：根据《中华人民共和国刑法》第二百七十五条规定，犯故意毁坏财物罪的，处3年以下有期徒刑、拘役或者罚金。在这种情况下，罚金作为一种选择的法定刑，只有单独适用，不能附加适用。

（3）并科式。在罚金附加适用的情况下，明确规定判处自由刑时，必须同时并处罚金。例如，《中华人民共和国刑法》第三百二十六条规定的倒卖文物罪，处5年以下有期徒刑或者拘役，并处罚金；情节特别严重的，处5年以上10年以下有期徒刑，并处罚金。在这种情况下，罚金只能附加适用，不能单独适用。

（4）复合式。复合式是指罚金的单处与并处同时规定在一个法条之内，以供选择适用。例如，《中华人民共和国刑法》第二百一十六条规定，假冒他人专利，情节严重的,处 3 年以下有期徒刑或者拘役,并处或者单处罚金。在这种情况下,罚金既可以附加适用,也可以单独适用。

3．罚金刑的执行

(1) 罚金在判决规定的期限内一次或分期缴纳。

(2) 期满不缴纳的,强制缴纳。例如:采取查封,变卖犯罪分子的财产或扣发工资等方式强制缴纳。

(3) 如果有遭遇不能抗拒的灾祸缴纳确实有困难的,可以酌情减少或者免除缴纳。

(二) 没收财产

1．没收财产的概念

没收财产是指剥夺犯罪人个人财产,无偿收归国有的一种刑罚方法。

2．没收财产刑的适用对象

(1) 危害国家安全罪是适用没收财产刑的首要对象。

(2) 经济犯罪及贪利性犯罪是没收财产刑的重要对象。

3．没收财产的范围

(1) 没收财产是没收犯罪分子个人所有财产的一部分或者全部。此处应当注意,没收的对象应当是确定为犯罪分子的个人所有财产,而不包括家属的财产等其他财产。

(2) 没收全部财产的,应当对犯罪分子个人及其扶养的家属保留必需的生活费用,以维持犯罪分子个人和扶养的家属的生活。

(3) 在判处没收财产的时候,不得没收属于犯罪分子家属所有或者应有的财产。家属所有财产,是指纯属家属个人所有的财产,如家属自己穿用的衣物、个人劳动所得财产。

4．没收财产的方式

(1) 选科式。刑法分则对某种犯罪或者某种犯罪的特定情节规定为并处罚金或者没收财产。例如《中华人民共和国刑法》第二百六十七条规定抢夺公私财物,数额特别巨大或者有其他特别严重情节的,处 10 年以上有期徒刑或者无期徒刑,并处罚金或者没收财产。

(2) 并科式。在对犯罪人科处生命刑或自由刑同时判处没收财产。例如,《中华人民共和国刑法》第三百八十三条规定,对犯贪污罪的,个人贪污数额在 10 万元以上的,情节特别严重的,处死刑,并处没收财产。

5．没收财产的执行

没收财产由人民法院执行,在必要的时候,可以会同公安机关执行。

6．没收财产如何偿还债务

没收财产以前犯罪分子所负的正当债务,需要以没收的财产偿还的,经债权人请求,应当偿还。

(1) 必须是没收财产以前犯罪分子所欠债务,包括所负国家、集体和个人的债务。

（2）必须是合法的债务。非法债务，如赌债、高利贷超出合法利息部分的债务不在此列。对此，最高人民法院《关于适用财产刑若干问题的规定》第六条明确规定：《中华人民共和国刑法》第六十条规定的"没收财产以前犯罪分子所负的正当债务"，是指犯罪分子在判决生效前所欠他人的合法债务。

（3）必须经债权人提出请求。偿还犯罪分子所负债务，仅限于没收财产的范围内，并按我国民事诉讼法规定的清偿顺序偿还。

（三）剥夺政治权利

1．剥夺政治权利的概念

剥夺政治权利是一种资格刑，它以剥夺犯罪人的一定政治权利为内容。

2．剥夺政治权利的内容

（1）选举权和被选举权。

（2）言论、出版、集会、结社、游行、示威自由的权利。

（3）担任国家机关职务的权利。

（4）担任国有公司、企业、事业单位和人民团体领导职务的权利。

3．剥夺政治权利的期限

（1）判处管制附加剥夺政治权利，剥夺政治权利的期限与管制的期限相等，同时执行，即3个月以上2年以下。

（2）判处拘役、有期徒刑附加剥夺政治权利或者单处剥夺政治权利的期限，为1年以上5年以下。

（3）判处死刑、无期徒刑的犯罪分子，应当剥夺政治权利终身。

（4）死刑缓期执行或者无期徒刑减为有期徒刑的，附加剥夺政治权利的期限改为3年以上10年以下。

4．剥夺政治权利的执行机关

犯罪分子被判处有期徒刑、无期徒刑、死刑缓期2年执行，在判决生效后，即送往监狱接受教育改造和强制劳动改造，由监狱管理机关执行。

被判处管制拘役的罪犯，是交由公安机关执行其主刑的，其附加剥夺政治权利，也应由公安机关执行。

📝 案例分析

案例一中，王凡之所以会碰到吴某，并不是因为吴某提前回归了社会，而是因为其被宣告了缓刑。缓刑是指对被判处一定刑罚的罪犯，在一定期限内附条件地不执行所判刑罚的制度。对宣告缓刑的犯罪分子，在缓刑考验期限内，依法实行社区矫正，而不用在监狱执行，这就是吴某具有一定人身自由的原因。如果吴某没有违反刑法规定的情形，缓刑考验期满，原判的刑罚就不再执行，并公开予以宣告。

案例二中，王雨的认识是错误的，根据《中华人民共和国刑法》第四十三条的规定，在拘役执行期间，被判处拘役的犯罪分子每月可以回家一天至两天，张二娃回家是合法的，并非潜逃，不必报警。

《中华人民共和国刑法》第三十二条　刑罚分为主刑和附加刑。

《中华人民共和国刑法》第三十三条　主刑的种类如下：（一）管制；（二）拘役；（三）有期徒刑；（四）无期徒刑；（五）死刑。

《中华人民共和国刑法》第三十四条　附加刑的种类如下：（一）罚金；（二）剥夺政治权利；（三）没收财产。

附加刑也可以独立适用。

《中华人民共和国刑法》第三十五条　对于犯罪的外国人，可以独立适用或者附加适用驱逐出境。

《中华人民共和国刑法》第三十六条　由于犯罪行为而使被害人遭受经济损失的，对犯罪分子除依法给予刑事处罚外，并应根据情况判处赔偿经济损失。

承担民事赔偿责任的犯罪分子，同时被判处罚金，其财产不足以全部支付的，或者被判处没收财产的，应当先承担对被害人的民事赔偿责任。

第四节　常见的刑法罪名

一、交通肇事罪

案例导学

丁全新买了一辆车，呼朋唤友去庆祝，但朋友太多，结果严重超载，然后不慎撞上正常行走的路人，路人重伤。交警责任认定书认定丁全对这起事故承担全部责任，朋友安慰丁全法律规定重伤1人不构成交通肇事罪。请问，丁全的朋友的话符合法律规定吗？

交通肇事罪是指从事交通运输人员或者非交通运输人员违反交通运输管理法规，因而发生重大事故，致人重伤、死亡或者致使公私财产遭受重大损失，危害公共安全的行为。

（一）交通肇事罪的构成要件

1. 交通肇事罪的客体

本罪的客体是公共交通运输安全，即在交通运输中不特定多数人的生命、健康和重大公私财产的安全。

2. 交通肇事罪的客观方面

本罪的客观方面表现为在道路交通运输中，违反交通运输管理法规，以致发生重大事故，致人重伤、死亡或者使公私财产遭受重大损失，危害公共安全的行为。

构成交通肇事罪的一般情况如下：

（1）死亡1人或者重伤3人以上，负事故全部或者主要责任的；

（2）死亡3人以上，负事故同等责任的；

（3）造成公共财产或者他人财产直接损失，负事故全部或者主要责任，无能力赔偿数额在30万元以上的；

（4）交通肇事致1人以上重伤，负事故全部或者主要责任，并具有下列情形之一的，以交通肇事罪定罪处罚：

① 酒后、吸食毒品后驾驶机动车辆的；

② 无驾驶资格驾驶机动车辆的；

③ 明知是安全装置不全或者安全机件失灵的机动车辆而驾驶的；

④ 明知是无牌证或者已报废的机动车辆而驾驶的；

⑤ 严重超载驾驶的；

⑥ 为逃避法律追究逃离事故现场的。

3. 交通肇事罪的主体

本罪的主体是一般主体，即任何具有刑事责任能力的自然人。一般为从事交通运输的相关人员，同时非机动车驾驶人员的行人、骑自行车者因违反交通运输管理法规引发交通事故的，也可能构成本罪。

4. 交通肇事罪的主观方面

本罪的主观方面为过失，即行为人对发生交通事故的结果持过失态度，但其对于自己违反交通管理法规的心态有可能是故意。

（二）容易混淆的情况

1. 过失撞人与故意杀人

行为人在交通肇事后为逃避法律追究，将被害人带离事故现场后隐藏或者遗弃，如丢弃到废弃的仓库、隐蔽的水沟或山洞等，致使被害人无法及时得到救助而死亡或者严重残疾的，应当分别以故意杀人罪或者故意伤害罪定罪处罚。

2. 撞人数量相同但刑期不同

2022年12月14日，孙伟铭大量饮酒，在撞车后，继续超速并越过黄色双实线，与对面车道正常行驶的四车相撞，致使4人死亡，1人重伤。二审法院判决认定孙伟铭构成以危险方法危害公共安全罪，判处无期徒刑。

孙伟铭作为精神智力正常的成年人，在严重醉酒驾车发生追尾交通事故后，不计后果，以超过限速2倍的速度驾车在车辆、人流密集的道路上穿行逃逸，且跨越黄色双实线逆行，连续冲撞4车，造成4人死亡，1人重伤。孙伟铭对于超速逆行冲撞车辆的可能会造成严重后果完全能够预见，但其放任此后果发生，具有危害公共安全的故意，因此构成以危险方法危害公共安全罪，而非交通肇事罪。

📝 案例分析

案例中，丁全的朋友的话是没有法律根据的，丁全属于超载驾驶机动车，造成一人重伤并负事故主要责任，已经构成交通肇事罪。

法条链接

　　《中华人民共和国刑法》第一百三十三条　违反交通运输管理法规，因而发生重大事故，致人重伤、死亡或者使公私财产遭受重大损失的，处三年以下有期徒刑或者拘役；交通运输肇事后逃逸或者有其他特别恶劣情节的，处三年以上七年以下有期徒刑；因逃逸致人死亡的，处七年以上有期徒刑。

　　最高人民法院《关于审理交通肇事刑事案件具体应用法律若干问题的解释》第二条　交通肇事具有下列情形之一的，处三年以下有期徒刑或者拘役：

　　（一）死亡一人或者重伤三人以上，负事故全部或者主要责任的；

　　（二）死亡三人以上，负事故同等责任的；

　　（三）造成公共财产或者他人财产直接损失，负事故全部或者主要责任，无能力赔偿数额在三十万元以上的。

　　交通肇事致一人以上重伤，负事故全部或者主要责任，并具有下列情形之一的，以交通肇事罪定罪处罚：

　　（一）酒后、吸食毒品后驾驶机动车辆的；

　　（二）无驾驶资格驾驶机动车辆的；

　　（三）明知是安全装置不全或者安全机件失灵的机动车辆而驾驶的；

　　（四）明知是无牌证或者已报废的机动车辆而驾驶的；

　　（五）严重超载驾驶的；

　　（六）为逃避法律追究逃离事故现场的。

　　第三条　"交通运输肇事后逃逸"，是指行为人具有本解释第二条第一款规定和第二款第（一）至（五）项规定的情形之一，在发生交通事故后，为逃避法律追究而逃跑的行为。

　　第四条　交通肇事具有下列情形之一的，属于"有其他特别恶劣情节"，处三年以上七年以下有期徒刑：

　　（一）死亡二人以上或者重伤五人以上，负事故全部或者主要责任的；

　　（二）死亡六人以上，负事故同等责任的；

　　（三）造成公共财产或者他人财产直接损失，负事故全部或者主要责任，无能力赔偿数额在六十万元以上的。

　　第五条　"因逃逸致人死亡"，是指行为人在交通肇事后为逃避法律追究而逃跑，致使被害人因得不到救助而死亡的情形。

　　交通肇事后，单位主管人员、机动车辆所有人、承包人或者乘车人指使肇事人逃逸，致使被害人因得不到救助而死亡的，以交通肇事罪的共犯论处。

　　第六条　行为人在交通肇事后为逃避法律追究，将被害人带离事故现场后隐藏或者遗弃，致使被害人无法得到救助而死亡或者严重残疾的，应当分别依照刑法第二百三十二条、第二百三十四条第二款的规定，以故意杀人罪或者故意伤害罪定罪处罚。

第七条 单位主管人员、机动车辆所有人或者机动车辆承包人指使、强令他人违章驾驶造成重大交通事故，具有本解释第二条规定情形之一的，以交通肇事罪定罪处罚。

最高人民法院《关于醉酒驾车犯罪法律适用问题的意见》

一、准确适用法律，依法严惩醉酒驾车犯罪

刑法规定，醉酒的人犯罪，应当负刑事责任。行为人明知酒后驾车违法、醉酒驾车会危害公共安全，却无视法律醉酒驾车，特别是在肇事后继续驾车冲撞，造成重大伤亡，说明行为人主观上对持续发生的危害结果持放任态度，具有危害公共安全的故意。对此类醉酒驾车造成重大伤亡的，应依法以危险方法危害公共安全罪定罪。

······

二、危险驾驶罪

> 王利回家途中，看到一则新闻，陈山与陈峰两兄弟庆祝生日，期间陈山饮酒较多。饭后，陈山说陈峰没有驾驶证开车不安全，而自己酒量特别好，由他开车更放心，结果陈峰开车过程中与其他车辆发生了擦剐，车主闻见酒味就报了警，经鉴定，陈山血液酒精含量达到 189 mg/100 ml，王利不禁思考：酒量特别好的人，喝酒后也不能开车吗？

（一）危险驾驶罪的概念

危险驾驶罪是指在道路上驾驶机动车追逐竞驶，情节恶劣的或者在道路上醉酒驾驶机动车的行为。

（二）危险驾驶罪的构成要件

1. 危险驾驶罪的客体

本罪的客体是道路交通安全，即在交通运输中不特定多数人的生命、健康和重大公私财产的安全。

2. 危险驾驶罪的客观方面

（1）追逐竞驶，情节恶劣的。

追逐竞驶即"飙车"，指行为人驾驶机动车在道路上高速行驶、反复变道、违法超车等行为，且已经达到情节恶劣的程度。

（2）醉酒驾驶机动车的，即"醉驾"。

《关于办理醉酒驾驶机动车刑事案件适用法律若干问题的意见》的通知指明，在道路上驾驶机动车，血液酒精含量达到 80 mg/100 ml 以上的，属于醉酒驾驶机动车，依照刑法第一百三十三条之一第一款的规定，以危险驾驶罪定罪处罚。

（3）从事校车业务或者旅客运输，严重超过额定乘员载客，或者严重超过规定时速行驶的。

（4）违反危险化学品安全管理规定运输危险化学品，危及公共安全的。

3. 危险驾驶罪的主体

本罪主体为一般主体，即任何具有刑事责任能力的自然人。

4. 危险驾驶罪的主观方面

本罪的主观方面为故意，一般情况下属于间接故意，行为人在主观上并不希望也不追求危害结果的发生，而是对危及公共安全持放任态度。

案例分析

案例中的陈山饮酒驾车，不论其酒量如何，只要检测出血液酒精含量达到 80 mg/100 ml 以上的，都属于醉酒驾驶机动车，构成危险驾驶罪。

法条链接

《中华人民共和国刑法》第一百三十三条之一　在道路上驾驶机动车，有下列情形之一的，处拘役，并处罚金：

（一）追逐竞驶，情节恶劣的；

（二）醉酒驾驶机动车的；

（三）从事校车业务或者旅客运输，严重超过额定乘员载客，或者严重超过规定时速行驶的；

（四）违反危险化学品安全管理规定运输危险化学品，危及公共安全的。

机动车所有人、管理人对前款第三项、第四项行为负有直接责任的，依照前款的规定处罚。

有前两款行为，同时构成其他犯罪的，依照处罚较重的规定定罪处罚。

《关于办理醉酒驾驶机动车行驶案件适用法律若干问题的意见》

一、在道路上驾驶机动车，血液酒精含量达到 80 mg/100 ml 以上的，属于醉酒驾驶机动车，依照刑法第一百三十三条之一第一款的规定，以危险驾驶罪定罪处罚。

前款规定的"道路""机动车"，适用道路交通安全法的有关规定。

二、醉酒驾驶机动车，具有下列情形之一的，依照刑法第一百三十三条之一第一款的规定，从重处罚：

（一）造成交通事故且负事故全部或者主要责任，或者造成交通事故后逃逸，尚未构成其他犯罪的；

（二）血液酒精含量达到 200 mg/100 ml 以上的；

（三）在高速公路、城市快速路上驾驶的；

（四）驾驶载有乘客的营运机动车的；

（五）有严重超员、超载或者超速驾驶，无驾驶资格驾驶机动车，使用伪造或者变造的机动车牌证等严重违反道路交通安全法的行为的；

（六）逃避公安机关依法检查，或者拒绝、阻碍公安机关依法检查尚未构成其他犯罪的；

（七）曾因酒后驾驶机动车受过行政处罚或者刑事追究的；

（八）其他可以从重处罚的情形。

《中华人民共和国道路交通安全法（2011修正）》第一百一十九条

"道路"，是指公路、城市道路和虽在单位管辖范围但允许社会机动车通行的地方，包括广场、公共停车场等用于公众通行的场所。

三、诈骗罪

　　　王爽回老家给外公庆祝生日，其间舅妈说起同村张亮买了豪车豪房，上个月却进了公安局。张亮的公司的"经营模式"采取的是"杀猪盘"方式，先通过一些知名的社交软件加了很多具有一定经济实力的女性，然后通过头像、朋友圈将自己包装成为成功人士，引诱被害人跟着其"炒期货"，先让被害人在模拟盘上小赚一把，当被害人满心欢喜并大额投资后，张亮等人再操纵后台，让被害人血本无归。

（一）诈骗罪的概念

诈骗罪是指以非法占有为目的，使用虚构事实或者隐瞒真相的方法骗取数额较大的公私财物的行为。

（二）诈骗罪的构成要件

1.诈骗罪的客体

本罪的客体是公私财物所有权。

2.诈骗罪的客观方面

本罪的客观方面表现为下列几点：

（1）实施了欺骗行为，即行为人使用虚构事实或者隐瞒真相的欺骗方法。欺骗的方式多种多样，可以通过语言，如冒充医院专家骗取老年被害人的信任，趁机向被害人高价兜售保健品，也可以通过行为，如在称重时利用遥控器干扰电子秤提高称重数量。

（2）欺骗行为使对方陷入错误认识，从而自愿对财产作出处分。自愿处分财物，是因为行为人欺骗举动，使对方在认识上产生了错误的认识，信以为真才处分。欺骗行为要达到使一般人陷入错误认识的程度，如果仅仅是夸大事实，如冒充医生，告知对方维生素e包治百病。没有使对方陷入错误认识，而对方自愿交付的，也不属于诈骗罪，如行为人冒充公安，对方却发现行为人所穿"制服"并不是公安的警号编码，而是保安制服，但出于对行为人的同情，仍支付了一定的财物。

（3）行为人因此获得了财产，被害人也遭受了损失。

（4）可以是行为人本人获取财物，也可以是行为人指定的第三人获取，但即使行为人、指定的第三人未实际获取到财物，也可能构成诈骗罪（未遂）。

（5）骗取公私财物必须数额较大。

3．诈骗罪的主体

本罪的主体是一般主体，即任何具有刑事责任能力的自然人。

4．诈骗罪的主观方面

本罪主观方面是故意并以非法占有公私财物为目的。

 案例分析

案例中的张亮等人采取的是比较典型的"杀猪盘"式的诈骗手法，先虚构自己"发现"了炒期货的漏洞，带着被害人"小赚"一把，其实能"小赚"是因为后台能操作"输赢"，当被害人信以为真而大量投入资金，并将账号密码交给张亮等人操作，张亮等人便趁机操作后台让被害人血本无归，张亮等人的行为构成诈骗罪。

法条链接

《中华人民共和国刑法》第二百六十六条　诈骗公私财物，数额较大的，处三年以下有期徒刑、拘役或者管制，并处或者单处罚金；数额巨大或者有其他严重情节的，处三年以上十年以下有期徒刑，并处罚金；数额特别巨大或者有其他特别严重情节的，处十年以上有期徒刑或者无期徒刑，并处罚金或者没收财产。本法另有规定的，依照规定。

《关于办理诈骗刑事案件具体应用法律若干问题的解释》

第一条　诈骗公私财物价值三千元至一万元以上、三万元至十万元以上、五十万元以上的，应当分别认定为刑法第二百六十六条规定的"数额较大""数额巨大""数额特别巨大"。

第五条　诈骗未遂，以数额巨大的财物为诈骗目标的，或者具有其他严重情节的，应当定罪处罚。

利用发送短信、拨打电话、互联网等电信技术手段对不特定多数人实施诈骗，诈骗数额难以查证，但具有下列情形之一的，应当认定为刑法第二百六十六条规定的"其他严重情节"，以诈骗罪（未遂）定罪处罚：

（一）发送诈骗信息五千条以上的；

（二）拨打诈骗电话五百人次以上的；

（三）诈骗手段恶劣、危害严重的。

第七条　明知他人实施诈骗犯罪，为其提供信用卡、手机卡、通信工具、通信传输通道、网络技术支持、费用结算等帮助的，以共同犯罪论处。

《关于办理电信网络诈骗等刑事案件适用法律若干问题的意见》（法发〔2016〕32号）

第四条第（三）款　明知他人实施电信网络诈骗犯罪，具有下列情形之一的，以共同犯罪论处，但法律和司法解释另有规定的除外：

1．提供信用卡、资金支付结算账户、手机卡、通信工具的；

2．非法获取、出售、提供公民个人信息的；

3.制作、销售、提供"木马"程序和"钓鱼软件"等恶意程序的；

4.提供"伪基站"设备或相关服务的；

5.提供互联网接入、服务器托管、网络存储、通信传输等技术支持，或者提供支付结算等帮助的；

6.在提供改号软件、通话线路等技术服务时，发现主叫号码被修改为国内党政机关、司法机关、公共服务部门号码，或者境外用户改为境内号码，仍提供服务的；

7.提供资金、场所、交通、生活保障等帮助的；

8.帮助转移诈骗犯罪所得及其产生的收益，套现、取现的。

上述规定的"明知他人实施电信网络诈骗犯罪"，应当结合被告人的认知能力、既往经历、行为次数和手段、与他人关系、获利情况、是否曾因电信网络诈骗受过处罚、是否故意规避调查等主客观因素进行综合分析认定。

四、组织、领导传销活动罪

 案例导学

王小林与同事在工作间隙聊天，一位同事说她堂弟吴展告诉她，他既能自己发财也能让朋友一起赚钱，即先缴纳 69 800 元加入"1040 连锁经营"组织，然后再拉亲朋好友一起交钱入会，自己就可以从中得到高额提成，然后这些亲朋好友也获得拉人交钱得提成的资格，这样通过"拉人头"的数量作为计酬的依据，最高可以获得 1 040 万元，所以这个组织叫作"1040 连锁经营"组织。那么，这种"不骗人"的赚钱方式可不可行呢？

（一）组织、领导传销活动罪的概念

组织、领导传销活动罪，是指组织、领导以推销商品、提供服务等经营活动为名，要求参加者以缴纳费用或者购买商品、服务等方式获得加入资格，并按照一定顺序组成层级，直接或者间接以发展人员的数量作为计酬或者返利依据，引诱、胁迫参加者继续发展他人参加，骗取财物，扰乱经济社会秩序的传销活动的行为。

（二）组织、领导传销罪的构成要件

1. 组织、领导传销罪的客体

本罪的客体为复杂客体，既侵犯了公民的财产所有权，又侵犯了市场经济秩序和社会管理秩序。

2. 组织、领导传销罪的客观方面

本罪的客观方面表现为下列几点：

（1）要求参加者以缴纳费用或者购买商品、提供服务、购买虚拟份额等方式获得加入资格。所谓的商品和服务有可能具有真实内容，但物非所值，甚至可能是虚拟的数字，参加者的主要目的并不是为了获取商品、服务，而是为了获取参加传销组织的资格。如用 25 600 元购买 2 件普通的床单或者普通功能的净水器，大部分参加者甚至连这些已购买的床单、净水器都不会带回家。

（2）按照一定顺序组成层级。需要达到"组织内部参与传销活动人员在30人以上且层级在3级以上"。

（3）直接或者间接以发展人员的数量作为计酬或者返利依据。以"发展人头"而不是以销售商品、提供服务的业绩来作为主要收入来源。市场上，有许多超市、商家都采取了"会员制"，但这些超市和商家都以销售、提供货真价实的商品或服务为主要盈利模式，属于正规的经营活动。

（4）引诱、胁迫参加者继续发展他人参加。传统的传销多半是先引诱后胁迫参加，如没收手机、身份证、银行卡等，不允许单独对外联系，只能待在房间里接受"洗脑"。新型传销更为"柔和"，更多采用引诱方式，夸大盈利前景，宣传"只赚不赔"，吸引源源不断的"逐利者"。

（5）骗取财物。本罪归根到底是一种诈骗犯罪，行为人采取编造、歪曲国家政策，虚构、夸大经营、投资、服务项目及盈利前景，隐瞒计酬、返利的真实来源，从下线缴纳的会费、购买的商品、服务的费用中非法获取利益。而这种营利手段不具有可持续性，必然会有下线会员遭受财产损失。

3. 组织、领导传销罪的主体

本罪的主体为一般主体，即任何具有刑事责任能力的自然人。

4. 组织、领导传销罪的主观方面

本罪的主观方面为故意，即行为人明知自己组织领导传销活动会扰乱经济社会秩序，致使他人财产受损，希望或者放任这种结果的发生。

案例分析

案例中的"1040"组织最终目的不是为了销售商品或者提供服务，而是按照直接或者间接发展下线人员数量来计算薪酬。如果是组织者、领导者且所发展的下线在三十人以上且层级在三级以上的话，就构成组织、领导传销活动罪。

法条链接

最高人民检察院、公安部《关于公安机关管辖的刑事案件立案追诉标准的规定（二）》第七十条 〔组织、领导传销活动案（刑法第二百二十四条之一）〕组织、领导以推销商品、提供服务等经营活动为名，要求参加者以缴纳费用或者购买商品、服务等方式获得加入资格，并按照一定顺序组成层级，直接或者间接以发展人员的数量作为计酬或者返利依据，引诱、胁迫参加者继续发展他人参加，骗取财物，扰乱经济社会秩序的传销活动，涉嫌组织、领导的传销活动人员在三十人以上且层级在三级以上的，对组织者、领导者，应予立案追诉。

下列人员可以认定为传销活动的组织者、领导者：

（一）在传销活动中起发起、策划、操纵作用的人员；

（二）在传销活动中承担管理、协调等职责的人员；

（三）在传销活动中承担宣传、培训等职责的人员；

（四）因组织、领导传销活动受过刑事追究，或者一年内因组织、领导传销活动受过行政处罚，又直接或者间接发展参与传销活动人员在十五人以上且层级在三级以上的人员；

（五）其他对传销活动的实施、传销组织的建立、扩大等起关键作用的人员。

一、关于传销组织层级及人数的认定问题

以推销商品、提供服务等经营活动为名，要求参加者以缴纳费用或者购买商品、服务等方式获得加入资格，并按照一定顺序组成层级，直接或者间接以发展人员的数量作为计酬或者返利依据，引诱、胁迫参加者继续发展他人参加，骗取财物，扰乱经济社会秩序的传销组织，其组织内部参与传销活动人员在三十人以上且层级在三级以上的，应当对组织者、领导者追究刑事责任。

组织、领导多个传销组织，单个或者多个组织中的层级已达三级以上的，可将在各个组织中发展的人数合并计算。

组织者、领导者形式上脱离原传销组织后，继续从原传销组织获取报酬或者返利的，原传销组织在其脱离后发展人员的层级数和人数，应当计算为其发展的层级数和人数。

办理组织、领导传销活动刑事案件中，确因客观条件的限制无法逐一收集参与传销活动人员的言词证据的，可以结合依法收集并查证属实的缴纳、支付费用及计酬、返利记录，视听资料，传销人员关系图，银行账户交易记录，互联网电子数据，鉴定意见等证据，综合认定参与传销的人数、层级数等犯罪事实。

二、关于传销活动有关人员的认定和处理问题

下列人员可以认定为传销活动的组织者、领导者：

（一）在传销活动中起发起、策划、操纵作用的人员；

（二）在传销活动中承担管理、协调等职责的人员；

（三）在传销活动中承担宣传、培训等职责的人员；

（四）曾因组织、领导传销活动受过刑事处罚，或者一年以内因组织、领导传销活动受过行政处罚，又直接或者间接发展参与传销活动人员在 15 人以上且层级在 3 级以上的人员；

（五）其他对传销活动的实施、传销组织的建立、扩大等起关键作用的人员。以单位名义实施组织、领导传销活动犯罪的，对于受单位指派，仅从事劳务性工作的人员，一般不予追究刑事责任。

三、略

四、关于"情节严重"的认定问题

传销组织的组织者、领导者，具有下列情形之一的，应当认定为刑法第二百二十四条之一规定的"情节严重"：

（一）组织、领导的参与传销活动人员累计达 120 人以上的；

（二）直接或者间接收取参与传销活动人员缴纳的传销资金数额累计达 250 万元以上的；

（三）曾因组织、领导传销活动受过刑事处罚，或者一年以内因组织、领导传销

活动受过行政处罚,又直接或者间接发展参与传销活动人员累计达 60 人以上的;

(四)造成参与传销活动人员精神失常、自杀等严重后果的;

(五)造成其他严重后果或者恶劣社会影响的。

五、非法吸收公众存款罪

王泽看到一则新闻,刘龙等人成立一家名叫"多欢乐"的公司,只要顾客买满 25 600 元的商品(被单、净水器等),即可在 5 年内返现 64 320 元。"多欢乐"公司前期也一直按照约定给顾客返现,但公安民警却把刘龙带走了,王泽不解,难道按照合同约定办事也不合法?

(一)非法吸收公众存款罪的概念

非法吸收公众存款罪是指非法吸收公众存款或者变相吸收公众存款,扰乱金融秩序的行为。

(二)非法吸收公众存款罪的构成要件

1.非法吸收公众存款罪的客体

本罪的客体是国家金融管理制度。

2.非法吸收公众存款罪的客观方面

本罪的客观方面:

(1)行为对象即所谓的"公众"。向亲友、单位内部人员吸纳资金属于合法行为,但如果明知亲友或者单位内部人员向其他不特定人员吸收资金而放任的,以及为了吸收资金而将社会人员吸收为单位内部人员再吸收资金的属于向公众吸收资金。

(2)一般非法吸收公众存款,会同时满足以下四个条件:

① 未经有关部门依法批准或者借用合法经营的形式吸收资金;

② 通过媒体、推介会、传单、手机短信等途径向社会公开宣传;

③ 承诺在一定期限内以货币、实物、股权等方式还本付息或者给付回报;

④ 向社会公众即社会不特定对象吸收资金。

3.非法吸收公众存款罪的主体

本罪的主体为不具有吸收存款资格的自然人、单位。

4.非法吸收公众存款罪的主观方面

本罪的主观方面表现为故意,不要求具有非法占有不特定对象资金的目的。

案例分析

案例中的"欢乐多"公司看似按期足额给顾客返现,按合同办事,属于"诚信"企业,但该公司卖 25 600 元的商品,却返现 64 320 元,且这些商品本来价值不到售价的十分之一,该公司的做法属于以销售商品为幌子变相向社会公众吸收存款的行为,构成非法吸收公众存款罪。

法条链接

《中华人民共和国刑法》第一百七十六条 非法吸收公众存款或者变相吸收公众存款,扰乱金融秩序的,处三年以下有期徒刑或者拘役,并处或者单处罚金;数额巨大或者有其他严重情节的,处三年以上十年以下有期徒刑,并处罚金;数额特别巨大或者有其他特别严重情节的,处十年以上有期徒刑,并处罚金。

单位犯前款罪的,对单位判处罚金,并对其直接负责的主管人员和其他直接责任人员,依照前款的规定处罚。

有前两款行为,在提起公诉前积极退赃退赔,减少损害结果发生的,可以从轻或者减轻处罚。

《最高人民法院关于审理非法集资刑事案件具体应用法律若干问题的解释》(法释〔2022〕5号)

第一条 违反国家金融管理法律规定,向社会公众(包括单位和个人)吸收资金的行为,同时具备下列四个条件的,除刑法另有规定的以外,应当认定为刑法第一百七十六条规定的"非法吸收公众存款或者变相吸收公众存款":

(一)未经有关部门依法许可或者借用合法经营的形式吸收资金;

(二)通过网络、媒体、推介会、传单、手机信息等途径向社会公开宣传;

(三)承诺在一定期限内以货币、实物、股权等方式还本付息或者给付回报;

(四)向社会公众即社会不特定对象吸收资金。

未向社会公开宣传,在亲友或者单位内部针对特定对象吸收资金的,不属于非法吸收或者变相吸收公众存款。

第二条 实施下列行为之一,符合本解释第一条第一款规定的条件的,应当依照刑法第一百七十六条的规定,以非法吸收公众存款罪定罪处罚:

(一)不具有房产销售的真实内容或者不以房产销售为主要目的,以返本销售、售后包租、约定回购、销售房产份额等方式非法吸收资金的;

(二)以转让林权并代为管护等方式非法吸收资金的;

(三)以代种植(养殖)、租种植(养殖)、联合种植(养殖)等方式非法吸收资金的;

(四)不具有销售商品、提供服务的真实内容或者不以销售商品、提供服务为主要目的,以商品回购、寄存代售等方式非法吸收资金的;

(五)不具有发行股票、债券的真实内容,以虚假转让股权、发售虚构债券等方式非法吸收资金的;

(六)不具有募集基金的真实内容,以假借境外基金、发售虚构基金等方式非法吸收资金的;

(七)不具有销售保险的真实内容,以假冒保险公司、伪造保险单据等方式非法吸收资金的;

(八)以网络借贷、投资入股、虚拟币交易等方式非法吸收资金的;

(九)以委托理财、融资租赁等方式非法吸收资金的;

(十)以提供"养老服务"、投资"养老项目"、销售"老年产品"等方式非法吸收资金的;

（十一）利用民间"会""社"等组织非法吸收资金的；

（十二）其他非法吸收资金的行为。

第三条　非法吸收或者变相吸收公众存款，具有下列情形之一的，应当依法追究刑事责任：

（一）非法吸收或者变相吸收公众存款数额在100万元以上的；

（二）非法吸收或者变相吸收公众存款对象150人以上的；

（三）非法吸收或者变相吸收公众存款，给存款人造成直接经济损失数额在50万元以上的。

非法吸收或者变相吸收公众存款数额在50万元以上或者给存款人造成直接经济损失数额在25万元以上，同时具有下列情节之一的，应当依法追究刑事责任：

（一）曾因非法集资受过刑事追究的；

（二）二年内曾因非法集资受过行政处罚的；

（三）造成恶劣社会影响或者其他严重后果的。

第四条　非法吸收或者变相吸收公众存款，具有下列情形之一的，应当认定为刑法第一百七十六条规定的"数额巨大或者有其他严重情节"：

（一）非法吸收或者变相吸收公众存款数额在500万元以上的；

（二）非法吸收或者变相吸收公众存款对象500人以上的；

（三）非法吸收或者变相吸收公众存款，给存款人造成直接经济损失数额在250万元以上的。

非法吸收或者变相吸收公众存款数额在250万元以上或者给存款人造成直接经济损失数额在150万元以上，同时具有本解释第三条第二款第三项情节的，应当认定为"其他严重情节"。

第五条　非法吸收或者变相吸收公众存款，具有下列情形之一的，应当认定为刑法第一百七十六条规定的"数额特别巨大或者有其他特别严重情节"：

（一）非法吸收或者变相吸收公众存款数额在5 000万元以上的；

（二）非法吸收或者变相吸收公众存款对象5 000人以上的；

（三）非法吸收或者变相吸收公众存款，给存款人造成直接经济损失数额在2 500万元以上的。

非法吸收或者变相吸收公众存款数额在2 500万元以上或者给存款人造成直接经济损失数额在1 500万元以上，同时具有本解释第三条第二款第三项情节的，应当认定为"其他特别严重情节"。

第六条　非法吸收或者变相吸收公众存款的数额，以行为人所吸收的资金全额计算。在提起公诉前积极退赃退赔，减少损害结果发生的，可以从轻或者减轻处罚；在提起公诉后退赃退赔的，可以作为量刑情节酌情考虑。

非法吸收或者变相吸收公众存款，主要用于正常的生产经营活动，能够在提起公诉前清退所吸收资金，可以免予刑事处罚；情节显著轻微危害不大的，不作为犯罪处理。

对依法不需要追究刑事责任或者免予刑事处罚的，应当依法将案件移送有关行政机关。

六、开设赌场罪

　　王佳和一位爱打牌的朋友杨友很久没有联系了,后来才知道杨友犯了开设赌场罪。前阵子杨友想到了一个既可以打牌又可以赚钱的"好方法",他租用了一套房子,组织一群赌客并为他们提供赌具,每 4 个小时为 1 场,每 1 场抽取 2 000 元作为自己的利润,经营了 4 个月,杨友赚了 14 万元。

(一)开设赌场罪的概念

　　开设赌场罪,是指以营利为目的,开设提供赌具、用于赌博的场所的行为。

(二)开设赌场罪的构成要件

1.开设赌场罪的客体

　　本罪的客体是正常的社会管理秩序。

2.开设赌场罪的客观方面

　　本罪的客观方面表现为开设、经营赌场的行为。临时性与长期性开设不影响本罪成立。重点打击赌场的出资者、经营者,对受雇参与赌场利润分成或者领取高额固定工资以外,一般不追究刑事责任。如果所提供的棋牌室只收取了正常的服务费用,参与者也仅进行少量财物输赢的娱乐活动的,不构成开设赌场罪。

3.开设赌场罪的主体

　　本罪的主体为一般主体,即任何具有刑事责任能力的自然人。

4.开设赌场罪的主观方面

　　本罪的主观方面表现为故意。行为人开设赌场,一般是为了获取钱财,而不是为了消遣、娱乐。

案例分析

　　案例中的杨友组织参赌人员并提供赌博场地、用具,供他人进行赌博,系组织者、经营者,并从中非法获利 10 余万元,构成开设赌场罪。

法条链接

　　《中华人民共和国刑法》第三百零三条　以营利为目的,聚众赌博或者以赌博为业的,处三年以下有期徒刑、拘役或者管制,并处罚金。

　　开设赌场的,处五年以下有期徒刑、拘役或者管制,并处罚金;情节严重的,处五年以上十年以下有期徒刑,并处罚金。

　　组织中华人民共和国公民参与国(境)外赌博,数额巨大或者有其他严重情节的,依照前款的规定处罚。

　　《关于办理网络赌博犯罪案件适用法律若干问题的意见》(公通字〔2010〕40 号)

一、关于网上开设赌场犯罪的定罪量刑标准

利用互联网、移动通信终端等传输赌博视频、数据,组织赌博活动,具有下列情形之一的,属于刑法第三百零三条第二款规定的"开设赌场"行为:

(一)建立赌博网站并接受投注的;

(二)建立赌博网站并提供给他人组织赌博的;

(三)为赌博网站担任代理并接受投注的;

(四)参与赌博网站利润分成的。

实施前款规定的行为,具有下列情形之一的,应当认定为刑法第三百零三条第二款规定的"情节严重":

(一)抽头渔利数额累计达到 3 万元以上的;

(二)赌资数额累计达到 30 万元以上的;

(三)参赌人数累计达到 120 人以上的;

(四)建立赌博网站后通过提供给他人组织赌博,违法所得数额在 3 万元以上的;

(五)参与赌博网站利润分成,违法所得数额在 3 万元以上的;

(六)为赌博网站招募下级代理,由下级代理接受投注的;

(七)招揽未成年人参与网络赌博的;

(八)其他情节严重的情形。

二、关于网上开设赌场共同犯罪的认定和处罚

明知是赌博网站,而为其提供下列服务或者帮助的,属于开设赌场罪的共同犯罪,依照刑法第三百零三条第二款的规定处罚:

(一)为赌博网站提供互联网接入、服务器托管、网络存储空间、通信传输通道、投放广告、发展会员、软件开发、技术支持等服务,收取服务费数额在 2 万元以上的;

(二)为赌博网站提供资金支付结算服务,收取服务费数额在 1 万元以上或者帮助收取赌资 20 万元以上的;

(三)为 10 个以上赌博网站投放与网址、赔率等信息有关的广告或者为赌博网站投放广告累计 100 条以上的。

实施前款规定的行为,数量或者数额达到前款规定标准 5 倍以上的,应当认定为刑法第三百零三条第二款规定的"情节严重"。

实施本条第一款规定的行为,具有下列情形之一的,应当认定行为人"明知",但是有证据证明确实不知道的除外:

(一)收到行政主管机关书面等方式的告知后,仍然实施上述行为的;

(二)为赌博网站提供互联网接入、服务器托管、网络存储空间、通信传输通道、投放广告、软件开发、技术支持、资金支付结算等服务,收取服务费明显异常的;

(三)在执法人员调查时,通过销毁、修改数据、账本等方式故意规避调查或者向犯罪嫌疑人通风报信的;

(四)其他有证据证明行为人明知的。

《关于办理利用赌博机开设赌场案件适用法律若干问题的意见》（公通字〔2014〕17号）

一、关于利用赌博机组织赌博的性质认定

设置具有退币、退分、退钢珠等赌博功能的电子游戏设施设备，并以现金、有价证券等贵重款物作为奖品，或者以回购奖品方式给予他人现金、有价证券等贵重款物（以下简称设置赌博机）组织赌博活动的，应当认定为刑法第三百零三条第二款规定的"开设赌场"行为。

二、利用赌博机开设赌场的定罪处罚标准

设置赌博机组织赌博活动，具有下列情形之一的，应当按照刑法第三百零三条第二款规定的开设赌场罪定罪处罚：

（一）设置赌博机10台以上的；

（二）设置赌博机2台以上，容留未成年人赌博的；

（三）在中小学校附近设置赌博机2台以上的；

（四）违法所得累计达到5000元以上的；

（五）赌资数额累计达到5万元以上的；

（六）参赌人数累计达到20人以上的；

（七）因设置赌博机被行政处罚后，两年内再设置赌博机5台以上的；

（八）因赌博、开设赌场犯罪被刑事处罚后，五年内再设置赌博机5台以上的；

（九）其他应当追究刑事责任的情形。

设置赌博机组织赌博活动，具有下列情形之一的，应当认定为刑法第三百零三条第二款规定的"情节严重"：

（一）数量或者数额达到第二条第一款第一项至第六项规定标准六倍以上的；

（二）因设置赌博机被行政处罚后，两年内再设置赌博机30台以上的；

（三）因赌博、开设赌场犯罪被刑事处罚后，五年内再设置赌博机30台以上的；

（四）其他情节严重的情形。

可同时供多人使用的赌博机，台数按照能够独立供一人进行赌博活动的操作基本单元的数量认定。

在两个以上地点设置赌博机，赌博机的数量、违法所得、赌资数额、参赌人数等均合并计算。

三、关于共犯的认定

明知他人利用赌博机开设赌场，具有下列情形之一的，以开设赌场罪的共犯论处：

（一）提供赌博机、资金、场地、技术支持、资金结算服务的；

（二）受雇参与赌场经营管理并分成的；

（三）为开设赌场者组织客源，收取回扣、手续费的；

（四）参与赌场管理并领取高额固定工资的；

（五）提供其他直接帮助的。

七、拒不支付劳动报酬罪

 案例导学

王水的高中同学程晨开了一家有限责任公司,由于今年公司盈利一般,程晨打算购买一辆高端轿车的愿望落空,后想到可以先用本要发放给员工的工资来买车,就偷偷把公司的财产转走了,造成公司今年未曾盈利的假象,打算等半年后公司再盈利时再补发工资。程晨置人力资源和社会保障部门限期整改指令书于不顾,结果15名员工共计50万元的工资被拖了将近7个月,其中员工熊铁林的孩子因无学费而辍学,程晨后被追究了刑事责任。王水想,拖欠工资不是属于劳动法管吗?怎么就构成了犯罪?

（一）拒不支付劳动报酬罪的概念

拒不支付劳动报酬罪是指以转移财产、逃匿等方法逃避支付劳动者的劳动报酬或者有能力支付而不支付劳动者的劳动报酬,数额较大,经政府有关部门责令支付仍不支付的行为。

（二）拒不支付劳动报酬罪的构成要件

1. 拒不支付劳动报酬罪的客体

本罪客体是双重客体,既侵犯劳动者的财产权,又妨碍了正常的劳动用工关系,侵犯了社会主义市场经济秩序。

2. 拒不支付劳动报酬罪的客观方面

本罪的客观方面表现为:

（1）实施了以转移财产、逃匿等方法逃避支付或者有能力支付而不支付劳动者的劳动报酬的行为。劳动报酬包括依据劳动法等规定应得到的报酬,包括工资、奖金、津贴、补贴、延长工作时间的工资报酬及特殊情况下支付的工资。"转移财产、逃匿等方法"一般指隐匿财产、恶意清偿、虚构债务,逃跑、藏匿,隐匿、销毁或者篡改账目、职工名册、工资支付记录等与劳动报酬相关的材料等。

（2）数额较大。

（3）经政府有关部门责令支付仍不支付的。如人力资源和社会保障部门、劳动监察部门下达限期整改指令书但仍不支付。

3. 拒不支付劳动报酬罪的主体

本罪的主体包括企业和自然人,以及不具备用工主体资格的单位或者个人（包工头）。

4. 拒不支付劳动报酬罪的主观方面

本罪的主观方面表现为故意,即主观上明知自己的"不支付劳动者劳动报酬"的这种行为会产生劳动者不能及时实际得到劳动报酬的社会危害后果,却希望或放任这种后果发生。

案例分析

案例中的程晨作为公司的实际负责人,即使本年公司盈利一般也能按期足额支付员工工资,但其为了购车而转移、隐匿公司资产,置人力资源和社会保障部门限期整改指令书于不顾,导致公司拖欠 15 名员工共计 50 万元的工资,甚至造成员工孩子失学的严重后果,构成拒不支付劳动报酬罪。

法条链接

《中华人民共和国刑法》第二百七十六条之一 以转移财产、逃匿等方法逃避支付劳动者的劳动报酬或者有能力支付而不支付劳动者的劳动报酬,数额较大,经政府有关部门责令支付仍不支付的,处三年以下有期徒刑或者拘役,并处或者单处罚金;造成严重后果的,处三年以上七年以下有期徒刑,并处罚金。

单位犯前款罪的,对单位判处罚金,并对其直接负责的主管人员和其他直接责任人员,依照前款的规定处罚。

有前两款行为,尚未造成严重后果,在提起公诉前支付劳动者的劳动报酬,并依法承担相应赔偿责任的,可以减轻或者免除处罚。

《关于审理拒不支付劳动报酬刑事案件适用法律若干问题的解释》(法释〔2013〕3 号)

第一条 劳动者依照《中华人民共和国劳动法》和《中华人民共和国劳动合同法》等法律的规定应得的劳动报酬,包括工资、奖金、津贴、补贴、延长工作时间的工资报酬及特殊情况下支付的工资等,应当认定为刑法第二百七十六条之一第一款规定的"劳动者的劳动报酬"。

第二条 以逃避支付劳动者的劳动报酬为目的,具有下列情形之一的,应当认定为刑法第二百七十六条之一第一款规定的"以转移财产、逃匿等方法逃避支付劳动者的劳动报酬":

(一)隐匿财产、恶意清偿、虚构债务、虚假破产、虚假倒闭或者以其他方法转移、处分财产的;

(二)逃跑、藏匿的;

(三)隐匿、销毁或者篡改账目、职工名册、工资支付记录、考勤记录等与劳动报酬相关的材料的;

(四)以其他方法逃避支付劳动报酬的。

第三条 具有下列情形之一的,应当认定为刑法第二百七十六条之一第一款规定的"数额较大":

(一)拒不支付一名劳动者三个月以上的劳动报酬且数额在五千元至二万元以上的;

(二)拒不支付十名以上劳动者的劳动报酬且数额累计在三万元至十万元以上的。

第六条　拒不支付劳动者的劳动报酬,尚未造成严重后果,在刑事立案前支付劳动者的劳动报酬,并依法承担相应赔偿责任的,可以认定为情节显著轻微危害不大,不认为是犯罪;在提起公诉前支付劳动者的劳动报酬,并依法承担相应赔偿责任的,可以减轻或者免除刑事处罚;在一审宣判前支付劳动者的劳动报酬,并依法承担相应赔偿责任的,可以从轻处罚。

对于免除刑事处罚的,可以根据案件的不同情况,予以训诫、责令具结悔过或者赔礼道歉。

拒不支付劳动者的劳动报酬,造成严重后果,但在宣判前支付劳动者的劳动报酬,并依法承担相应赔偿责任的,可以酌情从宽处罚。

第七条　不具备用工主体资格的单位或者个人,违法用工且拒不支付劳动者的劳动报酬,数额较大,经政府有关部门责令支付仍不支付的,应当依照刑法第二百七十六条之一的规定,以拒不支付劳动报酬罪追究刑事责任。

第八条　用人单位的实际控制人实施拒不支付劳动报酬行为,构成犯罪的,应当依照刑法第二百七十六条之一的规定追究刑事责任。

第九条　单位拒不支付劳动报酬,构成犯罪的,依照本解释规定的相应个人犯罪的定罪量刑标准,对直接负责的主管人员和其他直接责任人员定罪处罚,并对单位判处罚金。

八、拒不执行判决、裁定罪

 案例导学

苏强养了一头凶猛的藏獒,在电梯里将6岁的陈小满咬成重伤,法院判决苏强支付各种费用共计40万元,苏强不愿意支付,在法院判决之后把自己唯一的财产(价值50万的住房)以17万元的价格卖给了他人,并将17万元用于赌博,致使陈小满无医药费救治。苏强认为自己处理自己的合法财产天经地义,怎么就构成了拒不执行判决、裁定罪?

(一)拒不执行判决、裁定罪的概念

拒不执行判决、裁定罪是指对人民法院的判决、裁定有能力执行而拒不执行的行为。

(二)拒不执行判决、裁定罪的构成要件

1.拒不执行判决、裁定罪的客体

本罪的客体为人民法院执行生效裁判的正常活动。

2.拒不执行判决、裁定罪的客观方面

本罪的客观方面表现为有能力执行而拒不执行人民法院的生效判决和裁定,情节严重的行为。

(1)要有拒绝执行人民法院生效判决、裁定的行为。人民法院的判决、裁定是指人民法院依法作出的具有执行内容并已发生法律效力的判决、裁定。其中裁定包括支付令、生效调解书、仲裁裁决、公证债权文书等。拒绝执行,既可以采取积极的作为,如通过殴打、捆绑、扣押、围困执行人员,抢夺执行标的,以暴力加害、揭发违法犯罪行为等恐吓执行人员,转移、隐匿可供执行的财产,同时也可以采取不作为方式,如对人民法院的执行通知置之不理或者隐匿身份等。

（2）执行义务人必须具有能力执行而拒不执行。有能力执行,是指有可供执行的财产或者具有履行特定行为义务的能力。执行义务人在人民法院的判决、裁定生效后,为逃避义务,采取隐藏、以不合理低价变卖、无偿赠与,甚至毁损财物而造成事实上无法履行义务的,仍应属于有能力执行,构成犯罪的,应以拒不执行判决、裁定罪论处。但如果执行义务人本身无可供执行财产,导致无法履行判决、裁定所确定的义务的,则属于履行不能,不构成本罪。

（3）必须达到情节严重。根据法律规定,下列情形以拒不执行判决、裁定罪论处:

① 被执行人隐藏、转移、故意毁损财产或者无偿转让财产、以明显不合理的低价转让财产,致使判决、裁定无法执行的;

② 担保人或者被执行人隐藏、转移、故意毁损或者转让已向人民法院提供担保的财产,致使判决、裁定无法执行的;

③ 协助执行义务人接到人民法院协助执行通知书后,拒不协助执行,致使判决、裁定无法执行的;

④ 被执行人、担保人、协助执行义务人与国家机关工作人员通谋,利用国家机关工作人员的职权妨害执行,致使判决、裁定无法执行的;

⑤ 其他有能力执行而拒不执行,情节严重的情形。

3. 拒不执行判决、裁定罪的主体

本罪的主体既包括有义务执行判决、裁定的当事人,也包括协助执行义务人、担保人等负有执行义务的人。

4. 拒不执行判决、裁定罪的主观方面

本罪的主观方面为故意,即明知是人民法院已经生效的判决或裁定,而故意拒不执行。

📝 **案例分析**

案例中法院已经作出了生效判决,要求苏强支付 40 万元费用,而苏强作为被执行人有一套市场价值 50 万元的房屋,明显具有履行判决义务的能力,但其却以 17 万元出售,售价明显低于市场价格,且还将仅有的 17 万元用于赌博,致使生效判决无法得到执行,受伤的陈小满无法得到救治,情节严重,构成拒不执行判决、裁定罪。

⚖️ **法条链接**

《中华人民共和国刑法》第三百一十三条 对人民法院的判决、裁定有能力执行而拒不执行,情节严重的,处三年以下有期徒刑、拘役或者罚金;情节特别严重的,处三年以上七年以下有期徒刑,并处罚金。

单位犯前款罪的,对单位判处罚金,并对其直接负责的主管人员和其他直接责任人员,依照前款的规定处罚。

《最高人民法院关于审理拒不执行判决、裁定刑事案件适用法律若干问题的解释》(法发〔2021〕2号):

第一条 负有执行义务的人有能力执行而实施下列行为之一的,应当认定为全国人民代表大会常务委员会关于刑法第三百一十三条的解释中规定的"其他有能力执行而拒不执行,情节严重的情形";

(一)具有拒绝报告或者虚假报告财产情况、违反人民法院限制高消费及有关消费令等拒不执行行为,经采取罚款或者拘留等强制措施后仍拒不执行的;

(二)伪造、毁灭有关被执行人履行能力的重要证据,以暴力、威胁、贿买方法阻止他人作证或者指使、贿买、胁迫他人作伪证,妨碍人民法院查明被执行人财产情况,致使判决、裁定无法执行的;

(三)拒不交付法律文书指定交付的财物、票证或者拒不迁出房屋、退出土地,致使判决、裁定无法执行的;

(四)与他人串通,通过虚假诉讼、虚假仲裁、虚假和解等方式妨害执行,致使判决、裁定无法执行的;

(五)以暴力、威胁方法阻碍执行人员进入执行现场或者聚众哄闹、冲击执行现场,致使执行工作无法进行的;

(六)对执行人员进行侮辱、围攻、扣押、殴打,致使执行工作无法进行的;

(七)毁损、抢夺执行案件材料、执行公务车辆和其他执行器械、执行人员服装以及执行公务证件,致使执行工作无法进行的;

(八)拒不执行法院判决、裁定,致使债权人遭受重大损失的。

九、非法拘禁罪

 案例导学

唐孝比较重义气,同事屈林因购买轿车还差10万元找到唐孝,唐孝借款给屈林后要求屈林在半年内还款即可,后屈林找各种理由推脱,唐孝虽重义气但脾气火暴,把屈林约至宾馆要求还钱,屈林不从,唐孝便对屈林拳打脚踢并将屈林关在宾馆达28小时,后屈林趁唐孝睡着跑出宾馆并报警,法院判决唐孝构成非法拘禁罪。请问,唐孝拿回自己的合法财产也有错吗?

(一)非法拘禁罪的概念

非法拘禁罪,是指以拘押、禁闭或者其他强制方法,非法剥夺他人人身自由的行为。

(二)非法拘禁罪的构成要件

1.非法拘禁罪的客体

本罪的客体是公民的人身自由权。

2.非法拘禁罪的客观方面

本罪的客观方面表现为行为人实施了非法拘禁行为或者其他方法非法剥夺他人人身自由的行为。拘禁行为多种多样,可以是直接限制行为,如捆绑手脚关进仓库、关进箱子拿走通信工具、关进高速行进的车里、强迫进入全封闭"培训班";也可以是间接限制行为,如拿走衣服,致使他人因羞耻心不能出浴室。

3.非法拘禁罪的主体

本罪的主体为一般主体,即任何具有刑事责任能力的自然人。

4.非法拘禁罪的主观方面

本罪的主观方面为是故意,即明知自己的行为会发生剥夺他人身体自由的结果,希望或者放任这种结果的发生。

案例分析

案例中的唐孝重情重义值得肯定,要回合法债务也理所当然,但也应该采用合法手段,比如通过诉讼手段、调解方式等,但对被害人屈林拳打脚踢还进行长达28小时的关押,符合非法拘禁罪的构成要件,构成非法拘禁罪。

法条链接

《中华人民共和国刑法》第二百三十八条　非法拘禁他人或者以其他方法非法剥夺他人人身自由的,处三年以下有期徒刑、拘役、管制或者剥夺政治权利。具有殴打、侮辱情节的,从重处罚。

犯前款罪,致人重伤的,处三年以上十年以下有期徒刑;致人死亡的,处十年以上有期徒刑。使用暴力致人伤残、死亡的,依照本法第二百三十四条、第二百三十二条的规定定罪处罚。

为索取债务非法扣押、拘禁他人的,依照前两款的规定处罚。

国家机关工作人员利用职权犯前三款罪的,依照前三款的规定从重处罚。

十、传播淫秽物品牟利罪

案例导学

张建经常在朋友微信群中发送一些黄色书籍,以吸引眼球,不久有人加他微信问是否有淫秽视频,愿意有偿购买,张建想到这是一个"一本万利"的发财之道,遂组建了4个微信群(共500余人),入群条件是每人发50元的"红包",张建向4个微信群分别发送了100余部淫秽视频文件,请问,张建的行为是否构成犯罪?

(一)传播淫秽物品牟利罪的概念

传播淫秽物品牟利罪是指以牟利为目的,通过播放、放映、出租、出借、承运、邮寄等方式在一定范围内散布淫秽物品的行为。

（二）传播淫秽物品牟利罪的构成要件

1. 传播淫秽物品牟利罪的客体

本罪的客体为国家对文化出版物品的管理秩序和社会的善良风俗。

2. 传播淫秽物品牟利罪的客观方面

本罪的客观方面表现为：

淫秽物品，是指具体描绘性行为或者露骨宣扬色情的淫秽性书刊、视频、音频、图片及其他淫秽物品。

传播的方式多种多样。具体方式包括播放、出租、出借、承运、邮寄、携带等。播放，指对音像型淫秽物品的传播，如播放淫秽录像；出租，指收取一定的租金，让他人暂时使用淫秽物品，如出租淫秽书刊；承运，指运送；邮寄，指通过快递方式运输；携带，指随身持有。近年来随着国际互联网的普及，一些不法分子利用互联网方式传播淫秽信息，比如通过邮件、网盘，甚至隔空投送等，其社会危害性更大且犯罪手段隐蔽。

3. 传播淫秽物品牟利罪的主体

本罪的主体是一般主体，即具有刑事责任能力的自然人和单位。

4. 传播淫秽物品牟利罪的主观方面

本罪的主观方面表现为故意，即行为人知道或者应当知道是淫秽物品而进行传播，同时还具有牟利的目的。

📝 案例分析

案例中的张建以牟利为目的，组建 4 个微信群，群内人员共计 500 余人，每人交 50 元的"红包"，张建共获利 2 万余元，并向 4 个微信群分别发送了 100 余部淫秽视频文件。张建利用互联网反复、多次向多数人散布淫秽物品，其社会危害性大且较隐蔽，构成传播淫秽物品牟利罪。

⚖ 法条链接

《中华人民共和国刑法》第三百六十三条 以牟利为目的，制作、复制、出版、贩卖、传播淫秽物品的，处三年以下有期徒刑、拘役或者管制，并处罚金；情节严重的，处三年以上十年以下有期徒刑，并处罚金；情节特别严重的，处十年以上有期徒刑或者无期徒刑，并处罚金或者没收财产。

为他人提供书号，出版淫秽书刊的，处三年以下有期徒刑、拘役或者管制，并处或者单处罚金；明知他人用于出版淫秽书刊而提供书号的，依照前款的规定处罚。

《关于办理利用联网、移动通信终端、声讯台制作、复制、出版、贩卖、传播淫秽电子信息刑事案件具体应用法律若干问题的解释》(法释〔2004〕11 号)；

第一条　以牟利为目的,利用互联网、移动通信终端制作、复制、出版、贩卖、传播淫秽电子信息,具有下列情形之一的,依照刑法第三百六十三条第一款的规定,以制作、复制、出版、贩卖、传播淫秽物品牟利罪定罪处罚。

(一)制作、复制、出版、贩卖、传播淫秽电影、表演、动画等视频文件二十个以上的;

(二)制作、复制、出版、贩卖、传播淫秽音频文件一百个以上的;

(三)制作、复制、出版、贩卖、传播淫秽电子刊物、图片、文章、短信息等二百件以上的;

(四)制作、复制、出版、贩卖、传播的淫秽电子信息,实际被点击数达到一万次以上的;

(五)以会员制方式出版、贩卖、传播淫秽电子信息,注册会员达二百人以上的;

(六)利用淫秽电子信息收取广告费、会员注册费或者其他费用,违法所得一万元以上的;

(七)数量或者数额虽未达到第(一)项至第(六)项规定标准,但分别达到其中两项以上标准一半以上的;

(八)造成严重后果的。

利用聊天室、论坛、即时通信软件、电子邮件等方式,实施第一款规定行为的,依照刑法第三百六十三条第一款的规定,以制作、复制、出版、贩卖、传播淫秽物品牟利罪定罪处罚。

第九条　刑法第三百六十七条第一款规定的"其他淫秽物品",包括具体描绘性行为或者露骨宣扬色情的诲淫性的视频文件、音频文件、电子刊物、图片、文章、短信息等互联网、移动通信终端电子信息和声讯台语音信息。

有关人体生理、医学知识的电子信息和声讯台语音信息不是淫秽物品。包含色情内容的有艺术价值的电子文学、艺术作品不视为淫秽物品。

《最高人民法院、最高人民检察院关于办理利用互联网、移动通信终端、声讯台制作、复制、出版、贩卖、传播淫秽电子信息刑事案件具体应用法律若干问题的解释(二)》(法释〔2010〕3号):

第一条　以牟利为目的,利用互联网、移动通信终端制作、复制、出版、贩卖、传播淫秽电子信息的,依照《最高人民法院、最高人民检察院关于办理利用互联网、移动通信终端、声讯台制作、复制、出版、贩卖、传播淫秽电子信息刑事案件具体应用法律若干问题的解释》第一条、第二条的规定定罪处罚。

以牟利为目的,利用互联网、移动通信终端制作、复制、出版、贩卖、传播内容含有不满十四周岁未成年人的淫秽电子信息,具有下列情形之一的,依照刑法第三百六十三条第一款的规定,以制作、复制、出版、贩卖、传播淫秽物品牟利罪定罪处罚:

(一)制作、复制、出版、贩卖、传播淫秽电影、表演、动画等视频文件十个以上的;

(二)制作、复制、出版、贩卖、传播淫秽音频文件五十个以上的;

(三)制作、复制、出版、贩卖、传播淫秽电子刊物、图片、文章等一百件以上的;

（四）制作、复制、出版、贩卖、传播的淫秽电子信息,实际被点击数达到五千次以上的;

（五）以会员制方式出版、贩卖、传播淫秽电子信息,注册会员达一百人以上的;

（六）利用淫秽电子信息收取广告费、会员注册费或者其他费用,违法所得五千元以上的;

（七）数量或者数额虽未达到第(一)项至第(六)项规定标准,但分别达到其中两项以上标准一半以上的;

（八）造成严重后果的。

实施第二款规定的行为,数量或者数额达到第二款第(一)项至第(七)项规定标准五倍以上的,应当认定为刑法第三百六十三条第一款规定的"情节严重";达到规定标准二十五倍以上的,应当认定为"情节特别严重"。

十一、编造、故意传播虚假信息罪

 案例导学

屈某"擅于"写文章,其朋友圈总能吸引人的眼球,其引以为傲。一天,屈某在微信群看到残忍的杀人视频,为了在朋友圈集赞,屈某在明知是虚假视频的情况下,还编写"某县某村一家五口被杀,原因是妻子出轨,丈夫一气之下把她一家人都杀了"的虚假信息,并将虚假信息和杀人视频合并转发至朋友圈及微信群,导致该虚假信息被转载几十万次,引起了广大群众的恐慌和不安,对该县的治安环境明显不满。屈某只是发了几条不真实的视频和信息而已,为什么就构成犯罪呢?

（一）编造、故意传播虚假信息罪的概念

编造、故意传播虚假信息罪,是指编造虚假的险情、疫情、灾情、警情,在信息网络或者其他媒体上传播,或者明知是上述虚假信息,故意在信息网络或者其他媒体上传播,严重扰乱社会秩序的行为。

（二）编造、故意传播虚假信息罪的构成要件

1.编造、故意传播虚假信息罪的客体

本罪的客体是正常的社会秩序。

2.编造、故意传播虚假信息罪的客观方面

本罪的客观方面表现为编造或者明知是虚假险情、疫情、灾情、警情还予以传播。本罪所指的虚假信息特指险情、疫情、灾情、警情四种,而不能任意扩大到其他的一般信息,因为这四种信息涉及社会公共安全,极易引起社会动荡。

3.编造、故意传播虚假信息罪的主体

本罪的主体为一般主体,即任何具有刑事责任能力的自然人。

4.编造、故意传播虚假信息罪的主观方面

本罪的主观方面为故意,即明知是虚假的险情、疫情、灾情、警情信息还予以编造或者故意传播。

📝 **案例分析**

案例中屈某明知自己看到的杀人视频不是真实的,但为了吸引眼球,为这段视频还编写了一个"杀人故事",其将虚构的杀人故事与杀人视频同时转载到朋友圈和微信群,导致相关信息被转几十万次,让老百姓对该县的治安状态严重不安,严重扰乱了社会秩序,构成编造、故意传播虚假信息罪。

⚖ **法条链接**

《中华人民共和国刑法》第二百九十一条之一第二款 编造虚假的险情、疫情、灾情、警情,在信息网络或者其他媒体上传播,或者明知是上述虚假信息,故意在信息网络或者其他媒体上传播,严重扰乱社会秩序的,处三年以下有期徒刑、拘役或者管制;造成严重后果的,处三年以上七年以下有期徒刑。

十二、侵犯公民个人信息罪

🔨 **案例导学**

彭卫升职为酒店大堂经理,一天一位陌生男子向其查询住客的住宿信息,并称以每条信息5元的价格来购买。彭卫想住宿信息是酒店合法收集得来的,这位陌生男子开出的价格也非常诱人,因此就卖了6 000余条住客的住宿信息给对方,没想到对方却用这些信息进行诈骗。请问,出卖合法收集得来的个人信息也构成犯罪吗?

(一)侵犯公民个人信息罪的概念

侵犯公民个人信息罪,是指违反国家有关规定,向他人出售或提供公民个人信息,情节严重的行为。

(二)侵犯公民个人信息罪的构成要件

1.侵犯公民个人信息罪的客体

本罪的客体为公民个人信息的安全和自由。

2.侵犯公民个人信息罪的客观方面

本罪的客观方面表现为违规出售或提供公民个人信息。

本罪所称的"公民个人信息",是指以电子或者其他方式记录的能够单独或者与其他信息结合识别特定自然人身份或者反映特定自然人活动情况的各种信息,包括姓名、身份证件号码、通信联系方式、住址、账号密码、财产状况、行踪轨迹、通信内容、征信信息、住宿信息、健康生理信息、交易信息等,《刑法修正案(九)》施行后,本罪的对象不再限于国家机关或者金融、电信、交通、教育、医疗等单位在履行职责或者提供服务过程中获得的公民个人信息,而是包括一切公民个人信息。

本罪的表现形式有以下几种：

① 违反国家有关规定,向他人出售或者提供公民个人信息,情节严重的;

② 违反国家有关规定,将在履行职责或者提供服务过程中获得的公民个人信息,出售或者提供给他人的,情节严重的;

如:销售楼盘获取的购房者的信息、医院获取的病人健康生理信息、淘宝卖家获取的通信住址信息、打车软件所获取的乘客行踪轨迹信息等。

③ 窃取或者以其他方法非法获取公民个人信息的,情节严重的。

3．侵犯公民个人信息罪的主体

本罪的主体为一般主体,即任何具有刑事责任能力的自然人和单位。

4．侵犯公民个人信息罪的主观方面

本罪的主观方面为故意,即明知是他人的个人信息还违规出售、提供。犯罪动机一般表现为牟利,但动机不影响本罪的成立。

案例分析

案例中的彭卫虽然不知道陌生男子购买住客的住宿信息是用于诈骗犯罪,但也知晓住宿信息属于住客的个人隐私,作为酒店应该予以妥善保管,但为了个人利益出售 6 000 余条住客的住宿信息给陌生男子,构成侵犯公民个人信息罪。

法条链接

《中华人民共和国刑法》第二百五十三条之一 违反国家有关规定,向他人出售或者提供公民个人信息,情节严重的,处三年以下有期徒刑或者拘役,并处或者单处罚金;情节特别严重的,处三年以上七年以下有期徒刑,并处罚金。

违反国家有关规定,将在履行职责或者提供服务过程中获得的公民个人信息,出售或者提供给他人的,依照前款的规定从重处罚。

窃取或者以其他方法非法获取公民个人信息的,依照第一款的规定处罚。

单位犯前三款罪的,对单位判处罚金,并对其直接负责的主管人员和其他直接责任人员,依照各该款的规定处罚。

《关于办理侵犯公民个人信息刑事案件适用法律若干问题的解释》(法释〔2017〕10 号)

第一条 刑法第二百五十三条之一规定的"公民个人信息",是指以电子或者其他方式记录的能够单独或者与其他信息结合识别特定自然人身份或者反映特定自然人活动情况的各种信息,包括姓名、身份证件号码、通信通讯联系方式、住址、账号密码、财产状况、行踪轨迹等。

第三条 向特定人提供公民个人信息,以及通过信息网络或者其他途径发布公民个人信息的,应当认定为刑法第二百五十三条之一规定的"提供公民个人信息"。

未经被收集者同意,将合法收集的公民个人信息向他人提供的,属于刑法第二百五十三条之一规定的"提供公民个人信息",但是经过处理无法识别特定个人且不能复原的除外。

第四条 违反国家有关规定,通过购买、收受、交换等方式获取公民个人信息,或者在履行职责、提供服务过程中收集公民个人信息的,属于刑法第二百五十三条之一第三款规定的"以其他方法非法获取公民个人信息"。

第五条 非法获取、出售或者提供公民个人信息,具有下列情形之一的,应当认定为刑法第二百五十三条之一规定的"情节严重":

(一)出售或者提供行踪轨迹信息,被他人用于犯罪的;

(二)知道或者应当知道他人利用公民个人信息实施犯罪,向其出售或者提供的;

(三)非法获取、出售或者提供行踪轨迹信息、通信内容、征信信息、财产信息五十条以上的;

(四)非法获取、出售或者提供住宿信息、通信记录、健康生理信息、交易信息等其他可能影响人身、财产安全的公民个人信息五百条以上的;

(五)非法获取、出售或者提供第三项、第四项规定以外的公民个人信息五千条以上的;

(六)数量未达到第三项至第五项规定标准,但是按相应比例合计达到有关数量标准的;

(七)违法所得五千元以上的;

(八)将在履行职责或者提供服务过程中获得的公民个人信息出售或者提供给他人,数量或者数额达到第三项至第七项规定标准一半以上的;

(九)曾因侵犯公民个人信息受过刑事处罚或者二年内受过行政处罚,又非法获取、出售或者提供公民个人信息的;

(十)其他情节严重的情形。

第六条 为合法经营活动而非法购买、收受本解释第五条第一款第三项、第四项规定以外的公民个人信息,具有下列情形之一的,应当认定为刑法第二百五十三条之一规定的"情节严重":

(一)利用非法购买、收受的公民个人信息获利五万元以上的;

(二)曾因侵犯公民个人信息受过刑事处罚或者二年内受过行政处罚,又非法购买、收受公民个人信息的;

(三)其他情节严重的情形。

十三、挪用资金罪

 **案例导学**

王石的公司的财务人员周舟将客户的 23 万元的购货资金用于炒股,赚得盆满钵满,然后才将 23 万元上交公司,而客户却大闹公司,质问公司为何一直不发货?公司高层经过核实发现客户在半年前就已经支付了货款,而周舟是在上一周才将货款入账,因此一直未安排生产。后周舟因挪用资金罪被追究刑事责任。同事们均不解,周舟在公司发现之前,就已经全额补交货款,有借有还,为什么构成了犯罪?

（一）挪用资金罪的概念

挪用资金罪是指公司、企业或者其他单位的工作人员，利用职务上的便利，挪用本单位资金归个人使用或者借贷给他人，数额较大、超过三个月未还的，或者虽未超过三个月，但数额较大、进行营利活动的，或者进行非法活动的行为。

（二）挪用资金罪的构成要件

1. 挪用资金罪的客体

本罪的客体是公司、企业财产所有权。

2. 挪用资金罪的客观方面

本罪的客观方面表现为：

（1）挪用本单位资金归个人使用或者借贷给他人，数额较大、超过三个月未还的。这是较轻的一种挪用行为。其构成特征是行为人利用职务上主管、经手本单位资金的便利条件而挪用本单位资金，其用途主要是归个人使用或者借贷给他人使用，但未用于从事不正当的经济活动，而且挪用数额较大，时间上超过三个月而未还。

（2）挪用本单位资金归个人使用或者借贷给他人，虽未超过三个月，但数额较大，进行营利活动的，或者进行非法活动的。这种行为没有挪用时间是否超过三个月以及超过三个月是否退还的限制，只要数额较大，且进行营利活动或非法活动的就构成犯罪。"营利活动"主要是指进行经商、投资、购买股票或债券等活动。"非法活动"，是指将挪用来的资金进行走私、赌博等活动。

3. 挪用资金罪的主体

本罪的主体既包括公司、企业或者其他单位工作人员，也包括受国家机关、国有公司、企业、事业单位、人民团体委托，管理、经营国有财产的非国家工作人员。

4. 挪用资金罪的主观方面

本罪的主观方面为故意，即明知是单位的资金而非法暂时占有、使用。

📝 案例分析

案例中的周舟虽然看似"有借有还"，并没有将 23 万元占为己有，但客户交来的货款属于公司的合法资金，周舟利用自己作为财务人员的便利，将这 23 万元用于炒股，属于挪用本单位资金数额较大，进行营利活动的行为。挪用资金罪不要求以非法占有为目的，因此周舟构成挪用资金罪。

⚖ 法条链接

《中华人民共和国刑法》第二百七十二条　公司、企业或者其他单位的工作人员，利用职务上的便利，挪用本单位资金归个人使用或者借贷给他人，数额较大、超过三个月未还的，或者虽未超过三个月，但数额较大、进行营利活动的，或者进行非法活动的，处三年以下有期徒刑或者拘役；挪用本单位资金数额巨大的，处三年以上七年以下有期徒刑；数额特别巨大的，处七年以上有期徒刑。

国有公司、企业或者其他国有单位中从事公务的人员和国有公司、企业或者其他国有单位委派到非国有公司、企业以及其他单位从事公务的人员有前款行为的，依照本法第三百八十四条的规定定罪处罚。

有第一款行为，在提起公诉前将挪用的资金退还的，可以从轻或者减轻处罚。其中，犯罪较轻的，可以减轻或者免除处罚。

《最高人民法院、最高人民检察院关于办理贪污贿赂刑事案件适用法律若干问题的解释》(2016年4月18日)

第十一条(第二款) 刑法第二百七十二条规定的挪用资金罪中的"数额较大""数额巨大"以及"进行非法活动"情形的数额起点，按照本解释关于挪用公款罪"数额较大""情节严重"以及"进行非法活动"的数额标准规定的二倍执行。

第五条 挪用公款归个人使用，进行非法活动，数额在三万元以上的，应当依照刑法第三百八十四条的规定以挪用公款罪追究刑事责任；数额在三百万元以上的，应当认定为刑法第三百八十四条第一款规定的"数额巨大"。具有下列情形之一的，应当认定为刑法第三百八十四条第一款规定的"情节严重"：

(一)挪用公款数额在一百万元以上的；

(二)挪用救灾、抢险、防汛、优抚、扶贫、移民、救济特定款物，数额在五十万元以上不满一百万元的；

(三)挪用公款不退还，数额在五十万元以上不满一百万元的；

(四)其他严重的情节。

第六条 挪用公款归个人使用，进行营利活动或者超过三个月未还，数额在五万元以上的，应当认定为刑法第三百八十四条第一款规定的"数额较大"；数额在五百万元以上的，应当认定为刑法第三百八十四条第一款规定的"数额巨大"。具有下列情形之一的，应当认定为刑法第三百八十四条第一款规定的"情节严重"：

(一)挪用公款数额在二百万元以上的；

(二)挪用救灾、抢险、防汛、优抚、扶贫、移民、救济特定款物，数额在一百万元以上不满二百万元的；

(三)挪用公款不退还，数额在一百万元以上不满二百万元的；

(四)其他严重的情节。

《最高人民检察院、公安部关于公安机关管辖的刑事案件立案追诉标准的规定(二)》(2022年4月29日)

第七十七条 公司、企业或者其他单位的工作人员，利用职务上的便利，挪用本单位资金归个人使用或者借贷给他人，涉嫌下列情形之一的，应予立案追诉：

(一)挪用本单位资金数额在五万元以上，超过三个月未还的；

(二)挪用本单位资金数额在五万元以上，进行营利活动的；

(三)挪用本单位资金数额在三万元以上，进行非法活动的。

具有下列情形之一的，属于本条规定的"归个人使用"：

(一)将本单位资金供本人、亲友或者其他自然人使用的；

(二)以个人名义将本单位资金供其他单位使用的；

(三)个人决定以单位名义将本单位资金供其他单位使用，谋取个人利益的。

思考题8-4

实训练习8-4

第九章 行政法常识

第一节 行政管理类基本法律常识

一、行政许可

《社会契约论》："人生而自由，却又无往不在枷锁之中"。行政许可就是民众身上的一副"枷锁"。如果任何人想去给别人治病就可以随意去治病，那么必定会有很多人死于庸医之手，因此我们必须对医师执业进行管控。行政许可是国家对社会经济、政治、文化活动进行宏观调控的有力手段，有利于保障社会公共利益，维护公共安全和社会秩序。

> **案例导学**
>
> 某省的张甲、赵乙、李丙三名律师决定出资合伙成立鼎尖律师事务所，于是向该省司法厅提出口头申请，申请成立律师事务所，并提供了律师事务所章程、发起人名单、简历、身份证明、律师资格证书、能够专职从事律师业务的保证书、资金证明、办公场所的使用证明、合伙协议。但被告知根据该省地方政府规章相关规定，设立合伙制律师事务所必须有一名以上律师具有硕士以上学位，并且需要填写省司法厅专门设计的申请书格式文本。刚好赵乙为法学硕士，于是三人交了50元工本费后领取了专用申请书，带回补正。次日，三人带了补正后的材料前来申请，工作人员刘A受理了申请，并出具了法律规定的书面凭证。后司法厅指派工作人员王B对申请材料进行审查，发现申请人提供的资金证明系伪造，但王B碍于与张甲等三人是好朋友，隐瞒了真实情况，在法定期限内作出准予设立律师事务所的决定并颁发《律师事务所执业证书》。1个月后，资金证明被司法厅发现系伪造，遂撤销"鼎尖律师事务所"的《律师事务所执业证书》。此间，张甲、赵乙、李丙三人已付办公场所租金2万元，装修费5万元。请问，该省地方政府规章规定"设立合伙制律师事务所必须有一名以上律师具有硕士以上学位"的条件是否合法？

（一）行政许可的概念

行政许可指在法律一般禁止的情况下，行政机关根据公民、法人或者其他组织的申请,经依法审查,通过颁发许可证或执照等方式,依法赋予特定的行政相对方从事某种活动或实施某种行为的权利或资格的行政行为。

(二) 行政许可的种类

(1) 普通许可是指只要符合法定的条件,就可向主管行政机关提出申请,对申请人并无特殊限制的许可,如驾驶许可、营业许可等。

(2) 特许是指直接对相对人设定权利能力、行为能力、特定的权利或者总括性法律关系的行为。特许主要适用于有限自然资源的开发利用、有限公共资源的配置、直接关系公共利益的垄断性企业的市场准入,如出租车经营许可、排污许可等。

(3) 认可是指由行政机关对相对人是否具备特定技能的认定,主要适用于为公众提供服务、直接关系公共利益并且要求具备特殊信誉、特殊条件或者特殊技能的资格、资质的事项。

(4) 核准是指由行政机关对某些事项是否达到特定技术标准、经济技术规范的判断、确定,主要适用于公共安全、人身健康、生命财产安全的重要设施的设计、建造、安装和使用,直接关系人身健康、生命财产安全的特定产品、物品的检验、检疫事项。

(5) 登记是指行政机关确立相对人的特定主体资格的行为。

案例分析

案例中,该省地方政府规章规定"设立合伙制律师事务所必须有一名以上律师具有硕士以上学位"的条件不合法,根据《中华人民共和国行政许可法》第十四、十五条规定,行政许可的设定应该用法律设定,而尚未制定法律的,行政法规才可以设定行政许可,尚未制定法律、行政法规的,地方性法规才可以设定行政许可,而对于律师事务所的成立,已经有国家法律约束,地方性法规就不能再加限制条件。因为《中华人民共和国行政许可法》中明确规定,地方性法规和省、自治区、直辖市人民政府规章,不得设定应当由国家统一确定的公民、法人或者其他组织的资格、资质的行政许可;不得设定企业或者其他组织的设立登记及其前置性行政许可。

法条链接

《中华人民共和国行政许可法》第一条 为了规范行政许可的设定和实施,保护公民、法人和其他组织的合法权益,维护公共利益和社会秩序,保障和监督行政机关有效实施行政管理,根据宪法,制定本法。

《中华人民共和国行政许可法》第二条 本法所称行政许可,是指行政机关根据公民、法人或者其他组织的申请,经依法审查,准予其从事特定活动的行为。

《中华人民共和国行政许可法》第十二条 下列事项可以设定行政许可:

(一) 直接涉及国家安全、公共安全、经济宏观调控、生态环境保护以及直接关系人身健康、生命财产安全等特定活动,需要按照法定条件予以批准的事项;

（二）有限自然资源开发利用、公共资源配置以及直接关系公共利益的特定行业的市场准入等，需要赋予特定权利的事项；

（三）提供公众服务并且直接关系公共利益的职业、行业，需要确定具备特殊信誉、特殊条件或者特殊技能等资格、资质的事项；

（四）直接关系公共安全、人身健康、生命财产安全的重要设备、设施、产品、物品，需要按照技术标准、技术规范，通过检验、检测、检疫等方式进行审定的事项；

（五）企业或者其他组织的设立等，需要确定主体资格的事项；

（六）法律、行政法规规定可以设定行政许可的其他事项。

《中华人民共和国行政许可法》第十三条　本法第十二条所列事项，通过下列方式能够予以规范的，可以不设行政许可：

（一）公民、法人或者其他组织能够自主决定的；

（二）市场竞争机制能够有效调节的；

（三）行业组织或者中介机构能够自律管理的；

（四）行政机关采用事后监督等其他行政管理方式能够解决的。

《中华人民共和国行政许可法》第十四条　本法第十二条所列事项，法律可以设定行政许可。尚未制定法律的，行政法规可以设定行政许可。

必要时，国务院可以采用发布决定的方式设定行政许可。实施后，除临时性行政许可事项外，国务院应当及时提请全国人民代表大会及其常务委员会制定法律，或者自行制定行政法规。

（三）行政许可的法律责任

1. 行政许可机关及其工作人员的法律责任

应当承担行政法律责任的几种违法行为包括：

（1）规范性文件违法设定行政许可。

（2）行政许可实施机关及其工作人员违反法定的程序实施行政许可。

（3）行政许可实施机关违反法定条件实施行政许可的行为。

（4）行政许可实施机关实施行政许可擅自收费或者不按照法定项目和标准收费的行为。行政许可实施机关及其工作人员截留、挪用、私分或者变相私分实施行政许可依法收取的费用的行为。

（5）行政机关不依法履行监督职责或者监督不力的行为。

（6）行政机关工作人员办理行政许可、实施监督检查、索取或者收受他人财物，以及谋取其他利益的行为。

2. 行政许可申请人及被许可人的法律责任

行政许可申请人及被许可人的法律责任分为两个维度，程度较轻者予以行政处罚或者限制申请资格，较重者予以刑事处罚。其中，行政处罚是原则，限制申请资格和刑罚是例外。

法条链接

《中华人民共和国行政许可法》第七十八条 行政许可申请人隐瞒有关情况或者提供虚假材料申请行政许可的,行政机关不予受理或者不予行政许可,并给予警告;行政许可申请属于直接关系公共安全、人身健康、生命财产安全事项的,申请人在一年内不得再次申请该行政许可。

《中华人民共和国行政许可法》第七十九条 被许可人以欺骗、贿赂等不正当手段取得行政许可的,行政机关应当依法给予行政处罚;取得的行政许可属于直接关系公共安全、人身健康、生命财产安全事项的,申请人在三年内不得再次申请该行政许可;构成犯罪的,依法追究刑事责任。

《中华人民共和国行政许可法》第八十条 被许可人有下列行为之一的,行政机关应当依法给予行政处罚;构成犯罪的,依法追究刑事责任:

(一)涂改、倒卖、出租、出借行政许可证件,或者以其他形式非法转让行政许可的;

(二)超越行政许可范围进行活动的;

(三)向负责监督检查的行政机关隐瞒有关情况、提供虚假材料或者拒绝提供反映其活动情况的真实材料的;

(四)法律、法规、规章规定的其他违法行为。

《中华人民共和国行政许可法》第八十一条 公民、法人或者其他组织未经行政许可,擅自从事依法应当取得行政许可的活动的,行政机关应当依法采取措施予以制止,并依法给予行政处罚;构成犯罪的,依法追究刑事责任。

二、治安管理处罚的实施

案例导学

杨树村村民杨林,因怀疑本村农民周元(被侵害人)盗窃其食杂店里现金30元,随即到周元家里找其质问,并将周元拖至自己店里,当众威胁说:"你如果不把钱交出来,就把你的皮剥掉"等。当周元否认偷钱时,杨林就朝他的脸部打了一巴掌,并随后拿出绳子欲将其捆绑,但被他人劝阻。周元因在杨林的食杂店里被逼还款,自感没脸见人,回家后服农药自杀,经抢救脱险。公安机关在处理此案时,认定杨林殴打他人的行为属违反治安管理的行为,依照《中华人民共和国治安管理处罚法》第四十三条第一款的规定,处以行政拘留10日,并处200元罚款。但是,其后杨林一直拒绝缴纳罚款,经县级公安机关批准后又对其处以5日行政拘留。请问,以上公安机关的各项处罚是否正确?请简要说明理由。

(一)治安管理处罚的概念

治安管理处罚,是指公安机关依照治安管理法规对扰乱社会秩序,妨害公共安全,侵犯公民人身权利,侵犯公私财产,情节轻微尚不够刑事处罚的违法行为所实施的行政处罚。

（二）治安管理处罚的种类及适用

1. 违反治安管理的行为

（1）扰乱公共秩序的行为。如扰乱机关、团体、企事业单位的秩序,致使正常工作不能进行;扰乱车站、码头等公共场所的秩序;扰乱公共汽车等公共交通工具上的秩序等。

（2）妨害公共安全的行为。如非法携带、存放枪支弹药,违法生产、销售、储存危险物品;非法制造、贩卖、携带管制刀具,违反渡船渡口安全规定,拒不改正等。

（3）侵犯他人人身权利。如殴打他人,非法限制他人人身自由,侮辱、诽谤他人,虐待家庭成员等。

（4）侵犯公共财物的行为。如偷窃、骗取,抢夺少量财物;哄抢他人财物,敲诈勒索、故意损坏公私财物等。

（5）妨害社会管理秩序的行为。如窝赃、买赃,吸食、注射毒品,倒卖票证,利用封建迷信活动扰乱社会秩序,冒充国家机关工作人员招摇拐骗,尚不构成犯罪的。

（6）违反消防管理的行为。如在有易燃易爆物品的地方违反禁令,吸烟、使用明火,违反规定占用防火间距;有重大火灾隐患,经公安机关通知而拒不改正的。

（7）违反交通管理的行为。如挪用、转借机动车辆牌证或驾驶证,违反交通规则,造成交通事故,酒后驾车等。

（8）违反户口或者居民身份证管理。如涂改户口证件,不按规定申报户口或者领居民身份证而拒不改正的。

（9）卖淫、嫖宿暗娼以及介绍容留卖淫、嫖宿暗娼,尚不构成犯罪的。

（10）违反规定种植罂粟等毒品原植物或非法运输、买卖、存放、使用罂粟壳,尚不构成犯罪的行为。

（11）赌博或者为赌博提供条件;制作、复制、出售、出租或者传播淫书、淫画、淫秽录像或其他淫秽物品的行为。

2. 治安管理处罚的种类

治安管理处罚可分为警告、罚款、行政拘留、吊销公安机关发放的许可证。对违反治安管理的外国人,可以附加适用限期出境或者驱逐出境。

 案例分析

案例中,公安机关对杨某以殴打他人予以处罚,定性错误。杨某怀疑周某是小偷即予指责,并用暴力和言语在其食杂店公然侮辱周某,导致周某自杀,已造成严重后果,因此,杨某的行为已构成公然侮辱他人,应当进行处罚。

根据《中华人民共和国行政处罚法》第五十一条规定,当事人逾期不履行行政处罚决定的,作出行政处罚决定的行政机关可以采取下列措施:

（一）到期不缴纳罚款的,每日按罚款数额的百分之三加处罚款;

（二）根据法律规定,将查封、扣押的财物拍卖或者冻结的存款划拨抵缴罚款;

（三）申请人民法院强制执行。

因此对于杨某拒绝缴纳罚款的行为,公安机关不能再对其实施拘留。

法条链接

《中华人民共和国治安管理处罚法》第二条　扰乱公共秩序,妨害公共安全,侵犯人身权利、财产权利,妨害社会管理,具有社会危害性,依照《中华人民共和国刑法》的规定构成犯罪的,依法追究刑事责任;尚不够刑事处罚的,由公安机关依照本法给予治安管理处罚。

《中华人民共和国治安管理处罚法》第十条　治安管理处罚的种类分为:

(一)警告;

(二)罚款;

(三)行政拘留;

(四)吊销公安机关发放的许可证。

对违反治安管理的外国人,可以附加适用限期出境或者驱逐出境。

《中华人民共和国治安管理处罚法》第十一条　办理治安案件所查获的毒品、淫秽物品等违禁品,赌具、赌资,吸食、注射毒品的用具以及直接用于实施违反治安管理行为的本人所有的工具,应当收缴,按照规定处理。

违反治安管理所得的财物,追缴退还被侵害人;没有被侵害人的,登记造册,公开拍卖或者按照国家有关规定处理,所得款项上缴国库。

《中华人民共和国治安管理处罚法》第十五条　醉酒的人违反治安管理的,应当给予处罚。

醉酒的人在醉酒状态中,对本人有危险或者对他人的人身、财产或者公共安全有威胁的,应当对其采取保护性措施约束至酒醒。

《中华人民共和国治安管理处罚法》第四十二条　有下列行为之一的,处五日以下拘留或者五百元以下罚款;情节较重的,处五日以上十日以下拘留,可以并处五百元以下罚款:

(一)写恐吓信或者以其他方法威胁他人人身安全的;

(二)公然侮辱他人或者捏造事实诽谤他人的;

(三)捏造事实诬告陷害他人,企图使他人受到刑事追究或者受到治安管理处罚的;

(四)对证人及其近亲属进行威胁、侮辱、殴打或者打击报复的;

(五)多次发送淫秽、侮辱、恐吓或者其他信息,干扰他人正常生活的;

(六)偷窥、偷拍、窃听、散布他人隐私的。

《中华人民共和国治安管理处罚法》第五十条　有下列行为之一的,处警告或者二百元以下罚款;情节严重的,处五日以上十日以下拘留,可以并处五百元以下罚款:

(一)拒不执行人民政府在紧急状态情况下依法发布的决定、命令的;

(二)阻碍国家机关工作人员依法执行职务的;

(三)阻碍执行紧急任务的消防车、救护车、工程抢险车、警车等车辆通行的;

(四)强行冲闯公安机关设置的警戒带、警戒区的。

阻碍人民警察依法执行职务的,从重处罚。

三、行政救济

行政救济是为了解决行政争议,对行政机关的行政权进行监督,对民众遭到违法和不当行政行为侵害给予救济的法律制度。

 案例导学

> 孙甲与孙乙是一对亲兄弟,孙甲18岁,孙乙16岁。二人某日到一家舞厅跳舞,孙甲与张某发生口角并打了起来,孙乙帮其兄孙甲打张某。派出所对孙甲、孙乙处以每人罚款50元的处罚。张某不服,向县公安局申请复议,县公安局改处各拘留5日,孙甲与孙乙十分不服,请问:①县公安局的复议决定从程序上看是否合法?②如果孙甲、孙乙依法提起行政诉讼,那么孙甲、孙乙、张某、派出所、县公安局在诉讼中各处于什么地位?③孙乙可否委托其兄孙甲为诉讼代理人?④本案应如何提起行政诉讼,是否应公开审理?

(一) 行政复议

1. 行政复议的概念

行政复议是行政相对人认为行政主体的具体行政行为侵犯其合法权益,按照法定的程序和条件向作出该具体行政行为的上一级行政机关提出申请,由受理申请的行政机关对该具体行政行为依法进行审查并作出处理决定的活动。

2. 行政复议的受案范围

行政复议的受案范围包括:对行政处罚和行政强制措施决定不服的、对行政机关作出的许可证或执照的变更撤销决定不服的、对于自然资源的所有权和使用权决定不服的、行政机关应当履行义务不履行的以及其他侵犯当事人合法权益的行政行为。

(1) 对行政机关作出的警告、罚款、没收违法所得、没收非法财物、责令停产停业、暂扣或者吊销许可证、暂扣或者吊销执照、行政拘留等行政处罚决定不服的。

(2) 对行政机关作出的限制人身自由或者查封、扣押、冻结财产等行政强制措施决定不服的。

(3) 对行政机关作出的有关许可证、执照、资质证、资格证等证书变更、中止、撤销的决定不服的。

(4) 对行政机关作出的关于确认土地、矿藏、水流、森林、山岭、草原、荒地、滩涂、海域等自然资源的所有权或者使用权的决定不服的。

(5) 认为行政机关侵犯合法的经营自主权的。

(6) 认为行政机关变更或者废止农业承包合同,侵犯其合法权益的。

(7) 认为行政机关违法集资、征收财物、摊派费用或者违法要求履行其他义务的。

(8) 认为符合法定条件,申请行政机关颁发许可证、执照、资质证、资格证等证书,或者申请行政机关审批、登记有关事项,行政机关没有依法办理的。

(9) 申请行政机关履行保护人身权利、财产权利、受教育权利的法定职责,行政机关没有依法履行的。

（10）申请行政机关依法发放抚恤金、社会保险金或者最低生活保障费，行政机关没有依法发放的。

（11）认为行政机关的其他具体行政行为侵犯其合法权益的。

3．行政复议的基本程序

（1）申请。申请人申请行政复议，应当在知道被申请人行政行为作出之日起60日内提出（法律另有规定的除外）。因不可抗力或者其他正当理由耽误法定申请期限的，申请期限自障碍消除之日起继续计算。

（2）受理。行政复议机关收到行政复议申请后，应当在5日内进行审查，对不符合行政复议法规定的行政复议申请，决定不予受理，并书面告知申请人；对符合行政复议法规定，但是不属于本机关受理的行政复议申请，应当告知申请人向有关行政复议机关提出。除上述规定外，行政复议申请自行政复议机构收到之日起即为受理。

（3）审理。行政复议机构应当着重审阅复议申请书、被申请人作出具体行政行为的书面材料（如农业行政处罚决定书等）、被申请人作出具体行政行为所依据的事实和证据、被申请人的书面答复。

（4）决定。行政复议机关应当自受理行政复议申请之日起60日内作出行政复议决定，但是法律规定的行政复议期限少于60日的除外。情况复杂，不能在规定期限内作出行政复议决定的，经行政复议机关的负责人批准，可以适当延长，并告知申请人和被申请人；但是延长期限最多不超过30日。

⚖️ **法条链接**

《中华人民共和国行政复议法》第七条 公民、法人或者其他组织认为行政机关的具体行政行为所依据的下列规定不合法，在对具体行政行为申请行政复议时，可以一并向行政复议机关提出对该规定的审查申请：

（一）国务院部门的规定；

（二）县级以上地方各级人民政府及其工作部门的规定；

（三）乡、镇人民政府的规定。

前款所列规定不含国务院部、委员会规章和地方人民政府规章。规章的审查依照法律、行政法规办理。

《中华人民共和国行政复议法》第八条 不服行政机关作出的行政处分或者其他人事处理决定的，依照有关法律、行政法规的规定提出申诉。

不服行政机关对民事纠纷作出的调解或者其他处理的，依法申请仲裁或者向人民法院提起诉讼。

《中华人民共和国行政复议法》第九条 公民、法人或者其他组织认为具体行政行为侵犯其合法权益的，可以自知道该具体行政行为之日起六十日内提出行政复议申请；但是法律规定的申请期限超过六十日的除外。

因不可抗力或者其他正当理由耽误法定申请期限的，申请期限自障碍消除之日起继续计算。

《中华人民共和国行政复议法》第十条　依照本法申请行政复议的公民、法人或者其他组织是申请人。

有权申请行政复议的公民死亡的，其近亲属可以申请行政复议。有权申请行政复议的公民为无民事行为能力人或者限制民事行为能力人的，其法定代理人可以代为申请行政复议。有权申请行政复议的法人或者其他组织终止的，承受其权利的法人或者其他组织可以申请行政复议。

同申请行政复议的具体行政行为有利害关系的其他公民、法人或者其他组织，可以作为第三人参加行政复议。

公民、法人或者其他组织对行政机关的具体行政行为不服申请行政复议的，作出具体行政行为的行政机关是被申请人。

申请人、第三人可以委托代理人代为参加行政复议。

《中华人民共和国行政复议法》第十一条　申请人申请行政复议，可以书面申请，也可以口头申请；口头申请的，行政复议机关应当当场记录申请人的基本情况、行政复议请求、申请行政复议的主要事实、理由和时间。

《中华人民共和国行政复议法》第十二条　对县级以上地方各级人民政府工作部门的具体行政行为不服的，由申请人选择，可以向该部门的本级人民政府申请行政复议，也可以向上一级主管部门申请行政复议。

对海关、金融、国税、外汇管理等实行垂直领导的行政机关和国家安全机关的具体行政行为不服的，向上一级主管部门申请行政复议。

《中华人民共和国行政复议法》第十三条　对地方各级人民政府的具体行政行为不服的，向上一级地方人民政府申请行政复议。

对省、自治区人民政府依法设立的派出机关所属的县级地方人民政府的具体行政行为不服的，向该派出机关申请行政复议。

《中华人民共和国行政复议法》第十四条　对国务院部门或者省、自治区、直辖市人民政府的具体行政行为不服的，向作出该具体行政行为的国务院部门或者省、自治区、直辖市人民政府申请行政复议。对行政复议决定不服的，可以向人民法院提起行政诉讼；也可以向国务院申请裁决，国务院依照本法的规定作出最终裁决。

《中华人民共和国行政复议法》第十五条　对本法第十二条、第十三条、第十四条规定以外的其他行政机关、组织的具体行政行为不服的，按照下列规定申请行政复议：

（一）对县级以上地方人民政府依法设立的派出机关的具体行政行为不服的，向设立该派出机关的人民政府申请行政复议；

（二）对政府工作部门依法设立的派出机构依照法律、法规或者规章规定，以自己的名义作出的具体行政行为不服的，向设立该派出机构的部门或者该部门的本级地方人民政府申请行政复议；

（三）对法律、法规授权的组织的具体行政行为不服的，分别向直接管理该组织的地方人民政府、地方人民政府工作部门或者国务院部门申请行政复议；

（四）对两个或者两个以上行政机关以共同的名义作出的具体行政行为不服的，向其共同上一级行政机关申请行政复议；

（五）对被撤销的行政机关在撤销前所作出的具体行政行为不服的，向继续行使其职权的行政机关的上一级行政机关申请行政复议。

有前款所列情形之一的，申请人也可以向具体行政行为发生地的县级地方人民政府提出行政复议申请，由接受申请的县级地方人民政府依照本法第十八条的规定办理。

（二）行政诉讼

1.行政诉讼的概念

行政诉讼是法院应公民、法人或者其他组织的请求，通过审查行政行为合法性的方式，解决特定范围内行政争议的活动。在我国，行政诉讼与刑事诉讼、民事诉讼并称为三大诉讼，是国家诉讼制度的基本形式之一。

2.行政诉讼的受案范围

行政诉讼受案范围，是指人民法院受理行政诉讼案件的范围，这一范围同时决定着司法机关对行政主体行为的监督范围，决定着受到行政主体侵害的公民、法人和其他组织诉讼的范围，也决定着行政终局裁决权的范围。具体受案范围如下：

（1）对行政拘留、暂扣或者吊销许可证和执照、责令停产停业、没收违法所得、没收非法财物、罚款、警告等行政处罚不服的。

（2）对限制人身自由或者对财产的查封、扣押、冻结等行政强制措施和行政强制执行不服的。

（3）申请行政许可，行政机关拒绝或者在法定期限内不予答复，或者对行政机关作出的有关行政许可的其他决定不服的。

（4）对行政机关作出的关于确认土地、矿藏、水流、森林、山岭、草原、荒地、滩涂、海域等自然资源的所有权或者使用权的决定不服的。

（5）对征收、征用决定及其补偿决定不服的。

（6）申请行政机关履行保护人身权、财产权等合法权益的法定职责，行政机关拒绝履行或者不予答复的。

（7）认为行政机关侵犯其经营自主权或者农村土地承包经营权、农村土地经营权的。

（8）认为行政机关滥用行政权力排除或者限制竞争的。

（9）认为行政机关违法集资、摊派费用或者违法要求履行其他义务的。

（10）认为行政机关没有依法支付抚恤金、最低生活保障待遇或者社会保险待遇的。

（11）认为行政机关不依法履行、未按照约定履行或者违法变更、解除政府特许经营协议、土地房屋征收补偿协议等协议的。

（12）认为行政机关侵犯其他人身权、财产权等合法权益的。

法条链接

《中华人民共和国行政诉讼法》第二条　公民、法人或者其他组织认为行政机关和行政机关工作人员的行政行为侵犯其合法权益，有权依照本法向人民法院提起诉讼。

前款所称行政行为，包括法律、法规、规章授权的组织作出的行政行为。

《中华人民共和国行政诉讼法》第三条　人民法院应当保障公民、法人和其他组织的起诉权利，对应当受理的行政案件依法受理。

行政机关及其工作人员不得干预、阻碍人民法院受理行政案件。

被诉行政机关负责人应当出庭应诉。不能出庭的，应当委托行政机关相应的工作人员出庭。

《中华人民共和国行政诉讼法》第十三条　人民法院不受理公民、法人或者其他组织对下列事项提起的诉讼：

（一）国防、外交等国家行为；

（二）行政法规、规章或者行政机关制定、发布的具有普遍约束力的决定、命令；

（三）行政机关对行政机关工作人员的奖惩、任免等决定；

（四）法律规定由行政机关最终裁决的行政行为。

《中华人民共和国行政诉讼法》第四十四条　对属于人民法院受案范围的行政案件，公民、法人或者其他组织可以先向行政机关申请复议，对复议决定不服的，再向人民法院提起诉讼；也可以直接向人民法院提起诉讼。

法律、法规规定应当先向行政机关申请复议，对复议决定不服再向人民法院提起诉讼的，依照法律、法规的规定。

《中华人民共和国行政诉讼法》第四十五条　公民、法人或者其他组织不服复议决定的，可以在收到复议决定书之日起十五日内向人民法院提起诉讼。复议机关逾期不作决定的，申请人可以在复议期满之日起十五日内向人民法院提起诉讼。法律另有规定的除外。

《中华人民共和国行政诉讼法》第四十六条　公民、法人或者其他组织直接向人民法院提起诉讼的，应当自知道或者应当知道作出行政行为之日起六个月内提出。法律另有规定的除外。

因不动产提起诉讼的案件自行政行为作出之日起超过二十年，其他案件自行政行为作出之日起超过五年提起诉讼的，人民法院不予受理。

（三）行政赔偿

1. 行政赔偿的概念

行政赔偿是指行政机关及其工作人员违法行使行政职权侵害公民、法人或其他组织的合法权益并造成损害时，由国家给予赔偿的法律制度。

2. 获得行政赔偿的方式

第一，支付赔偿金。这是我国国家承担赔偿责任的主要方式，国家赔偿责任在多数情况下以支付赔偿金的方式进行。

根据《中华人民共和国国家赔偿法》的规定，支付赔偿金的适用范围包括以下几种：

（1）侵犯公民人身自由权的。在此情况下，支付赔偿金成为一种恰当可行的方式。

（2）侵犯公民生命健康权的。行政机关及其工作人员违法行使职权造成公民生命权或健康权受损害的，应当依据损害的程度给予相应的金钱赔偿。损害的程度可分为一般伤害、部分或全部丧失劳动能力、死亡等。

（3）侵犯公民、法人和其他组织财产权的。对于财产损害，一般均可采用金钱赔偿的方式进行。但如果用其他方式赔偿更加便捷、适当，则采用其他方式。

第二，返还财产。返还财产指赔偿义务机关将非法占有的财物归还给合法占有人以回复到权利人合法占有状态的一种赔偿责任承担形式。返还财产是一种比较简便易行的赔偿方式，而且由于它是将原财产完好无缺地归还原占有人，所以这种赔偿方式较容易被接受。

第三，恢复原状。恢复原状指对受害人所遭受的合法权益的损失由国家加以恢复，使其回归到被侵害以前的状态的一种赔偿方式。这种赔偿形式主要适用于查封、扣押、冻结的财产损坏但能够予以修复的或应当返还的财产损坏但能够恢复原状的情形。根据法律规定，财产遭损坏但能够恢复原状的，应予恢复原状；不能恢复原状的，适用金钱赔偿。

第四，其他赔偿方式。其他赔偿方式主要指消除影响、恢复名誉、赔礼道歉三种。

综上所述，行政赔偿的方式主要是四大类，包括支付赔偿金、返还财产、恢复原状以及其他赔偿方式。其中，其他赔偿方式主要指消除影响、恢复名誉、赔礼道歉三种，这三种方式既可以独立使用，也可以与其他赔偿方式一并适用。

📝 **案例分析**

（1）公安局的复议决定从程序上看并不合法。在该案中并不存在以下 5 种情形：①主要事实不清、证据不足；②适用依据错误；③违反法定程序；④超越或者滥用职权；⑤具体行政行为明显不当，故公安局不能直接变更具体行政行为，公安局程序不合法。

（2）孙甲、孙乙为共同原告，张某为第三人，派出所不是本案当事人，县公安局为被告。理由如下：孙甲、孙乙因共同侵权行为被公安局处罚，县公安局虽然给他们分别以 5 日拘留的处罚，但由于公安局是根据孙氏兄弟共同侵权行为而处罚，是基于同一事实，实则只有一个具体行政行为，如起诉，应列为共同原告。如孙氏兄弟起诉，应以县公安局为被告，张某为诉讼第三人，派出所不是本案诉讼参加人，县公安局复议改变了派出所的处罚裁决，派出所的处罚裁决即失效，县公安局的复议裁决生效。孙氏兄弟俩不服起诉，应以作出复议决定的县公安局为被告。被侵害人张某由于被孙氏兄弟二人违法侵害，孙氏兄弟俩因此而受罚，张某与县公安局作出的拘留决定有利害关系，可以作为第三人申请参加诉讼或由人民法院通知参加诉讼,派出所的处罚裁决因被县公安局改变而失效,与县公安局的处罚决定没有利害关系,不是本案当事人。

(3)可以。根据《中华人民共和国行政诉讼法》的规定,没有诉讼行为能力的公民,由其法定代理人代为诉讼。

(4)应当公开审理。《中华人民共和国行政诉讼法》第四十五条规定:"人民法院公开审理行政案件,但涉及国家秘密、个人隐私和法律另有规定的除外。"所以,行政案件与刑事案件不一样,关于未成年人的案件,除涉及国家秘密和个人隐私的,也可公开审理。

⚖ 法条链接

《中华人民共和国国家赔偿法》第一条　为保障公民、法人和其他组织享有依法取得国家赔偿的权利,促进国家机关依法行使职权,根据宪法,制定本法。

《中华人民共和国国家赔偿法》第二条　国家机关和国家机关工作人员行使职权,有本法规定的侵犯公民、法人和其他组织合法权益的情形,造成损害的,受害人有依照本法取得国家赔偿的权利。

本法规定的赔偿义务机关,应当依照本法及时履行赔偿义务。

《中华人民共和国国家赔偿法》第三条　行政机关及其工作人员在行使行政职权时有下列侵犯人身权情形之一的,受害人有取得赔偿的权利:

(一)违法拘留或者违法采取限制公民人身自由的行政强制措施的;

(二)非法拘禁或者以其他方法非法剥夺公民人身自由的;

(三)以殴打、虐待等行为或者唆使、放纵他人以殴打、虐待等行为造成公民身体伤害或者死亡的;

(四)违法使用武器、警械造成公民身体伤害或者死亡的;

(五)造成公民身体伤害或者死亡的其他违法行为。

《中华人民共和国国家赔偿法》第四条　行政机关及其工作人员在行使行政职权时有下列侵犯财产权情形之一的,受害人有取得赔偿的权利:

(一)违法实施罚款、吊销许可证和执照、责令停产停业、没收财物等行政处罚的;

(二)违法对财产采取查封、扣押、冻结等行政强制措施的;

(三)违法征收、征用财产的;

(四)造成财产损害的其他违法行为。

《中华人民共和国国家赔偿法》第五条　属于下列情形之一的,国家不承担赔偿责任:

(一)行政机关工作人员与行使职权无关的个人行为;

(二)因公民、法人和其他组织自己的行为致使损害发生的;

(三)法律规定的其他情形。

《中华人民共和国国家赔偿法》第三十二条　国家赔偿以支付赔偿金为主要方式。

能够返还财产或者恢复原状的,予以返还财产或者恢复原状。

《中华人民共和国国家赔偿法》第三十三条　侵犯公民人身自由的,每日赔偿金按照国家上年度职工日平均工资计算。

《中华人民共和国国家赔偿法》第三十四条　侵犯公民生命健康权的,赔偿金按照下列规定计算:

(一)造成身体伤害的,应当支付医疗费、护理费,以及赔偿因误工减少的收入。减少的收入每日的赔偿金按照国家上年度职工日平均工资计算,最高额为国家上年度职工年平均工资的五倍;

(二)造成部分或者全部丧失劳动能力的,应当支付医疗费、护理费、残疾生活辅助具费、康复费等因残疾而增加的必要支出和继续治疗所必需的费用,以及残疾赔偿金。残疾赔偿金根据丧失劳动能力的程度,按照国家规定的伤残等级确定,最高不超过国家上年度职工年平均工资的二十倍。造成全部丧失劳动能力的,对其扶养的无劳动能力的人,还应当支付生活费;

(三)造成死亡的,应当支付死亡赔偿金、丧葬费,总额为国家上年度职工年平均工资的二十倍。对死者生前扶养的无劳动能力的人,还应当支付生活费。

前款第二项、第三项规定的生活费的发放标准,参照当地最低生活保障标准执行。被扶养的人是未成年人的,生活费给付至十八周岁止;其他无劳动能力的人,生活费给付至死亡时止。

《中华人民共和国国家赔偿法》第三十五条　有本法第三条或者第十七条规定情形之一,致人精神损害的,应当在侵权行为影响的范围内,为受害人消除影响,恢复名誉,赔礼道歉;造成严重后果的,应当支付相应的精神损害抚慰金。

《中华人民共和国国家赔偿法》第三十六条　侵犯公民、法人和其他组织的财产权造成损害的,按照下列规定处理:

(一)处罚款、罚金、追缴、没收财产或者违法征收、征用财产的,返还财产;

(二)查封、扣押、冻结财产的,解除对财产的查封、扣押、冻结,造成财产损坏或者灭失的,依照本条第三项、第四项的规定赔偿;

(三)应当返还的财产损坏的,能够恢复原状的恢复原状,不能恢复原状的,按照损害程度给付相应的赔偿金;

(四)应当返还的财产灭失的,给付相应的赔偿金;

(五)财产已经拍卖或者变卖的,给付拍卖或者变卖所得的价款;变卖的价款明显低于财产价值的,应当支付相应的赔偿金;

(六)吊销许可证和执照、责令停产停业的,赔偿停产停业期间必要的经常性费用开支;

(七)返还执行的罚款或者罚金、追缴或者没收的金钱,解除冻结的存款或者汇款的,应当支付银行同期存款利息;

(八)对财产权造成其他损害的,按照直接损失给予赔偿。

思考题9-1

实训练习9-1

第二节　道路交通安全基本法律常识

> 2022 年 8 月 11 日 16 时许,朱青驾驶的轿车与陈方方无证驾驶的摩托车发生交通事故,摩托车前部与轿车右侧发生碰撞,致陈方方受伤。经交警部门认定朱青负事故的主要责任,陈方方负次要责任。另查,朱青为冒红所雇驾驶员,该轿车登记车主为刘让,实际车主为冒红。陈方方遂将登记车主刘让、实际车主冒红、肇事司机朱青、保险公司全部告上法庭,索赔 3 400 余元。

一、申领机动车驾驶证的条件

《机动车驾驶证申领和使用规定》关于申请驾照的条件规定如下。

(一)年龄条件

(1)申请小型汽车、小型自动挡汽车、残疾人专用小型自动挡载客汽车、轻便摩托车准驾车型的,在 18 周岁以上、70 周岁以下。

(2)申请低速载货汽车、三轮汽车、普通三轮摩托车、普通二轮摩托车或者轮式自行机械车准驾车型的,在 18 周岁以上,60 周岁以下。

(3)申请城市公交车、大型货车、无轨电车或者有轨电车准驾车型的,在 20 周岁以上,50 周岁以下。

(4)申请中型客车准驾车型的,在 21 周岁以上,50 周岁以下。

(5)申请牵引车准驾车型的,在 24 周岁以上,50 周岁以下。

(6)申请大型客车准驾车型的,在 26 周岁以上,50 周岁以下。

(二)身体条件

(1)身高:申请大型客车、牵引车、城市公交车、大型货车、无轨电车准驾车型的,身高为 155 厘米以上。申请中型客车准驾车型的,身高为 150 厘米以上。

(2)视力:申请大型客车、牵引车、城市公交车、中型客车、大型货车、无轨电车或者有轨电车准驾车型的,两眼裸视力或者矫正视力达到对数视力表 5.0 以上。申请其他准驾车型的,两眼裸视力或者矫正视力达到对数视力表 4.9 以上。

(3)辨色力:无红绿色盲。

二、道路通行规则

(一)右侧通行规则

(1)机动车、非机动车实行右侧通行:A.右侧通行规则只适用于机动车和非机动车;B.行人不适用右侧通行规则。

(2)机动车法定特殊情况可以左侧通行:A.单行线:在规定整个车行道内所有车

辆都朝一个方向行驶时,路上有标明路线的按照标明路线行驶;B.执行紧急任务的警车、消防车、救护车、工程救险车,可以使用警报器、标志灯具,在确保安全的前提下,不受行驶路线、行驶方向、行驶速度和信号灯的限制。

（二）遵守交通信号规则

（1）按照交通信号通行原则:车辆、行人应当按照交通信号通行。

（2）交通警察指挥优先原则:遇有交通警察现场指挥时,应当按照交通警察的指挥通行。

（3）安全、畅通原则:在没有交通信号的道路上,应当在确保安全、畅通的原则下通行。

（三）交管部门采取限制通行措施规则

（1）公安机关交通管理部门疏导、限制通行和禁止通行的管制职权:根据道路和交通流量的具体情况,可以对机动车、非机动车、行人采取疏导、限制通行、禁止通行等措施。

（2）公安机关交通管理部门采取相关措施的社会公告义务:遇有大型群众性活动、大范围施工等情况,需要采取限制交通的措施,或者作出与公众的道路交通活动直接有关的决定,应当提前向社会公告。

（四）实行交通管制

遇有自然灾害、恶劣气象条件或者重大交通事故等严重影响交通安全的情形,采取其他措施难以保证交通安全时,公安机关交通管理部门可以实行交通管制。

三、交通事故处理

交通事故处理的步骤:

（1）受理报案。公安交通管理部门接到当事人或其他人的报案之后,按照管辖范围予以立案。

（2）现场处理。公安交通管理部门受理案件后,立即派员赶赴现场,抢救伤者和财产,勘查现场,收集证据。

（3）责任认定。在查清交通事故事实的基础上,公安交通管理部门根据事故当事人的违章行为与交通事故的因果关系、作用大小等,对当事人的交通事故责任作出认定。

（4）裁决处罚。公安交通管理部门应依据有关规定,对肇事责任人予以警告、罚款、吊扣、吊销驾驶证或拘留的处罚。

（5）损害赔偿调解。对交通事故造成的人员伤亡及经济损失的赔偿,按照有关规定和赔偿标准,根据事故责任划分相应的赔偿比例,由公安交通管理部门召集双方当事人进行调解。双方同意达成协议,由事故调解人员制作并发给损害赔偿调解书。

（6）向法院起诉。如双方当事人在法定期限内调解无效,公安交通管理部门终止调解,并发给调解终结书,由当事双方向法院提起民事诉讼。

四、道路交通安全违法行为的法律责任

行人、乘车人、非机动车驾驶人有道路交通安全违法行为,机动车驾驶人有道路交通安全违法行为,依照《中华人民共和国道路交通安全法》第七章的有关规定追究法律责任。

对道路交通安全违法行为的处罚种类包括:警告、罚款、暂扣或者吊销机动车驾驶证、拘留。

行人、乘车人、非机动车驾驶人违反道路交通安全法律、法规关于道路通行规定的,处警告或者5元以上50元以下罚款;非机动车驾驶人拒绝接受罚款处罚的,可以扣留其非机动车。

机动车驾驶人违反道路交通安全法律、法规关于道路通行规定的,处警告或者20元以上200元以下罚款。另有规定的,依照规定处罚。

饮酒后驾驶机动车的,处暂扣六个月机动车驾驶证,并处1 000元以上2 000元以下罚款;醉酒后驾驶机动车的,由公安机关交通管理部门约束至酒醒,吊销机动车驾驶证,依法追究刑事责任;五年内不得重新取得机动车驾驶证。

饮酒后驾驶营运机动车的,处15日拘留,并处5 000元罚款,吊销机动车驾驶证,5年内不得重新取得机动车驾驶证。醉酒驾驶营运机动车的,由公安机关交通管理部门约束至酒醒,吊销机动车驾驶证,依法追究刑事责任;10年内不得重新取得机动车驾驶证,重新取得机动车驾驶证后,不得驾驶营运机动车。

饮酒后或者醉酒驾驶机动车发生重大交通事故,构成犯罪的,依法追究刑事责任,并由公安机关交通管理部门吊销机动车驾驶证,终生不得重新取得机动车驾驶证。

公路客运车辆载客超过额定乘员的,处200元以上500元以下罚款;超过额定乘员百分之二十或者违反规定载货的,处500元以上2 000元以下罚款。

货运机动车超过核定载质量的,处200元以上500元以下罚款;超过核定载质量百分之三十或者违反规定载客的,处500元以上2 000元以下罚款。

案例分析

案例中,法院认为,保险公司应当在交强险的赔偿限额内赔偿原告陈方方的损失。超过交强险赔偿限额外的损失由原告陈方方、被告冒红按责承担。被告刘让虽系登记车主,因无过错,依法不应承担赔偿责任。被告朱青作为雇员,其造成交强险限额外的损失应由其雇主被告冒红承担。按照《中华人民共和国侵权责任法》第50条的规定,在连环买卖车辆且未办理过户手续的情况下,因为原车主已经将车辆交付买受人,买受人是该车辆的实际支配控制者,也是该车辆运营利益的享有者,所以买受人应对该车辆发生交通事故造成的损害承担赔偿责任。原车主既不能支配该车辆的运营,也不能从该车的运营中获得利益,故不应承担赔偿责任。

⚖ **法条链接**

《中华人民共和国道路交通安全法》第八条　国家对机动车实行登记制度。机动车经公安机关交通管理部门登记后,方可上道路行驶。尚未登记的机动车,需要临时上道路行驶的,应当取得临时通行牌证。

《中华人民共和国道路交通安全法》第三十八条　车辆、行人应当按照交通信号通行;遇有交通警察现场指挥时,应当按照交通警察的指挥通行;在没有交通信号的道路上,应当在确保安全、畅通的原则下通行。

《中华人民共和国道路交通安全法》第四十二条　机动车上道路行驶,不得超过限速标志标明的最高时速。在没有限速标志的路段,应当保持安全车速。

夜间行驶或者在容易发生危险的路段行驶,以及遇有沙尘、冰雹、雨、雪、雾、结冰等气象条件时,应当降低行驶速度。

《中华人民共和国道路交通安全法》第七十条　在道路上发生交通事故,车辆驾驶人应当立即停车,保护现场;造成人身伤亡的,车辆驾驶人应当立即抢救受伤人员,并迅速报告执勤的交通警察或者公安机关交通管理部门。因抢救受伤人员变动现场的,应当标明位置。乘车人、过往车辆驾驶人、过往行人应当予以协助。

在道路上发生交通事故,未造成人身伤亡,当事人对事实及成因无争议的,可以即行撤离现场,恢复交通,自行协商处理损害赔偿事宜;不即行撤离现场的,应当迅速报告执勤的交通警察或者公安机关交通管理部门。

在道路上发生交通事故,仅造成轻微财产损失,并且基本事实清楚的,当事人应当先撤离现场再进行协商处理。

《中华人民共和国道路交通安全法》第七十六条　机动车发生交通事故造成人身伤亡、财产损失的,由保险公司在机动车第三者责任强制保险责任限额范围内予以赔偿;不足的部分,按照下列规定承担赔偿责任:

(一)机动车之间发生交通事故的,由有过错的一方承担赔偿责任;双方都有过错的,按照各自过错的比例分担责任。

(二)机动车与非机动车驾驶人、行人之间发生交通事故,非机动车驾驶人、行人没有过错的,由机动车一方承担赔偿责任;有证据证明非机动车驾驶人、行人有过错的,根据过错程度适当减轻机动车一方的赔偿责任;机动车一方没有过错的,承担不超过百分之十的赔偿责任。

交通事故的损失是由非机动车驾驶人、行人故意碰撞机动车造成的,机动车一方不承担赔偿责任。

《中华人民共和国道路交通安全法》第八十九条　行人、乘车人、非机动车驾驶人违反道路交通安全法律、法规关于道路通行规定的,处警告或者五元以上五十元以下罚款;非机动车驾驶人拒绝接受罚款处罚的,可以扣留其非机动车。

《中华人民共和国道路交通安全法》第九十条　机动车驾驶人违反道路交通安全法律、法规关于道路通行规定的,处警告或者二十元以上二百元以下罚款。本法另有规定的,依照规定处罚。

思考题9-2

实训练习9-2

《中华人民共和国道路交通安全法》第九十一条　饮酒后驾驶机动车的,处暂扣六个月机动车驾驶证,并处一千元以上二千元以下罚款。因饮酒后驾驶机动车被处罚,再次饮酒后驾驶机动车的,处十日以下拘留,并处一千元以上二千元以下罚款,吊销机动车驾驶证。

醉酒驾驶机动车的,由公安机关交通管理部门约束至酒醒,吊销机动车驾驶证,依法追究刑事责任;五年内不得重新取得机动车驾驶证。

饮酒后驾驶营运机动车的,处十五日拘留,并处五千元罚款,吊销机动车驾驶证,五年内不得重新取得机动车驾驶证。

醉酒驾驶营运机动车的,由公安机关交通管理部门约束至酒醒,吊销机动车驾驶证,依法追究刑事责任;十年内不得重新取得机动车驾驶证,重新取得机动车驾驶证后,不得驾驶营运机动车。

饮酒后或者醉酒驾驶机动车发生重大交通事故,构成犯罪的,依法追究刑事责任,并由公安机关交通管理部门吊销机动车驾驶证,终生不得重新取得机动车驾驶证。

第三节　消防安全基本法律常识

案例导学

某县农村发生一起火灾,火灾共烧毁房屋7栋,受灾村民达92户411人,造成直接经济损失达6 812万元。经查火灾是由村民石然然引起,石然然在自家二楼堂屋用火盆生炭火取暖,外出时未将火盆内炭火熄灭,导致炭火引燃附近可燃物,从而引发火灾。县法院对该起案件进行审理。被告人石然然犯失火罪,判处有期徒刑两年。

一、火灾预防

根据《中华人民共和国消防法》规定,任何人发现火灾都应当立即报警。任何单位、个人都应当无偿为报警提供便利,不得阻拦报警,严禁谎报火警。

人员密集场所发生火灾,该场所的现场工作人员应当立即组织、引导在场人员疏散。任何单位发生火灾,必须立即组织力量扑救。邻近单位应当给予支援。消防队接到火警电话,必须立即赶赴火灾现场,救助遇险人员,排除险情,扑灭火灾。

机关、团体、企业、事业等单位应当履行下列消防安全职责:

(1)落实消防安全责任制,制定本单位的消防安全制度、消防安全操作规程,制定灭火和应急疏散预案。

(2)按照国家标准、行业标准配置消防设施、器材,设置消防安全标志,并定期组织检验、维修,确保完好有效。

（3）对建筑消防设施每年至少进行一次全面检测，确保完好有效，检测记录应当完整准确，存档备查。

（4）保障疏散通道、安全出口、消防车通道畅通，保证防火防烟分区、防火间距符合消防技术标准。

（5）组织防火检查，及时消除火灾隐患。

（6）组织进行有针对性的消防演练。

（7）法律、法规规定的其他消防安全职责。单位的主要负责人是本单位的消防安全责任人。

二、违反消防安全的法律责任

（一）单位违反消防安全的法律责任

单位违反《中华人民共和国消防法》第六十条的规定，有下列行为之一的，责令改正，处5 000元以上5万元以下罚款：①消防设施、器材或者消防安全标志的配置、设置不符合国家标准、行业标准，或者未保持完好有效的；②损坏、挪用或者擅自拆除、停用消防设施、器材的；③占用、堵塞、封闭疏散通道、安全出口或者有其他妨碍安全疏散行为的；④埋压、圈占、遮挡消火栓或者占用防火间距的；⑤占用、堵塞、封闭消防车通道，妨碍消防车通行的；⑥人员密集场所在门窗上设置影响逃生和灭火救援的障碍物的；⑦对火灾隐患经公安机关消防机构通知后不及时采取措施消除的。

（二）个人违反消防安全的法律责任

对个人损坏、挪用或者擅自拆除、停用消防设施、器材的，个人占用、堵塞、封闭疏散通道、安全出口或者有其他妨碍安全疏散行为的，个人埋压、圈占、遮挡消火栓或者占用防火间距的，以及个人占用、堵塞、封闭消防车通道，妨碍消防车通行的，处警告或者500元以下罚款。无论是单位或者个人，做出违法上述行为的，经公安机关消防机构责令改正拒不改正的，公安机关消防机构可以强制执行，而所需费用由违法行为人承担。

⚖ 法条链接

《中华人民共和国消防法》第十六条　机关、团体、企业、事业等单位应当履行下列消防安全职责：

（一）落实消防安全责任制，制定本单位的消防安全制度、消防安全操作规程，制定灭火和应急疏散预案；

（二）按照国家标准、行业标准配置消防设施、器材，设置消防安全标志，并定期组织检验、维修，确保完好有效；

（三）对建筑消防设施每年至少进行一次全面检测，确保完好有效，检测记录应当完整准确，存档备查；

（四）保障疏散通道、安全出口、消防车通道畅通，保证防火防烟分区、防火间距符合消防技术标准；

（五）组织防火检查，及时消除火灾隐患；

（六）组织进行有针对性的消防演练；

（七）法律、法规规定的其他消防安全职责。单位的主要负责人是本单位的消防安全责任人。

《中华人民共和国消防法》第十七条　县级以上地方人民政府消防救援机构应当将发生火灾可能性较大以及发生火灾可能造成重大的人身伤亡或者财产损失的单位，确定为本行政区域内的消防安全重点单位，并由应急管理部门报本级人民政府备案。

消防安全重点单位除应当履行本法第十六条规定的职责外，还应当履行下列消防安全职责：

（一）确定消防安全管理人，组织实施本单位的消防安全管理工作；

（二）建立消防档案，确定消防安全重点部位，设置防火标志，实行严格管理；

（三）实行每日防火巡查，并建立巡查记录；

（四）对职工进行岗前消防安全培训，定期组织消防安全培训和消防演练。

《中华人民共和国消防法》第四十四条　任何人发现火灾都应当立即报警。任何单位、个人都应当无偿为报警提供便利，不得阻拦报警。严禁谎报火警。

人员密集场所发生火灾，该场所的现场工作人员应当立即组织、引导在场人员疏散。任何单位发生火灾，必须立即组织力量扑救。邻近单位应当给予支援。

消防队接到火警，必须立即赶赴火灾现场，救助遇险人员，排除险情，扑灭火灾。

《中华人民共和国消防法》第七十三条　本法下列用语的含义：

（一）消防设施，是指火灾自动报警系统、自动灭火系统、消火栓系统、防烟排烟系统以及应急广播和应急照明、安全疏散设施等。

思考题9-3

（二）消防产品，是指专门用于火灾预防、灭火救援和火灾防护、避难、逃生的产品。

（三）公众聚集场所，是指宾馆、饭店、商场、集贸市场、客运车站候车室、客运码头候船厅、民用机场航站楼、体育场馆、会堂以及公共娱乐场所等。

实训练习9-3

（四）人员密集场所，是指公众聚集场所，医院的门诊楼、病房楼，学校的教学楼、图书馆、食堂和集体宿舍，养老院，福利院，托儿所，幼儿园，公共图书馆的阅览室，公共展览馆、博物馆的展示厅，劳动密集型企业的生产加工车间和员工集体宿舍，旅游、宗教活动场所等。

第四节　生态环境保护类基本法律常识

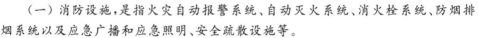
案例导学

2022年6月暴雨季节，蓝天化肥厂的排污渠内废水自然入江受阻，漫溢流入当地的鱼塘。鱼塘承包人遂与化肥厂交涉，要求采取措施，阻止废水漫溢致鱼死亡。化肥厂对此请求并未予理睬。数日后鱼塘里出现死鱼现象，于是鱼塘承包人联合向化肥厂提出排除废水侵害和死鱼损失赔偿请求，并报告当地环境保护部门，要求处理此污染纠纷，化肥厂在鱼塘承包人提出赔偿请求后，立即在排污渠入江闸门处安装了两台大功率水泵,将废水扬高排入江中。在环境保护部门处理纠纷期间,当地暴雨不断,长江洪峰多发,以致外洪内涝,排污渠与鱼塘水面连成了一片。鱼塘里的鱼大部分被大水冲走,剩下的也被废水呛死。对此,鱼塘承包人要求化肥厂赔偿其全部财产损失。化肥厂则以洪水、暴雨为不可抗力为由拒绝赔偿。请问,鱼塘承包人要求赔偿的全部财产损失可以包括哪些损失?化肥厂能否以不可抗力为由拒绝赔偿?为什么?

一、环境的基本定义与环境保护

环境,是指影响人类生存和发展的各种天然的和经过人工改造的自然因素的总体,包括大气、水、海洋、土地、矿藏、森林、草原、湿地、野生生物、自然遗迹、人文遗迹、自然保护区、风景名胜区、城市和乡村等。保护环境是国家的基本国策。国家采取有利于节约和循环利用资源、保护和改善环境、促进人与自然和谐的经济、技术政策和措施,使经济社会发展与环境保护相协调。环境保护坚持保护优先、预防为主、综合治理、公众参与、损害担责的原则。

二、保护和改善环境

一切单位和个人都有保护环境的义务。地方各级人民政府应当对本行政区域的环境质量负责。企业事业单位和其他生产经营者应当防止、减少环境污染和生态破坏,对所造成的损害依法承担责任。公民应当增强环境保护意识,采取低碳、节俭的生活方式,自觉履行环境保护义务。

三、与环境有关的犯罪行为

(一)污染环境行为

根据《中华人民共和国刑法》第三百三十八条,违反国家规定,排放、倾倒或者处置有放射性的废物、含传染病病原体的废物、有毒物质或者其他有害物质,严重污染环境的,处三年以下有期徒刑或者拘役,并处或者单处罚金;后果特别严重的,处三年以上七年以下有期徒刑,并处罚金。

(二)非法捕捞水产品行为

根据《中华人民共和国刑法》第三百四十条,违反保护水产资源法规,在禁渔区、禁渔期或者使用禁用的工具、方法捕捞水产品,情节严重的,处三年以下有期徒刑、拘役、管制或者罚金。

(三)非法狩猎行为

根据《中华人民共和国刑法》第三百四十一条,违反狩猎法规,在禁猎区、禁猎期或者使用禁用的工具、方法进行狩猎,破坏野生动物资源,情节严重的,处三年以下有期徒刑、拘役、管制或者罚金。

(四)非法占有农用地行为

根据《中华人民共和国刑法》第三百四十二条规定,违反土地管理法规,非法占用耕地、林地等农用地,改变被占用土地用途,数量较大,造成耕地、林地等农用地大量毁坏的,处五年以下有期徒刑或者拘役,并处或者单处罚金。

（五）非法采矿行为

根据《中华人民共和国刑法》第三百四十三条,违反矿产资源法的规定,未取得采矿许可证擅自采矿,擅自进入国家规划矿区、对国民经济具有重要价值的矿区和他人矿区范围采矿,或者擅自开采国家规定实行保护性开采的特定矿种,情节严重的,处三年以下有期徒刑、拘役或者管制,并处或者单处罚金;情节特别严重的,处三年以上七年以下有期徒刑,并处罚金。

（六）盗伐林木行为

根据《中华人民共和国刑法》第三百四十五条,盗伐森林或者其他林木,数量较大的,处三年以下有期徒刑、拘役或者管制,并处或者单处罚金;数量巨大的,处三年以上七年以下有期徒刑,并处罚金;数量特别巨大的,处七年以上有期徒刑,并处罚金。

四、法律责任

环境法律责任,是指环境法主体因违反其法律义务而应当依法承担的,具有强制性否定性法律后果,按其性质可以分为环境行政责任、环境民事责任和环境刑事责任三种。行为人违反国家或地方环境法律、法规的规定,实施某一破坏环境的行为或相关行为,造成或可能造成干扰该国家或地方的环境行政管理,污染和破坏环境,危害公共或个人的财产、人身生命或健康的安全,依法应当承担的行政、民事和刑事法律责任。

案例分析

案例中,鱼塘承包人要求赔偿的全部财产损失可以包括购买鱼苗费用、鱼塘经营费用、鱼塘承包费用、污染清除费用和出售渔产品预期收入。

化肥厂不能以不可抗力为由拒绝赔偿全部损失。对因"排污渠内废水自然入江受阻,漫溢流入当地的鱼塘"造成的财产损失应予赔偿。但对因"当地暴雨不断,长江洪峰多发,以至外洪内涝,排污渠与鱼塘水面连成了一片"造成的财产损失可以不可抗力为由,不承担赔偿责任。

《中华人民共和国环境保护法》对不可抗力因素造成损害的责任作出如下规定:完全由于不可抗拒的自然灾害,并经及时采取合理措施,仍然不能避免造成环境污染损害的,免予责任。

法条链接

《中华人民共和国环境保护法》第四条　保护环境是国家的基本国策。

国家采取有利于节约和循环利用资源、保护和改善环境、促进人与自然和谐的经济、技术政策和措施,使经济社会发展与环境保护相协调。

《中华人民共和国环境保护法》第五条　环境保护坚持保护优先、预防为主、综合治理、公众参与、损害担责的原则。

《中华人民共和国环境保护法》第六条　一切单位和个人都有保护环境的义务。

地方各级人民政府应当对本行政区域的环境质量负责。

企业事业单位和其他生产经营者应当防止、减少环境污染和生态破坏，对所造成的损害依法承担责任。

公民应当增强环境保护意识，采取低碳、节俭的生活方式，自觉履行环境保护义务。

《中华人民共和国环境保护法》第七条　国家支持环境保护科学技术研究、开发和应用，鼓励环境保护产业发展，促进环境保护信息化建设，提高环境保护科学技术水平。

《中华人民共和国环境保护法》第八条　各级人民政府应当加大保护和改善环境、防治污染和其他公害的财政投入，提高财政资金的使用效益。

《中华人民共和国环境保护法》第九条　各级人民政府应当加强环境保护宣传和普及工作，鼓励基层群众性自治组织、社会组织、环境保护志愿者开展环境保护法律法规和环境保护知识的宣传，营造保护环境的良好风气。

教育行政部门、学校应当将环境保护知识纳入学校教育内容，培养学生的环境保护意识。

新闻媒体应当开展环境保护法律法规和环境保护知识的宣传，对环境违法行为进行舆论监督。

《中华人民共和国环境保护法》第十条　国务院环境保护主管部门，对全国环境保护工作实施统一监督管理；县级以上地方人民政府环境保护主管部门，对本行政区域环境保护工作实施统一监督管理。

县级以上人民政府有关部门和军队环境保护部门，依照有关法律的规定对资源保护和污染防治等环境保护工作实施监督管理。

《中华人民共和国环境保护法》第十一条　对保护和改善环境有显著成绩的单位和个人，由人民政府给予奖励。

《中华人民共和国环境保护法》第五十九条　企业事业单位和其他生产经营者违法排放污染物，受到罚款处罚，被责令改正，拒不改正的，依法作出处罚决定的行政机关可以自责令改正之日的次日起，按照原处罚数额按日连续处罚。

前款规定的罚款处罚，依照有关法律法规按照防治污染设施的运行成本、违法行为造成的直接损失或者违法所得等因素确定的规定执行。

地方性法规可以根据环境保护的实际需要，增加第一款规定的按日连续处罚的违法行为的种类。

《中华人民共和国环境保护法》第六十条　企业事业单位和其他生产经营者超过污染物排放标准或者超过重点污染物排放总量控制指标排放污染物的，县级以上人民政府环境保护主管部门可以责令其采取限制生产、停产整治等措施；情节严重的，报经有批准权的人民政府批准，责令停业、关闭。

思考题9-4

实训练习9-4

第十章　网络安全法律常识

第一节　《中华人民共和国网络安全法》

一、《中华人民共和国网络安全法》常识

案例导学

　　王小林前几天去开同学会，听说了两件很惊奇的事情，第一件就是高中同学的"学霸"班长小郑居然被判刑了。小郑高中毕业后考上了名牌大学计算机系，为了炫耀自己的计算机能力就将自制的计算机病毒传播到了网上，致使校内网瘫痪。该病毒通过互联网迅速传播，数以万计的计算机终端被毁，造成非常严重的后果。小郑被抓后对自己的犯罪行为供认不讳，法院判决其有期徒刑6年，小郑对自己的行为非常后悔。

　　第二件就是高中同学的"学渣"同学小秦居然也犯事被拘留了。小秦为满足自己的好奇心而通过即时通信工具购买了他人家庭摄像头的IP地址、账号、密码，并入侵摄像头偷看他人生活。期间又通过倒卖购得的账号、密码等信息，从中获利500元。小秦因涉嫌非法从事危害网络安全活动，公安局依法对小秦处以行政拘留15日，并处没收违法所得500元的处罚。

（一）网络安全的定义

网络安全是指通过采取必要措施，防范对网络的攻击、侵入、干扰、破坏和非法使用以及意外事故，使网络处于稳定可靠运行的状态，以及保障网络数据的完整性、保密性、可用性的能力。

（二）《中华人民共和国网络安全法》概述

《中华人民共和国网络安全法》于2017年6月1日起正式施行。至此，我国网络安全工作有了基础性的法律框架，针对网络亦有了更多法律约束，中国信息安全行业进入新的时代。《中华人民共和国网络安全法》的根本目的是构建良好网络秩序，保护公民、法人和其他组织的合法权益，是"护身符"而非"紧箍咒"。

（三）《中华人民共和国网络安全法》的亮点

《中华人民共和国网络安全法》是我国第一部全面规范网络空间安全管理方向问题的基础性法律，是我国网络空间法治建设的重要里程碑，以制度建设掌握网络空间治理

和规则制定方面的主动权,是维护国家网络空间安全的利器。其有以下六大亮点:

1. 不得出售个人信息

大部分人都经历过个人信息泄露带来的电话、短信骚扰。我国因垃圾信息、诈骗信息、个人信息泄露等遭受的经济损失高达数千亿元。近年来,警方查获曝光的大量案件显示,公民个人信息的泄露、收集、转卖,已经形成了完整的黑色产业链。

网络安全法作为网络领域的基础性法律聚焦个人信息泄露,不仅明确了网络产品服务提供者、运营者的责任,而且严厉打击出售贩卖个人信息的行为,对于保护公众个人信息安全,将起到积极作用。

⚖ 法条链接

《中华人民共和国网络安全法》第四十二条　网络运营者不得泄露、篡改、毁损其收集的个人信息;未经被收集者同意,不得向他人提供个人信息。但是,经过处理无法识别特定个人且不能复原的除外。

《中华人民共和国网络安全法》第四十四条　任何个人和组织不得窃取或者以其他非法方式获取个人信息,不得非法出售或者非法向他人提供个人信息。

《中华人民共和国网络安全法》第二十二条　网络产品、服务具有收集用户信息功能的,其提供者应当向用户明示并取得同意;涉及用户个人信息的,还应当遵守本法和有关法律、行政法规关于个人信息保护的规定。

2. 严厉打击网络诈骗

个人信息的泄露是网络诈骗泛滥的重要原因。诈骗分子通过非法手段获取个人信息,包括姓名、电话、家庭住址等详细信息后,再实施精准诈骗,令人防不胜防。近年舆论关注较高的电信诈骗案,几乎都是由信息泄露之后的精准诈骗造成。

无论网络诈骗花样如何翻新,都是通过即时聊天工具、搜索平台、网络发布平台、电子邮件等渠道实施和传播的。《中华人民共和国网络安全法》的相关规定,不仅对诈骗个人和组织起到震慑作用,更明确了互联网企业不可推卸的责任。

⚖ 法条链接

《中华人民共和国网络安全法》第四十六条　任何个人和组织应当对其使用网络的行为负责,不得设立用于实施诈骗,传授犯罪方法,制作或者销售违禁物品、管制物品等违法犯罪活动的网站、通信群组,不得利用网络发布涉及实施诈骗,制作或者销售违禁物品、管制物品以及其他违法犯罪活动的信息。

3. 以法律形式明确"网络实名制"

"垃圾评论"充斥论坛,"一言不合"就恶意辱骂,更有甚者"唯恐天下不乱",传播制造谣言,种种乱象充斥着虚拟的网络空间。网络实名制概念的提出,对净化网络环境有很大益处。

网络是虚拟的,但使用网络的人是真实的。事实上,现在很多网络平台都开始实行"前台自愿、后台实名"的原则,让每个人使用互联网时,既有隐私,也增强责任意识和自我约束。这一规定能否落到实处的关键在于网络服务提供商能否落实主体责任,加强审核把关。

  法条链接

《中华人民共和国网络安全法》第二十四条　网络运营者为用户办理网络接入、域名注册服务,办理固定电话、移动电话等入网手续,或者为用户提供信息发布、即时通信等服务,在与用户签订协议或者确认提供服务时,应当要求用户提供真实身份信息。用户不提供真实身份信息的,网络运营者不得为其提供相关服务。

4. 重点保护关键信息基础设施

"物理隔离"防线可被跨网入侵,电力调配指令可被恶意篡改,金融交易信息可被窃取……这些信息基础设施的安全隐患,不出问题则已,一出就可能导致交通中断、金融紊乱、电力瘫痪等问题,具有很大的破坏性和杀伤力。

随着信息化的深入推进,关键信息基础设施成为社会运转的神经系统。保障这些关键信息系统的安全,不仅仅是保护经济安全,更是保护社会安全、公共安全乃至国家安全。保护国家关键信息基础设施是国际惯例,《中华人民共和国网络安全法》以法律的形式予以明确和强调,非常及时而且必要。

法条链接

《中华人民共和国网络安全法》第三十一条　国家对公共通信和信息服务、能源、交通、水利、金融、公共服务、电子政务等重要行业和领域,以及其他一旦遭到破坏、丧失功能或者数据泄露,可能严重危害国家安全、国计民生、公共利益的关键信息基础设施,在网络安全等级保护制度的基础上,实行重点保护,关键信息基础设施的具体范围和安全保护办法由国务院制定。

5. 惩治攻击破坏我国关键信息基础设施的境外组织和个人

我国一直是网络攻击的受害国,每月有上万多个网站被篡改,80％的政府网站受到过攻击。网络空间的主权不仅包括对我国自己的关键信息基础设施进行保护的权利,同时包括抵御外来侵犯的权利。当今世界各国纷纷采取各种措施防范自己的网络空间不受外来侵犯,采取一切手段包括军事手段保护其信息基础设施的安全。《中华人民共和国网络安全法》作出这一规定,不仅符合国际惯例,而且表明了我们维护国家网络主权的坚强决心。

法条链接

《中华人民共和国网络安全法》第七十五条　境外的机构、组织、个人从事攻击、侵入、干扰、破坏等危害中华人民共和国的关键信息基础设施的活动,造成严重后果的,依法追究法律责任;国务院公安部门和有关部门并可以决定对该机构、组织、个人采取冻结财产或者其他必要的制裁措施。

6. 对重大突发事件可采取"网络通信管制"

在现实社会中,出现重大突发事件时,为确保应急处置、维护国家和公众安全,有关部门往往会采取交通管制等措施,网络空间也不例外。在当前全社会都普遍使用信息技术的情况下,网络通信管制作为重大突发事件管制措施中的一种,其重要性越来越突出。

比如在暴恐事件中,恐怖分子越来越多地通过网络进行组织、策划、勾连、活动,这个时候可能就要对网络通信进行管制。但是这种管制影响是比较大的,因此《中华人民共和国网络安全法》规定实施临时网络管制要经过国务院决定或者批准。

⚖ 法条链接

《中华人民共和国网络安全法》第五十一条　国家建立网络安全监测预警和信息通报制度。国家网信部门应当统筹协调有关部门加强网络安全信息收集、分析和通报工作,按照规定统一发布网络安全监测预警信息。

《中华人民共和国网络安全法》第五十五条　发生网络安全事件,应当立即启动网络安全事件应急预案,对网络安全事件进行调查和评估,要求网络运营者采取技术措施和其他必要措施,消除安全隐患,防止危害扩大,并及时向社会发布与公众有关的警示信息。

《中华人民共和国网络安全法》第五十八条　因维护国家安全和社会公共秩序,处置重大突发社会安全事件的需要,经国务院决定或者批准,可以在特定区域对网络通信采取限制等临时措施。

二、网络诈骗的类型

(一)刷单

⚖ 案例导学

王小林在网站上看到一条招聘网上刷单员的信息,便向客服询问了相关信息,客服告诉了王小林刷单的操作流程,佣金承诺是15%以上,任务金额越高,佣金比例越高。客服称,一天操作2—3小时,可轻松赚300元以上。王小林听完十分动心,接受了任务。王小林通过客服提供的网站下了订单,订单信息只填姓名、电话,地址随意写,然后网站生成一个支付二维码,王小林用支付宝扫码付款,刷单完成,之后再过3到5分钟,对方将本金和佣金返给王小林。此后一周,客服又陆续派出几单,王小林都完成了任务并且得到了佣金。过了半个月,客服一次性派了金额较大的3单,金额达到8 000多元,支付完成后,王小林给对方截图让其返钱,对方却称结算不了,称需要激活才能结算,激活方式就是把之前的订单重新操作一遍。此时,他才感觉到被骗了,于是报警。

刷单是一个电商衍生词。店家付款请人假扮顾客,用以假乱真的购物方式提高网店的排名和销量获取销量及好评吸引顾客。刷单,一般是由卖家提供购买费用,帮指定的网店卖家购买商品提高销量和信用度,并填写虚假好评的行为。

通过这种方式,网店可以获得较好的搜索排名,比如,在平台搜索时"按销量"搜索,该店铺因为销量大会更容易被买家找到。一般可分为单品刷销量为做爆款等做准备和刷信誉以提高店铺整体信誉度两种。

刷单滋生了"刷客"这一职业。刷客,也就是帮助网络卖家赚钱的人。这些刷客有的是孤军奋战,有的是并肩作战,他们主要通过聊天工具进行联系。一般加入刷单组织需缴纳一定的保证金,并且要经过一定的培训,正式上岗之后,每单收入大概在 4 到 5 元,其中大部分刷客是大学生和家庭妇女。

刷单作为一种非法的商业模式和营销行为,违反了法律的规定,即使作为受害人,也很难获得社会公众的谅解。同时刷单行为是一种虚假广告宣传和不正当竞争行为,侵害了消费者的知情权,违法了相关法律。

套路提醒:与刷单有关的案件中,骗子主要通过兼职群、贴吧等发送虚假兼职广告,广告内一般留有骗子的联系方式。通过加好友,骗子"指导"受骗者进行刷单操作。第一单往往金额较小,会及时返还本金和佣金,此后刷单任务金额明显增大,再以订单异常等理由,不返还本金和佣金。网络求职者,千万不要轻信"轻松刷单赚取佣金"等类似的广告。

(二)套路贷

王欢看到一个新闻后,陷入了沉思。北京某高校大三学生小范被发现留下遗书,遗书称自己"一步错、步步错",并且说"我的心已经承受不住"。"爸,妈,我跳了,别给我收尸。爸,妈,来世做牛做马报答你们。"家人发现遗书后立即拨打小范的手机,但手机已无法接通。随后,家人立刻报警,但遗憾的是小范已经溺亡。后来,家人在他的手机上不断收到威胁、恐吓他还款的信息及视频。家人才发现小范生前曾在多个网络借贷平台贷款。虽然借贷平台宣传贷款"无利息",但其实他们巧立名目,偷换概念,将利息换成了所谓的手续费、违约金、迟延履约金、保证金等,加在一起,高出国家规定的银行同期利率的 10 倍、20 倍甚至更多。最终,欠款像滚雪球一样越滚越大,3 万元变成了 60 多万元。小范不仅要偿还巨额贷款,还面临着来自家庭和老师的压力。在重压下,他最终以自杀来逃避。王欢深吸了一口凉气,自己这几天正准备在网络平台贷款来买新款手机,庆幸自己还没有贷款。

1. 套路贷的概念

套路贷,是以非法占有为目的,假借民间借贷之名,诱使或迫使借款人签订"借贷"或变相"借贷""抵押""担保"等相关协议,通过虚增借贷金额、恶意制造违约、肆意认定违约、毁匿还款证据等方式形成虚假债权债务,并借助诉讼、仲裁、公证或者采用暴力、威胁以及其他手段非法占有借款人财物的相关违法犯罪活动的概括性称谓。

2. 套路贷的套路

第一步是制造民间借贷假象。以"小额贷款公司""投资公司""咨询公司""担保公司""网络借贷平台"名义对外宣传，以低息、无抵押、无担保、快速放款等为诱饵吸引借款人与之签订借款合同，制造民间借贷假象，继而以"违约金""保证金"等各种名目骗取被害人签订"虚高借款合同""阴阳合同"及"房产抵押合同"等明显不利于借款人的借贷协议。

第二步是制造银行流水痕迹，刻意造成借款人已经取得合同所借全部款项的假象。对方按照虚高的"借贷"协议金额将资金转入借款人账户，制造已经将全部借款给付借款人的银行流水痕迹，随后便采取各种手段将其中全部或者部分资金收回，借款人实际上并未取得或者完全取得"借贷"协议、银行流水上显示的钱款。

第三步是故意制造违约或者肆意认定违约。对方往往会以设置违约陷阱、制造还款障碍等方式，故意造成借款人违约，或者通过肆意认定违约，强行要求借款人偿还虚假债务。

第四步是恶意垒高借款金额。在借款人无力支付的情况下，对方会介绍其他假冒的"小额贷款公司"或指定的关联公司与借款人签订新的金额更大的"虚高借款合同"，通过这种"转单平账""以贷还贷"的方式不断垒高"债务"。

第五步是软硬兼施，"索债"。通过提起虚假诉讼，通过胜诉判决实现侵占借款人或其近亲属财产的目的。或者采用暴力、威胁以及其他手段向借款人或者其特定关系人索取"债务"。

3. 套路提醒

（1）先看是否持有合法证照。目前国内所有金融机构都要持牌经营，用户可以通过工商局查阅机构经营范围是否有借贷业务。

（2）无需审核、无抵押迅速放款往往暗藏玄机。正常的金融机构和借贷机构往往需要资质审核进行风控，但是套路贷以"无抵押、迅速放款"为条件吸引借款人。无需审核借款人还款能力，仅以车产、房产为借贷条件的机构往往需要怀疑其真实的目的。

（3）注意各种名目的高额收费。正规的金融机构其利息收入已经包括了这些经营成本，一些合法的借贷机构也在逐步推行一费制改革，如果贷款机构有意通过各种巧设名目收取管理费、中介费、手续费规避 36% 的法律红线，就有诈骗之嫌。

（4）看放贷金额和合同金额是否一致。如果合同金额远高于放贷金额就要多个心眼，两张欠条更是满满套路。如果资金已经进入账户，贷款机构又以其他名目收回，那么基本已经"中招"。

（5）看借款机构是否会频繁变更经营地址。如果你的贷款机构不关心你能否按期还款，甚至在不通知你的情况下偷偷变更经营地址，通常存在问题，这会导致你因还款无门而违约。

（三）电信诈骗

> 高小助为爱人订了一张从南京到大连的机票，在航班当天早上收到了来电显示为"航空公司400"的电话，对方称因飞机故障高小助所订航班无法正常起飞，可以改签其他航班，并可获得200元的改签赔偿金。对方要求高小助提供收款银行卡，并利用话术获得高小助信任，之后要求高小助以超额转账方式给对方汇款获得"授权"。高小助按照对方要求操作后，没想到，卡上的80万元余额全部转账到了对方账户。这时，对方仍表示转走的80万元可以退回，要求高小助再提供一个余额更高的银行卡。此时高小助终于察觉，并未听从对方指示，而是选择了报警。

1. 电信诈骗的含义

电信诈骗是指通过电话、网络和短信方式，编造虚假信息，设置骗局，对受害人实施远程、非接触式诈骗，诱使受害人打款或转账的犯罪行为，通常冒充他人及仿冒各种合法外衣和形式或伪造形式以达到欺骗的目的，如冒充公检法、商家公司厂家、国家机关工作人员、银行工作人员、各类机构工作人员，伪造和冒充招工、刷单、贷款、手机定位等各种形式进行诈骗。

2. 电信诈骗的特点

（1）作案过程不接触。电信诈骗案件与其他刑事犯罪相比，具有无作案现场、无痕迹物证的特点，难以发现、固定和提取犯罪证据。在其他传统诈骗案件中，往往采取比对嫌疑人体貌特征的方法确定犯罪嫌疑人。而电信诈骗犯罪分子仅是通过使用通信工具与受害人进行联系，与受害人不进行面对面的直接接触，受害人对犯罪嫌疑人的了解仅限于电话号码、银行账号，不掌握犯罪嫌疑人体貌特征，难以通过比对的方法确定作案者。

（2）作案方式信息化。犯罪嫌疑人借助计算机、电话等通信工具，通过互联网服务器，使用任意显号软件、网络电话等技术手段，批量群发短信和群拨电话，落地接入本地固定、移动电话，实施诈骗行为，诱导受害人向指定账户转汇资金，随后通过网银系统在短时间内转存，利用自动柜员机多处分散提现。

（3）作案手段智能化。犯罪分子利用受害人缺乏相关法律常识的特点，冒充电信局、公安局、检察院、社保局等单位人员，往往以受害人电话欠费、被他人盗用身份证号码涉嫌经济犯罪为名，以没收资金为威胁，以核对存款为理由，通过对话进行心理暗示，遥控受害人转汇资金存款，环环相扣，令受害人在短时间内难以察觉，上当受骗。

（4）作案地域分散化。为了防止受害人因报警及时导致账户资金冻结，犯罪分子往往选择异地作案，即甲地拨打乙地电话实施诈骗，遥控受害人向异地指定银行卡转汇资金，随后在网上分解资金，在丙地提取现金。

（5）作案目标广泛化。犯罪分子在某一段时间内集中向某一号段或者某一地区拨打电话、发送短信，侵害对象除地域集中外，无其他特定条件，受害者包括社会各个阶层，既有个体业主，也有企业职工，还有普通民众。

（6）犯罪分子团伙化。电信诈骗犯罪往往由多人共同实施，相互间有明确分工，既有策划整个诈骗活动的"指挥组"，也有具体实施对话诈骗的"导演组"；既有专门负责网上转存、资金分解的"转汇组"，也有组织实施取款提现的"取款组"，作案环节可谓环环相扣。

（7）犯罪活动国际化。电信诈骗犯罪案件既有国内公民作案，也有境外人员作案，还有境内外相互勾结作案，隐蔽性很强，打击难度很大。如各地公安机关在侦办的电信诈骗案件中，通常会遇上主要犯罪嫌疑人为外籍人，专门雇用大陆居民提款转存的情况，给案件办理带来了极大难度。

（8）赃款流动快速化。从银行转账汇款到对方账户资金到账往往只需要 15 分钟。实施电信诈骗成功后，犯罪嫌疑人会在银行资金到账的第一时间，通过网络银行进行赃款转移，并按照自动取款机提款上限分解到众多银行账号中，迅速组织人员提现。若受害人未及时发现受骗，则很难在提现前采取控制措施。

3. 套路提醒

（1）不贪婪。不要轻信中奖的电话和短信，天下没有免费的午餐，当接到不明身份的人员发过来的所谓中奖短信时，不要急于兑奖，更不要急于按对方的指示支付给对方款项。

（2）不轻信。不要相信任何"紧急通知"。不要拨打自动取款机旁边的任何"紧急通知"上的"银行值班电话"。当取款中发生事故或者自动取款机故障时，应拨打银行正规的客服热线请求帮助。警惕短信诈骗行为，对短信中透露的相关信息如有疑问，一定要通过正规渠道核实账户信息，不要独自做出判断急于转账，也不要轻易将卡号、存款密码等告知他人。银行、司法部门都不会通过电话询问群众的存款密码以及要求转账等。

（3）多防范。对于来历不明的电话要谨慎小心，防止坏人借机诈骗。如接到"猜猜我是谁"这种电话时，不要急于说出对方的名字，也不要透露自己更多的信息，要叫他说出自己的姓名，还有和你的关系，如对方仍然不说，可以不予理睬，如对方可以准确说出朋友、亲戚的名字和与自己的关系，也要通过共同相识的朋友加以核实。对于"嘟"一声就挂掉的不明电话，一般情况下不要回拨。如有人冒充电信工作人员或民警打电话调查欠费并索要个人信息的，千万不要急于转账或透露个人信息，要通过正常渠道核实电话是否欠费，核实对方的身份，或者及时拨打"110"进行报警、咨询。

（4）不转账。封堵不法分子的最后一扇门，不向陌生人或不明账户汇款转账，保证自己银行卡内的资金安全。

三、网络诈骗的预防

（1）不要随便泄露自己的电话号码及身份信息。如本人证件号码、账号、密码等，并尽量避免在网吧等公共场所使用网上电子商务服务。现在个人信息泄露的情况异常严重，很多不法分子利用各种手段窃取他人信息，并以此为基础，通过电话、网络，伪装自己身份，骗取大众钱财。

（2）保持警惕。在收到不利于自己的信息或接到可疑的电话时，不要自己盲目行事，可以与家人沟通商量或到有关部门查询事情真伪，不要轻易给陌生人汇款。

（3）千万不要在网上购买非正当产品，如手机监听器、毕业证书、考题答案，等等。千万不要抱着侥幸的心理，更不能参与违法交易。

（4）网上兼职要谨慎。在许多社交平台中，总会流传着高薪聘请打字员、淘宝客服等消息，很多人都心动不已。但这些信息中很多存在令人争议的地方，在联系负责人时，切勿轻易交钱，损害个人利益。

（5）不随意点开网站。有的网站，以夺人眼球的标题，吸引人们点击进入网站。其实，在进入网站的那一刻，用户的信息就已经泄漏，尤其是那些手机、电脑中信息较多的用户更需要注意。

（6）不随意扫描二维码、注册。现在街上时常会出现扫二维码赠送礼品的活动，很多人看到只是扫一下二维码就有礼品，觉得很划算，就扫描二维码并根据提示注册，其实，这时个人信息已经泄露，给了不良分子可乘之机。

⚖ 法条链接

《中华人民共和国网络安全法》第四十八条　任何个人和组织发送的电子信息、提供的应用软件，不得设置恶意程序，不得含有法律、行政法规禁止发布或者传输的信息。

电子信息发送服务提供者和应用软件下载服务提供者，应当履行安全管理义务，知道其用户有前款规定行为的，应当停止提供服务，采取消除等处置措施，保存有关记录，并向有关主管部门报告。

《中华人民共和国网络安全法》第四十九条　网络运营者应当建立网络信息安全投诉、举报制度，公布投诉、举报方式等信息，及时受理并处理有关网络信息安全的投诉和举报。

网络运营者对网信部门和有关部门依法实施的监督检查，应当予以配合。

《中华人民共和国网络安全法》第五十条　国家网信部门和有关部门依法履行网络信息安全监督管理职责，发现法律、行政法规禁止发布或者传输的信息的，应当要求网络运营者停止传输，采取消除等处置措施，保存有关记录；对来源于中华人民共和国境外的上述信息，应当通知有关机构采取技术措施和其他必要措施阻断传播。

思考题 10-1

实训练习 10-1

第二节 网络安全案例责任解析

一、网络运营

 案例导学

　　某市某网络科技公司网站因网络安全防护工作落实不到位,大量注册用户未落实实名认证,网站存在严重安全隐患。网络安全部门在现场检查中发现,该网站自上线运行以来,始终未落实网络安全等级保护制度、不履行网络安全保护义务、未要求注册用户提供真实身份信息、留存网络日志少于六个月。根据《中华人民共和国网络安全法》第五十九条第一款、第六十一条之规定,决定给予该网络科技公司和直接负责的主管人员法定代表人李某某行政处罚决定,对公司处6万元罚款,对法定代表人李某某处5000元罚款,责令停业整顿。

　　网络日志留存是公安机关依法追查网络违法犯罪的重要基础和保证,大量互联网信息安全隐患,和基于此的违法犯罪行为,都是因为访问日志留存规范不健全,违法犯罪分子乘虚而入,最终对用户合法权益造成危害。通过互联网日志,能够准确、及时查询到不法分子,可为下一步循线追踪、查获不法分子打下坚实基础。同时,遵守"日志留存"的相关规定,对网站运营者本身也有着极其重要的安全防护作用,不仅能够留存历史数据,更为未来可能发生的安全威胁消除了隐患。

⚖ 法条链接

　　《中华人民共和国网络安全法》第二十一条　国家实行网络安全等级保护制度。网络运营者应当按照网络安全等级保护制度的要求,履行下列安全保护义务,保障网络免受干扰、破坏或者未经授权的访问,防止网络数据泄露或者被窃取、篡改:

　　(一)制定内部安全管理制度和操作规程,确定网络安全负责人,落实网络安全保护责任;

　　(二)采取防范计算机病毒和网络攻击、网络侵入等危害网络安全行为的技术措施;

　　(三)采取监测、记录网络运行状态、网络安全事件的技术措施,并按照规定留存相关的网络日志不少于六个月;

　　(四)采取数据分类、重要数据备份和加密等措施;

　　(五)法律、行政法规规定的其他义务。

二、网络产品服务

　　2018年1月11日,工业和信息化部信息通信管理局针对媒体报道相关手机应用软件存在侵犯用户个人隐私的问题,约谈了北京百度网讯科技有限公司、蚂蚁金服集团公司(支付宝)、北京字节跳动科技有限公司(今日头条)。信息通信管理局指出,对照《中华人民共和国网络安全法》《全国人民代表大会常务委员会关于加强网络信息保护的决定》《电信和互联网用户个人信息保护规定》(工业和信息化部令第24号)有关规定,三家企业均存在用户个人信息收集使用规则、使用目的告知不充分的情况,要求三家企业本着充分保障用户知情权和选择权的原则立即进行整改。

《中华人民共和国网络安全法》会对侵犯个人信息、从事危害网络安全的活动、不履行安全保护和风险告知义务等行为进行处罚。现有的处罚对象主要集中于网络运营者这一核心责任主体。

侵犯公民个人信息的刑事案件,主要表现为非法出售户籍信息、手机定位、住宿记录等个人信息,非法查询征信信息牟利,非法购买个人信息出售牟利,非法买卖网购订单信息,利用黑客手段窃取公民个人信息出售牟利,通过互联网非法购买、交换、出售公民个人信息牟利等。

思考题10-2

实训练习10-2

法条链接

《中华人民共和国网络安全法》第二十二条　网络产品、服务应当符合相关国家标准的强制性要求。网络产品、服务的提供者不得设置恶意程序;发现其网络产品、服务存在安全缺陷、漏洞等风险时,应当立即采取补救措施,按照规定及时告知用户并向有关主管部门报告。

网络产品、服务的提供者应当为其产品、服务持续提供安全维护;在规定或者当事人约定的期限内,不得终止提供安全维护。

第三节　网络安全犯罪解析

一、网络警察——网络安全的捍卫者和守护者

 案例导学

王方方最近看到一起某地网警成功破获的网络诈骗案。某地警方接到受害人宋圆报警,称其被同一微信号骗取4万余元。网警迅速开展工作,通过详细工作迅速查清了该微信号信息,经过多方信息综合研判,最终锁定了嫌疑人路天的相关信息及其生活规律,最终民警在路天家中将其抓获。经审查,路天承认其在微信上用虚假身份取得宋圆的信任,骗取宋圆4万余元。经缜密侦查,抓获嫌疑人1人,缴获手机3部,涉案现金4万余元。王方方觉得很奇怪,虚拟的网络世界中也有专门的警察吗?

（一）何为网络警察

根据《中华人民共和国人民警察法》第六条的规定，人民警察应当依法履行"监督管理计算机信息系统的安全保卫工作"的职责。就此而言，目前正在从事公共信息网络安全监察工作的人民警察当称为"网络警察"。

（二）网络警察产生的背景

1. 计算机犯罪猖獗

随着计算机技术的普遍应用，特别是互联网的广泛使用，计算机犯罪也大幅度上升，成为十分严重的社会问题。

目前，多数国家因计算机犯罪而导致的损失在高速增长。计算机犯罪的危害不仅限于经济领域，在政治、军事、文化等领域都出现计算机犯罪，且危害性极强。我国的计算机违法犯罪案件一直呈上升趋势，类型也多种多样，从利用计算机制作、复制、传播色情、淫秽物品，侵犯公私财物，侵犯公民人身权利和民主权利，危害计算机信息网络安全到利用互联网危害国家安全的行为均持续上升，危害性大。

2. 计算机犯罪的高技术特征，需要建立专门的警察队伍

计算机犯罪之所以如此猖獗，一个非常重要的原因就是因计算机犯罪的高技术特征而产生的犯罪容易，侦破困难。计算机犯罪可以说是最具有智力犯罪特征的行为。犯罪分子只需运用计算机专业知识向计算机输入简单指令即可犯下弥天大罪，作案时间短、手段隐蔽且对计算机硬件甚至数据信息都不会造成任何损害，犯罪实施地与犯罪结果地分离、行为时与结果时分离等，都使案件极难侦破。计算机犯罪人通常都具有较高的计算机技术。因此，对计算机犯罪进行侦查与防范，同样也要求警察有相当高的计算机技术。计算机犯罪与反计算机犯罪，除了包含法律的对抗，同时还是技术的对抗。但从现有警察队伍的情况来看，让普通警察去与计算机犯罪人做斗争，显然力不能及。这就要求一支具有较高技术水平的网络警察，专门从事反计算机犯罪及网络安全管理。

3. 优化资源配置

从中国现有的警察体制来看，对犯罪的侦查主要由刑侦部门来进行，而公共信息网络监察部门，更多的是进行有关网络事务的行政管理。总体上讲，在计算机犯罪的侦查方面职责不明确。一方面，侦查主要由刑侦部门进行；另一方面，刑侦部门又缺少必要的专业技术，必须要有网络监察部门的配合。网络监察部门尽管具有对付计算机犯罪的较高技术，但在很多地方不具有刑事办案权。

在这样的情况下，有一宗计算机犯罪案件发生，必须有至少两个部门的参与。必须同时对两个部门进行人力、物力、财力的投入，加上职责的不明确，势必降低工作效率，浪费资源。网络警察可以更好地打击计算机犯罪。

（三）网络警察的职责

1. 行政管理

对网民、网吧、网站及网络运营商进行必要的管理。网络警察在网民教育、重点网民的控制、网吧的公共信息网络安全及互联网上网服务营业场所经营许可、要求网站建立电子公告系统的用户登记和信息管理制度、公用账号使用登记制度、计算机网络站场的设置等方面发挥行政管理的重要作用。网络警察对于尚未触犯刑律,但违反了治安法规的行为进行管理。如网上的赌博、色情信息比比皆是,网络警察要做到全天候监控,随时发现,随时取缔,以净化网络环境。

2.安全防范

网络警察负责指导、协调、检查、监督党政机关、金融、重点生产部门、通信等单位的计算机网络安全保护工作,切实加强本辖区内各部门的网上安全保卫工作,建立健全管理制度并完善防范机制;对各部门、各机关的局域网和互联网上的安全保卫进行管理;组织、指导对计算机病毒及计算机灾害事故的防范、处置工作;对有关公共信息网络安全的法律、法规的执行情况实施监督等。同时,网络警察还负有开发、检测计算机信息系统安全专用产品及其销售许可的任务。

3.犯罪侦查

网络警察负责依法查处非法侵入计算机系统和破坏计算机信息系统的违法犯罪活动;负责掌握公共信息网络违法犯罪的发展动态,研究违法犯罪的特点和规律,提出防范和打击公共信息网络违法犯罪的对策同样也是网络警察一项最重要的工作。网络警察要切实依照《中华人民共和国刑法》及其他法律法规的相关规定,严厉打击计算机犯罪。

4.信息收集

为相关部门提供相关的网络动态信息,及时准确地收集网络上的敌情,并给决策者作好参谋和提供信息。

二、网络犯罪——网络高科技犯罪

 案例导学

> 一款名叫"熊猫烧香"的电脑病毒曾让很多网民谈之色变。"熊猫烧香"以熊猫表情作为图标,是能够自动传播、自动感染硬盘,具有强大破坏能力的病毒,它不但能感染系统中各种类型的文件,还能中止大量的反病毒软件进程。当时,很多杀毒软件都对"熊猫烧香"病毒束手无策。而"熊猫烧香"病毒的编制者李某当年只有24岁。2007年9月,李某被判有期徒刑四年。服刑期间,因为在监狱帮狱警处理电脑方面的工作时有立功表现,李某于2009年提前出狱。出狱后他又把木马程序植入玩家电脑,让玩家的资金每次都"有来无回",或者用机器暗箱操作,赢玩家账户里的虚拟币。2013年12月,由于通过网络病毒等非法手段经营棋牌赌博类游戏,涉及金额超过7 000万元,李某再次被判刑。

计算机病毒是指编制或者在计算机程序中插入的破坏计算机功能或者破坏数据,影响计算机使用并且能够自我复制的一组计算机指令或者程序代码。计算机病毒的破坏性很大,比如前些年出现的"千年虫""僵尸病毒""灰鸽子"等都给社会造成了巨大危害。

《中华人民共和国刑法》第二百八十六条 违反国家规定,对计算机信息系统功能进行删除、修改、增加、干扰,造成计算机信息系统不能正常运行,后果严重的,处五年以下有期徒刑或者拘役;后果特别严重的,处五年以上有期徒刑。

违反国家规定,对计算机信息系统中存储、处理或者传输的数据和应用程序进行删除、修改、增加的操作,后果严重的,依照前款的规定处罚。

故意制作、传播计算机病毒等破坏性程序,影响计算机系统正常运行,后果严重的,依照第一款的规定处罚。

《中华人民共和国网络安全法》第二十七条 任何个人和组织不得从事非法侵入他人网络、干扰他人网络正常功能、窃取网络数据等危害网络安全的活动;不得提供专门用于从事侵入网络、干扰网络正常功能及防护措施、窃取网络数据等危害网络安全活动的程序、工具;明知他人从事危害网络安全的活动的,不得为其提供技术支持、广告推广、支付结算等帮助。

《中华人民共和国网络安全法》第六十三条 违反本法第二十七条规定,从事危害网络安全的活动,或者提供专门用于从事危害网络安全活动的程序、工具,或者为他人从事危害网络安全的活动提供技术支持、广告推广、支付结算等帮助,尚不构成犯罪的,由公安机关没收违法所得,处五日以下拘留,可以并处五万元以上五十万元以下罚款;情节较重的,处五日以上十五日以下拘留,可以并处十万元以上一百万元以下罚款。

网络犯罪是指利用计算机及网络高科技技术进行的各种犯罪行为。它包括利用计算机及网络高科技技术非法入侵和破坏计算机信息系统的犯罪,或者利用计算机及网络技术进行盗窃、诈骗、传播病毒、散布色情信息等其他犯罪行为。同传统的犯罪相比,网络犯罪具有一些新特点。

第一,智能性。网络犯罪的手段技术性和专业化使得网络犯罪具有极强的智能性。实施网络犯罪,罪犯要掌握一定的计算机技术,需要具备较充分的计算机专业知识并擅长计算机操作,才能逃避安全防范系统的监控,掩盖其犯罪行为。所以网络犯罪的犯罪主体多是掌握了计算机技术和网络技术的专业人士。

第二,隐蔽性。由于网络的开放性、不确定性、虚拟性和超越时空性等特点,网络犯罪具有极高的隐蔽性,增加了网络犯罪案件的侦破难度。

第三,跨国性。网络冲破了地域限制,网络犯罪呈国际化趋势。互联网具有"时空压缩"的特点,当信息通过互联网传送时,地理距离的暂时消失就是空间压缩的具体表现。

第四,匿名性。网民在接受网络中的文字或图像信息时是不需要任何登记的,完全匿名,因而对其实施的犯罪行为也就很难控制。

第五,犯罪主体低龄化和内部人员多。网络犯罪的作案人员年龄越来越小。

第六,犯罪动机主要是获利或探秘。网络犯罪作案动机多种多样,主要集中于获取高额利润和探寻各种秘密。

第七,巨大的社会危害性。网络的普及程度越高,网络犯罪的危害也就越大。与一般传统犯罪相比,网络犯罪不仅会造成财产损失,而且可能危及公共安全和国家安全。

⚖ **法 条 链 接**

《中华人民共和国刑法》第二百八十七条 利用计算机实施金融诈骗、盗窃、贪污、挪用公款、窃取国家秘密或者其他犯罪的,依照本法有关规定定罪处罚。

《中华人民共和国刑法》第二百六十四条 盗窃公私财物,数额较大或者多次盗窃的,处三年以下有期徒刑、拘役或者管制,并处或者单处罚金;

数额巨大或者有其他严重情节的,处三年以上十年以下有期徒刑,并处罚金;

数额特别巨大或者有其他特别严重情节的,处十年以上有期徒刑或者无期徒刑,并处罚金或者没收财产。

三、网络信息与言论——网络言论也有了"天花板"

 案 例 导 学

赵杰在网上发布"某地近期将会发生9级以上重大地震,请市民尽早做好准备"以及"专家预测某地有可能在近期发生9级以上重大地震灾情",网民的点击量为53 242次,造成社会公众的严重恐慌。赵杰故意编造、传播虚假恐怖信息,严重扰乱社会秩序,其行为已构成编造、故意传播虚假恐怖信息罪。

言论自由是公民的法定权利,但是任何权利的行使都是有边界的。言论自由权的行使是以不得损害他人合法权利为底线的,否则将构成违法行为,并要承担相应的法律责任。"对言论自由作最严格的保护,也不会容忍一个人在戏院中妄呼起火,引起恐慌"。对公共利益和他人利益的尊重,一直被认为是言论自由的边界。

就目前网络言论引发的诸多纠纷来看,网络言论侵权行为主要表现在侵害他人名誉权和隐私权领域。例如,有些网民为追随网络反腐大潮,在未掌握相关事实和证据的情况下,通过个人臆造,施展"移花接木""乾坤大挪移",随意在网络上发文贴图,甚至违法公开家庭成员身份、照片等个人信息,在很大程度上侵犯了他人的名誉权和隐私权。

网络不是法外之地,网民在网络上的言行要遵守国家有关法律法规,注重文明上网。否则,将为自己的行为承担法律责任。对涉嫌网上谣言、侮辱、诽谤、发表恶意言论等违法犯罪行为都将严厉惩处。《中华人民共和国网络安全法》的出台让网络不再是为所欲为的"洼地"和不受法律制裁的"禁区",净化网络环境人人有责。

网络诽谤行为的最典型方式即行为人在捏造损害他人名誉的事实后,由本人在信息网络上散布,或者行为人在捏造损害他人名誉的事实后,组织、指使人员在信息网络上散布或者支付报酬雇用人员在信息网络上散布。

法条链接

最高人民法院、最高人民检察院《关于办理利用信息网络实施诽谤等刑事案件适用法律若干问题的解释》第二条　利用信息网络诽谤他人,同一诽谤信息实际被点击、浏览次数达到 5 000 次以上,或者被转发次数达到 500 次以上的,应当认定为《中华人民共和国刑法》第二百四十六条第一款规定的"情节严重",可构成诽谤罪。

《中华人民共和国刑法》第二百四十六条　以暴力或者其他方法公然侮辱他人或者捏造事实诽谤他人,情节严重的,处三年以下有期徒刑、拘役、管制或者剥夺政治权利。

《中华人民共和国刑法》第二百九十一条之一　编造虚假的险情、疫情、灾情、警情,在信息网络或者其他媒体上传播,或者明知是上述虚假信息,故意在信息网络或者其他媒体上传播,严重扰乱社会秩序的,处三年以下有期徒刑、拘役或者管制;造成严重后果的,处三年以上七年以下有期徒刑。

四、网络游戏——虚拟世界也有法可依

案例导学

王强有一个好朋友叫李小刚,两个人都很喜欢玩网络游戏,最近两个人都迷上了一款名为"勇士"的网络游戏,但是因为玩的时间短,两人的很多装备级别都很低。李小刚为了快速获得高级别的装备,就窃取了另一个玩家周峰的网络游戏账号和密码,并将账号内的所有物品及游戏币转移到自己的游戏账号内,共计盗取 1 927 000 个"魔石"。经当地物价局价格认证中心鉴定,李小刚盗窃的网络游戏物品总共价值人民币 52 607 元。案发后,公安局将李小刚抓获归案,法院以非法获取计算机信息系统数据罪,判处李小刚有期徒刑 3 年,并处罚金 5 000 元。王强觉得很诧异,他认为网络游戏装备属于网络虚拟财产,不是现实的财产,李小刚为什么构成犯罪呢?

网络虚拟财产属于无形财产的一种,虚拟财产既可以从游戏开发商处直接购买,也可以从虚拟的货币交易市场上获得,因而虚拟财产已经具有一般商品的属性,其真实价值不言而喻。虚拟财产是客观存在的物体,能为人控制和占有,具有一定的经济价值,并能满足人的某种需要。例如,网络游戏装备是网络公司投入大量人力、物力、财力创造出来的,游戏玩家需要花费一定时间、精力、金钱才能取得。

虚拟财产是伴随着互联网的发展而产生的新兴事物,如网络账号、网游账号、QQ 账号、微博和微信账户、电子邮件、游戏装备、淘宝网店、微信钱包、虚拟货币等能为人所拥有和支配的具有价值的网络虚拟物。数据和网络虚拟财产等作为新的财产类型的代表,其重要性日益凸显,我国已将虚拟财产保护编入《中华人民共和国民法典》。

⚖ 法条链接

《中华人民共和国民法典》第一百二十七条 法律对数据、网络虚拟财产的保护有规定的,依照其规定。

《中华人民共和国刑法》第二百六十四条 盗窃公私财物,数额较大或者多次盗窃、入户盗窃、携带凶器盗窃、扒窃的,处三年以下有期徒刑、拘役或者管制,并处或者单处罚金;数额巨大或者有其他严重情节的,处三年以上十年以下有期徒刑,并处罚金;数额特别巨大或者有其他特别严重情节的,处十年以上有期徒刑或者无期徒刑,并处罚金或者没收财产。

《中华人民共和国刑法》第二百八十七条 利用计算机实施金融诈骗、盗窃、贪污、挪用公款、窃取国家秘密或者其他犯罪的,依照本法有关规定定罪处罚。

五、网络支付——网络盗窃新手段

案例导学

小李开了一家麻辣烫店,结果店员发现,因为柜台前的一个收款二维码被别人偷偷换掉,这两天店里的活都白干了,小李第一时间报了警。经公安局侦查,犯罪嫌疑人邹某被抓,邹某对自己的犯罪行为供认不讳。2022年2月至3月间,邹某先后在麻辣烫店、奶茶店、菜市场等多个街道的店铺、摊位,乘无人注意之机,将上述店铺、摊位上的收款二维码换成了自己的收款二维码,从而获取顾客通过微信扫码支付给上述商家的钱款。经查明,邹某获取被害人的钱款共计人民币6 983.03元。

案例分析

法院审理后认为,案例中的邹某以非法占有为目的,多次采用秘密手段窃取公民财物,数额较大,其行为已构成盗窃罪。

随着移动支付的兴起,犯罪手段也出现新变化。邹某采用秘密手段,换掉(覆盖)商家的收款二维码,从而获取顾客支付给商家的款项,符合盗窃罪的客观构成要件。

六、网络版权——网络也是保护知识产权的阵地

案例导学

王明喜欢看电影,可是因为工作太忙,没有时间到电影院去看,因此经常在网上下载电影,"宅"在家里看。可是最近王明发现自己经常下载电影的网站下载不了电影了,后来看到新闻才了解了原因:某知名网站擅自在其网站上提供了200多部影片的下载服务,几家电影公司分别将其告上法庭。法院审理确认此网站侵权行为成立,判决立即停止侵权行为,并且赔偿电影公司经济损失以及为制止侵权行为的合理支出,赔偿数额总计超108万元。

版权又称著作权,是基于文学、艺术和科学作品而产生的法律赋予公民和其他组织等民事主体的一种特殊的民事权利。一般来说,网络上各类资源的著作权的主体是作者和网络管理者,客体是以数字信号为形式、以网络为载体进行传播的作品。从作者方面看,著作权是指作者对其依法创作的作品享有的专有权;从使用方面看,著作权是指抄录、复制以及其他使用作品的权利。

任何媒体,不论是传统媒体,还是网络媒体,未经著作权人许可,也不符合法定许可的条件的,擅自复制、转载、传播他人作品的,均构成侵犯著作权,应依法承担法律责任。

法条链接

《中华人民共和国著作权法》第五十二条　有下列侵权行为的,应当根据情况,承担停止侵害、消除影响、赔礼道歉、赔偿损失等民事责任:

(一)未经著作权人许可,发表其作品的;

(二)未经合作作者许可,将与他人合作创作的作品当作自己单独创作的作品发表的;

(三)没有参加创作,为谋取个人名利,在他人作品上署名的;

(四)歪曲、篡改他人作品的;

(五)剽窃他人作品的;

(六)未经著作权人许可,以展览、摄制视听作品的方法使用作品,或者以改编、翻译、注释等方式使用作品的,本法另有规定的除外;

(七)使用他人作品,应当支付报酬而未支付的;

(八)未经视听作品、计算机软件、录音录像制品的著作权人、表演者或者录音录像制作者许可,出租其作品或者录音录像制品的原件或者复制件的,本法另有规定的除外;

(九)未经出版者许可,使用其出版的图书、期刊的版式设计的;

(十)未经表演者许可,从现场直播或者公开传送其现场表演,或者录制其表演的;

(十一)其他侵犯著作权以及与著作权有关的权利的行为。

《中华人民共和国著作权法》第五十三条　有下列侵权行为的,应当根据情况,承担本法第五十二条规定的民事责任;侵权行为同时损害公共利益的,由主管著作权的部门责令停止侵权行为,予以警告,没收违法所得,没收、无害化销毁处理侵权复制品以及主要用于制作侵权复制品的材料、工具、设备等,违法经营额五万元以上的,可以并处违法经营额一倍以上五倍以下的罚款;没有违法经营额、违法经营额难以计算或者不足五万元的,可以并处二十五万元以下的罚款;构成犯罪的,依法追究刑事责任:

(一)未经著作权人许可,复制、发行、表演、放映、广播、汇编、通过信息网络向公众传播其作品的,本法另有规定的除外;

（二）出版他人享有专有出版权的图书的；

（三）未经表演者许可，复制、发行录有其表演的录音录像制品，或者通过信息网络向公众传播其表演的，本法另有规定的除外；

（四）未经录音录像制作者许可，复制、发行、通过信息网络向公众传播其制作的录音录像制品的，本法另有规定的除外；

（五）未经许可，播放、复制或者通过信息网络向公众传播广播、电视的，本法另有规定的除外；

（六）未经著作权人或者与著作权有关的权利人许可，故意避开或者破坏技术措施的，故意制造、进口或者向他人提供主要用于避开、破坏技术措施的装置或者部件的，或者故意为他人避开或者破坏技术措施提供技术服务的，法律、行政法规另有规定的除外；

（七）未经著作权人或者与著作权有关的权利人许可，故意删除或者改变作品、版式设计、表演、录音录像制品或者广播、电视上的权利管理信息的，知道或者应当知道作品、版式设计、表演、录音录像制品或者广播、电视上的权利管理信息未经许可被删除或者改变，仍然向公众提供的，法律、行政法规另有规定的除外；

（八）制作、出售假冒他人署名的作品的。

《中华人民共和国民法典》第一千一百九十四条　网络用户、网络服务提供者利用网络侵害他人民事权益的，应当承担侵权责任。法律另有规定的，依照其规定。

实训练习10-3　思考题10-3

主要参考文献

［1］习近平.论坚持全面依法治国［M］.北京:中央文献出版社,2020 年.

［2］本书编写组.思想道德与法治［M］.北京:高等教育出版社,2021.

［3］本书编写组.党的十九届六中全会《决议》学习辅导百问［M］.北京:学习出版社,2021.

［4］郭捷.劳动法与社会保障法［M］.3 版.北京:法律出版社,2016.

［5］王全兴.劳动法［M］.4 版.北京:法律出版社,2017.

［6］赵威.经济法［M］.8 版.北京:中国人民大学出版社,2021.

［7］吴启才.中小企业法律实务［M］.武汉:华中科技大学出版社,2019.

［8］吴汉东.知识产权法［M］.5 版.北京:北京大学出版社,2014.

［9］魏振瀛.民法［M］.8 版.北京:北京大学出版社,2021.

［10］王利明.民法［M］.9 版.北京:中国人民大学出版社,2020.

［11］程啸.侵权责任法［M］.3 版.北京:法律出版社,2021.

［12］岳慧卿.创业初期必备法律常识［M］.北京:中国政法大学出版社,2017.

［13］周光权.刑法总论［M］.4 版.北京:中国人民大学出版社,2021.

［14］张明楷.刑法学［M］.北京:法律出版社,2016.

［15］陈兴良.刑法总论精释［M］.4 版.北京:人民法院出版社,2017.

［16］姜明安.行政法与行政诉讼法［M］.7 版.北京:北京大学出版社,2019.

［17］韩德培.环境保护法教程［M］.8 版.北京:法律出版社,2018.

［18］维权帮.道路交通安全法看图一点通［M］.北京:中国法制出版社,2020.

［19］黄郑华,李健华.消防安全知识［M］.2 版.北京:中国劳动社会保障出版社,2013.

［20］张洪占,朱晶晶,李庆珍.不可不懂的网络法律知识［M］.北京:中国政法大学出版社,2012.

［21］寿步.网络安全法实务指南［M］.上海:上海交通大学出版社,2017.